Android智能座舱开发

从源码到实践

·左文星/编著·

清華大學出版社
北京

内 容 简 介

本书是一本专注于Android智能座舱系统开发与优化的实战指南。本书共9章，第1章从搭建源码编译环境开始，详细指导读者如何下载和编译Android源码，并将其导入Android Studio，为后续开发工作打下坚实的基础。第2章深入探讨init进程和Zygote进程的启动机制，以及如何增加系统级服务，对理解Android系统启动过程至关重要。第3章讲解Android中的跨进程通信（IPC）机制，包括Binder框架和AIDL的使用，对于开发需要多进程通信的车载应用非常有用。第4章和第5章针对CarLauncher与CarSystemUI进行深入解析，包括布局、功能实现及源码结构，帮助开发者自定义和优化车载界面。第6章和第7章详细介绍活动管理服务（AMS）和窗口管理服务（WMS），涵盖进程启动、窗口管理和动画实现等关键知识点。第8章和第9章针对车载系统中常见的双屏交互问题，提供了具体的解决方案，并讨论了性能优化的策略，如包体积优化、界面渲染优化等。

本书凝聚了编者多年一线开发经验，技术前沿，注重实践，特别适合希望投身于Android车载系统开发的人员阅读，也很适合作为培训机构和高校相关专业课程的教学用书。

图书在版编目（CIP）数据
Android智能座舱开发 ： 从源码到实践 / 左文星编著. -- 北京 ： 清华大学出版社，2024. 9. -- ISBN 978-7-302-67257-9
Ⅰ. U463. 83；TN929. 53
中国国家版本馆CIP数据核字第2024Q53D51号

责任编辑： 王金柱
封面设计： 王　翔
责任校对： 闫秀华
责任印制： 沈　露

出版发行： 清华大学出版社
网　　址： https://www.tup.com.cn，https://www.wqxuetang.com
地　　址： 北京清华大学学研大厦A座　　**邮　　编：** 100084
社 总 机： 010-83470000　　**邮　　购：** 010-62786544
投稿与读者服务： 010-62776969，c-service@tup.tsinghua.edu.cn
质量反馈： 010-62772015，zhiliang@tup.tsinghua.edu.cn
印 装 者： 北京鑫海金澳胶印有限公司
经　　销： 全国新华书店
开　　本： 185mm×235mm　　**印　　张：** 19.5　　**字　　数：** 468千字
版　　次： 2024年10月第1版　　**印　　次：** 2024年10月第1次印刷
定　　价： 99.00元

产品编号：105226-01

前　言

随着互联网红利时代的落幕与智能汽车的广泛普及，智能座舱的应用及其市场份额正迅速增长。基于这一趋势，对智能座舱开发的需求也呈现出爆炸性增长，即便在互联网行业就业形势严峻的背景下，相关系统工程师的职位需求仍旧急剧上升，几乎翻了一番。从市场需求和产业背景分析，智能座舱领域的发展潜力巨大。新能源汽车企业作为人才磁铁的角色日益加强，其吸引力逐步超越了一些知名互联网巨头。然而，目前市场上关于车载系统开发的书籍相对匮乏，本书正是为了填补这一空白而编写的，希望能够帮助读者解析Android车载系统的原理，提升在这一领域中的开发技能。

核心内容

本书专注于Android智能座舱系统的开发与优化，从基础的AAOS系统概述开始，逐步深入Android车载系统的高级功能和性能优化技巧，为读者提供了一条清晰的学习路径。本书共9章，主要内容如下：

第1章从搭建源码编译环境开始，详细指导读者如何下载和编译Android源码，并将其导入Android Studio，为后续开发工作打下坚实的基础。

第2章深入探讨init进程和Zygote进程的启动机制，以及如何增加系统级服务，对理解Android系统启动过程至关重要。

第3章讲解了Android中的跨进程通信（IPC）机制，包括Binder框架和AIDL的使用，对于开发需要多进程通信的车载应用非常有用。

第4章和第5章针对CarLauncher与CarSystemUI进行深入解析，包括布局、功能实现及源码结构，帮助开发者自定义和优化车载界面。

第6章和第7章详细介绍活动管理服务（AMS）和窗口管理服务（WMS），涵盖进程启动、窗口管理和动画实现等关键知识点。

第8章和第9章针对车载系统中常见的双屏交互问题，提供了具体的实现方案，并讨论了性能优化的策略，如包体积优化、界面渲染优化等。

主要特色

本书从源码编译环境的搭建开始，逐步深入Android车载系统开发的核心知识，包括跨进程通信机制、活动管理服务、窗口管理服务、双屏交互的实现以及性能优化策略。每一个核心知识点都尽可能结合开发案例进行阐释，确保读者能通过实践学习，并应用这些知识来打造高质量的车载应用。

鉴于Android系统源码的复杂性、庞大的代码量以及相对较低的可读性，本书致力于对源码的主要脉络进行细致梳理，目的是让读者能够清晰地把握系统源码的关键流程，从而深入理解Android系统的工作原理，进而能够实施深度定制。

本书内容全面、详尽且具体，每章除提供实战指导外，还融入了编者多年积累的一线开发经验。为便于读者根据个人需求灵活学习，除实践章节外，其他各章节均具有独立性，读者可根据兴趣或需要选择阅读。

读者对象

本书是专为有志于进入Android车载系统开发领域的人员设计的，对以下人员尤为有益：

- 热衷于投身车载系统开发的开发人员。
- 已经在Android系统开发领域工作的程序员。
- 独立学习Android自定义ROM的爱好者。
- 对Android系统源码有浓厚兴趣的学习者。
- 培训机构和高校相关专业的教师和学生。

本书汇集了编者多年的一线开发经验，涉及的技术均处于行业前沿，并强调实践应用。如果你渴望在车载开发领域大展拳脚，为国产汽车工业的发展贡献力量，并且已经具备一定的Android开发基础，那么本书是你理想的选择。

配书资源

为了方便读者使用，本书还提供了源代码，扫描以下二维码即可下载：

如果读者在学习本书的过程中遇到问题，可以发送邮件至booksaga@126.com，邮件主题写“Android智能座舱开发：从源码到实践”。

由于编者水平有限，书中难免存在疏漏之处，敬请广大读者和业界专家批评指正。

致谢

编写本书的过程中充满了挑战，特别感谢清华大学出版社各位编辑的不懈努力和支持，特别是王金柱编辑的卓越工作。正是依靠这些充满务实、细致和耐心奉献精神的编辑们，本书才得以顺利面世。

需要指出的是，由于编者的能力有限和Android源码的持续迭代，书中难免存在疏漏之处，或与最新的源码更新存在细微的差异。然而，核心概念和代码的主要逻辑结构保持不变，读者可以放心阅读。

衷心祝愿每位读者在阅读本书的过程中收获满满，乘风破浪，勇往直前。

编　者

2024年6月

目　录

第 1 章 AAOS系统概述

最早期的汽车只有机械结构，甚至连简单的发动汽车也需要人力拉动绳子来启动汽车引擎。1897年，博世公司推出了磁力发电机点火装置，这标志着人力启动汽车引擎时代的终结。随后的数十年里，博世公司陆续推出了柴油喷射系统、车载收音机、车载喇叭等，将座舱体验带入了电气时代。1924年，雪佛兰生产了全球第一辆配备车载收音机的汽车。1965年，福特与摩托罗拉联合开发了安装在汽车上的磁带播放器。随着CD的流行，1985年汽车上也开始搭载CD播放机。

进入21世纪后，仪表盘和中控台开始采用不断兴起的单色液晶屏。随着LCD屏幕的问世及其快速发展，汽车中控系统开始配备显示面积更大、分辨率更高的彩色屏幕。随之而来的是车载导航、蓝牙连接、双屏播放等令人眼花缭乱的功能。从2015年开始，大尺寸的人机交互智能中控屏开始问世，拉开了智能座舱时代的帷幕。以特斯拉Model 3为代表的大屏中控，将车辆行驶、实时导航等信息集成到中控屏上，带来了卓越的用户体验，逐渐占据了用户的心智。另一方面，汽车电子架构的进一步集中化为软件控制车身提供了更大的发挥空间，例如避震系统、车内氛围灯的变色等体验都可以通过OTA（Over-The-Air）软件升级来实现差异化灵活控制。这些显而易见的优点促使各大厂商纷纷进入智能座舱领域，大大推动了整个行业的发展。

本章将带领读者了解智能座舱的发展历史，并指导完成AAOS[1]源码的下载、编译，以及导入Android Studio等任务，为后续的源码开发打下坚实的基础。

1 AAOS 是 Android Automotive OS 的缩写，它是一种专门为汽车打造的 Android 操作系统，为车辆仪表和中控系统量身定制。

1.1　智能座舱概述

在2020年前，同级国产车的销量与合资车无法等同而视。业内无数仁人志士一直在追寻弯道超车的机会，大部分汽车企业将智能座舱视为重要的突破口。从2015年开始，最初的定制化智能座舱系统便是基于原生的Android开源项目（Android Open Source Project，AOSP）进行定制的。华晨中华V6就是最早一批搭载AOSP系统智能车载的车型，如图1-1所示。

原生AOSP系统是谷歌为了手机ROM研发的开源代码，也许是预见到了未来智能汽车行业的蓬勃发展，于是基于此目的布局了Android Automotive OS，简称AAOS。AAOS属于Android 操作系统的一个变体，专门为车辆仪表和中控系统等量身定制。与AOSP相比，除了发短信、导航、音乐播放等信息娱乐类任务外，AAOS还能处理车辆专用功能，例如控制空调等，但它的代码架构与AOSP相差不大，AAOS可以理解为从AOSP定制衍生而来。车机系统搭载的AAOS双屏车载系统，如图1-2所示。

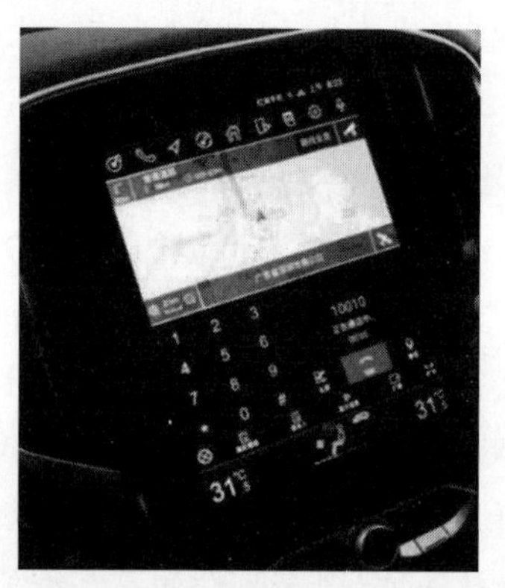

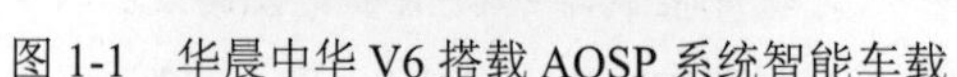

图 1-1　华晨中华 V6 搭载 AOSP 系统智能车载

图 1-2　双屏车载系统

AAOS和AOSP的差别除了在特殊的车身业务方面外，其余的Framework架构和应用框架基本一致。本书的目的是帮助读者在尽快熟悉这套系统架构的前提下，实现最常见的双屏拖动等功能。通过详细的代码分析和讲解，让读者熟悉该系统架构的精髓。

1.2　源码编译环境搭建

本书内容聚焦于基于AAOS 13的开发，深入探讨了源码环境下的调试实践。因此，本节旨在引导读者编译Android源码，为后续的源码开发奠定坚实的基础。

1.2.1　基础环境搭建

大多数源码编译是在Ubuntu开源系统中完成的，本章介绍的内容也不例外。为了提高源码编译速度，谷歌官方通常会对编译计算机的硬件配置提出建议。如果是编译AAOS 13，建议计算机的配置不低于以下要求：

- Intel酷睿i5或更高型号的处理器。
- 32GB RAM。

如果配置低于此要求，编译过程可能会感到明显的卡顿，且编译时间会延长。在满足编译环境的配置要求后，即可开始搭建编译环境。一般来说，采用Ubuntu编译源码有两种方式：

（1）将计算机重装为Ubuntu系统。

（2）在计算机中安装VMWare，然后在VMWare中安装Ubuntu系统。在实际开发工作中，大多数人选择第二种方案（毕竟Ubuntu系统的能力有限），并且这两种安装Ubuntu系统的方案差别不大。因此，本小节将从在VMWare虚拟机中安装Ubuntu系统开始介绍源码编译的流程。

首先，在VMWare虚拟机中安装Ubuntu系统。推荐在Windows下使用VMware虚拟机软件安装Ubuntu 20.04以进行后续的开发工作，如图1-3所示。可以在官方网站（http://releases.ubuntu.com）上找到Ubuntu系统的正式版本。

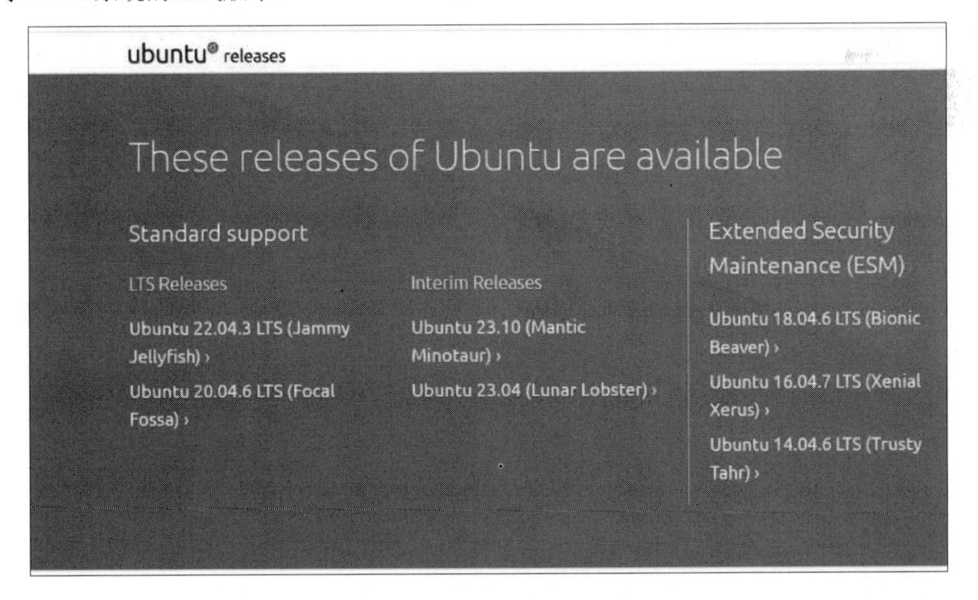

图 1-3　Ubuntu 系统的正式版本

在页面下方有历代版本可供选择，如图1-4所示。

Name	Last modified	Size	Description
14.04.6/	2020-08-18 08:05	-	Ubuntu 14.04.6 LTS (Trusty Tahr)
14.04/	2020-08-18 08:05	-	Ubuntu 14.04.6 LTS (Trusty Tahr)
16.04.7/	2020-08-18 17:01	-	Ubuntu 16.04.7 LTS (Xenial Xerus)
16.04/	2020-08-18 17:01	-	Ubuntu 16.04.7 LTS (Xenial Xerus)
18.04.6/	2023-06-01 08:53	-	Ubuntu 18.04.6 LTS (Bionic Beaver)
18.04/	2023-06-01 08:53	-	Ubuntu 18.04.6 LTS (Bionic Beaver)
20.04.6/	2023-03-22 14:31	-	Ubuntu 20.04.6 LTS (Focal Fossa)
20.04/	2023-03-22 14:31	-	Ubuntu 20.04.6 LTS (Focal Fossa)
22.04.3/	2023-08-10 18:33	-	Ubuntu 22.04.3 LTS (Jammy Jellyfish)
22.04/	2023-08-10 18:33	-	Ubuntu 22.04.3 LTS (Jammy Jellyfish)
23.04/	2023-07-17 10:25	-	Ubuntu 23.04 (Lunar Lobster)
23.10.1/	2023-12-04 18:38	-	Ubuntu 23.10 (Mantic Minotaur)
23.10/	2023-12-04 18:38	-	Ubuntu 23.10 (Mantic Minotaur)
bionic/	2023-06-01 08:53	-	Ubuntu 18.04.6 LTS (Bionic Beaver)
focal/	2023-03-22 14:31	-	Ubuntu 20.04.6 LTS (Focal Fossa)
jammy/	2023-08-10 18:33	-	Ubuntu 22.04.3 LTS (Jammy Jellyfish)
lunar/	2023-07-17 10:25	-	Ubuntu 23.04 (Lunar Lobster)
mantic/	2023-12-04 18:38	-	Ubuntu 23.10 (Mantic Minotaur)
streams/	2021-10-21 13:49	-	
trusty/	2020-08-18 08:05	-	Ubuntu 14.04.6 LTS (Trusty Tahr)
xenial/	2020-08-18 17:01	-	Ubuntu 16.04.7 LTS (Xenial Xerus)

图1-4　历代版本

这里介绍安装Ubuntu 16.04系统（该版本可以直接安装openjdk-8）。进入16.04版本的下载页面后，下载ubuntu-16.04.7-desktop-amd64.iso文件，然后打开VMware，在菜单栏依次选择“文件”→“新建虚拟机”选项，出现“新建虚拟机向导”界面，如图1-5所示。选中“自定义（高级）”单选按钮，再单击“下一步”按钮，即可自定义虚拟机的相关配置。

这里不需要我们进行任何操作。如图1-6所示，单击“下一步”按钮后，选择“稍后安装操作系统”，如图1-7所示，再单击“下一步”按钮。

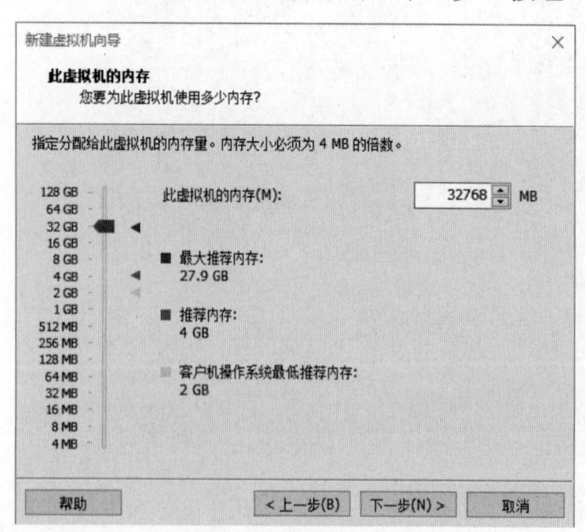

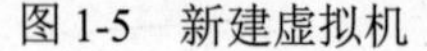
图1-5　新建虚拟机

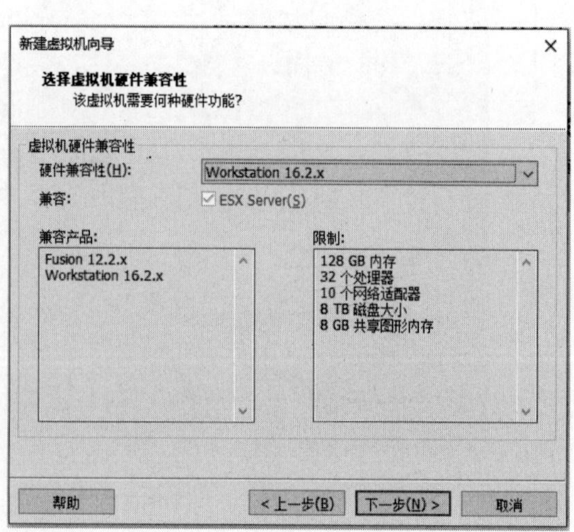

图1-6　选中Linux选项

在选择操作系统时，选中Linux单选按钮，并将版本设置为“Ubuntu 64位”，如图1-8所示。

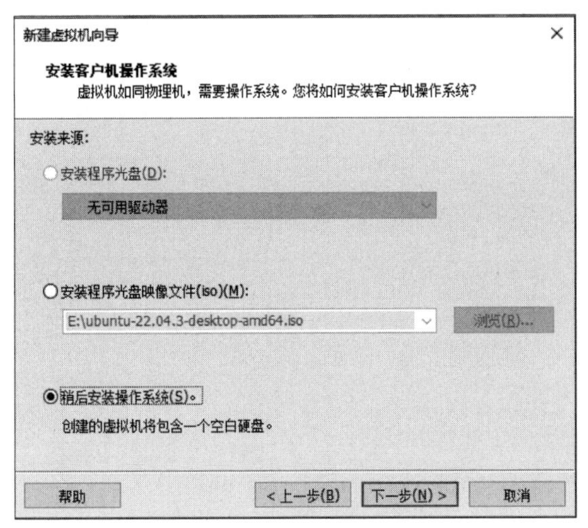

图 1-7 保持默认设置

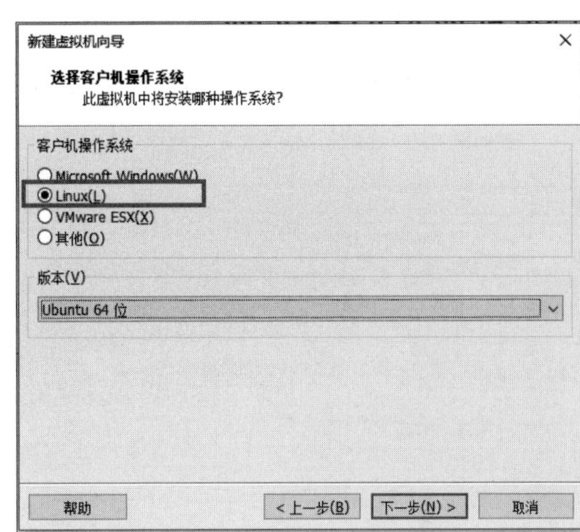

图 1-8 选中 Linux 单选按钮

在设置系统后，还需要选择安装位置，如图1-9所示。建议选择剩余空间超过300GB的路径，如果要更新编译版本的Android系统，则需要更大的空间。

设置完安装位置后，单击“下一步”按钮，进行处理器配置，如图1-10所示。在这里，选择处理器数量为1，每个处理器的内核数量设置为计算机中CPU的线程数。

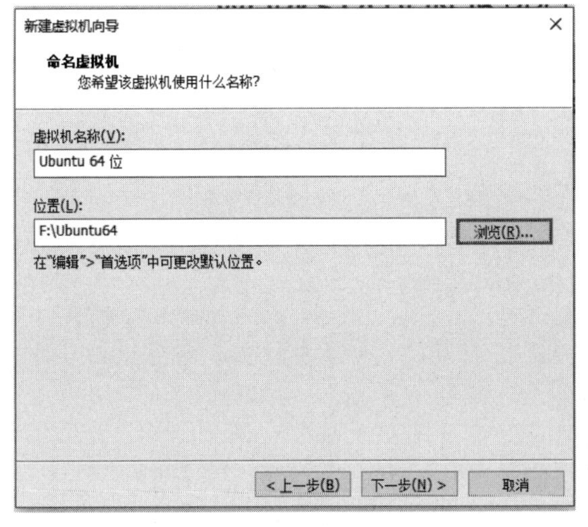

图 1-9 选择安装位置

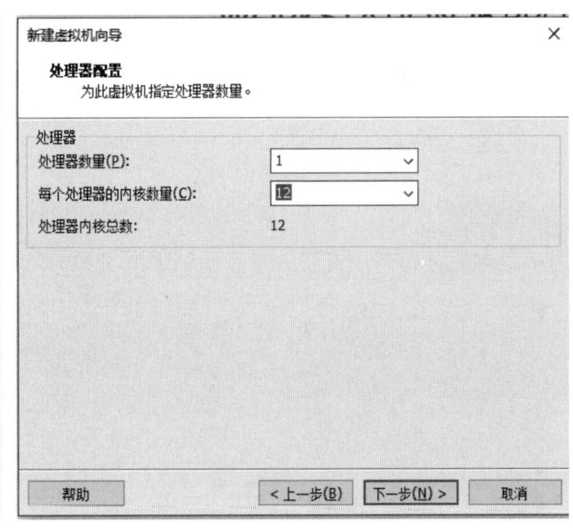

图 1-10 选择处理器数量为 1

设置完处理器数量和内核数量后，单击“下一步”按钮，进行虚拟机内存设置，如图1-11所示。建议将虚拟机内存设置得尽可能大一些，如果内存偏小，编译系统可能会报错，这里选择32GB。

设置完成后，单击“下一步”按钮，进行网络类型设置，这里选中“使用网络地址转换(NAT) (E)”单选按钮，如图1-12所示。

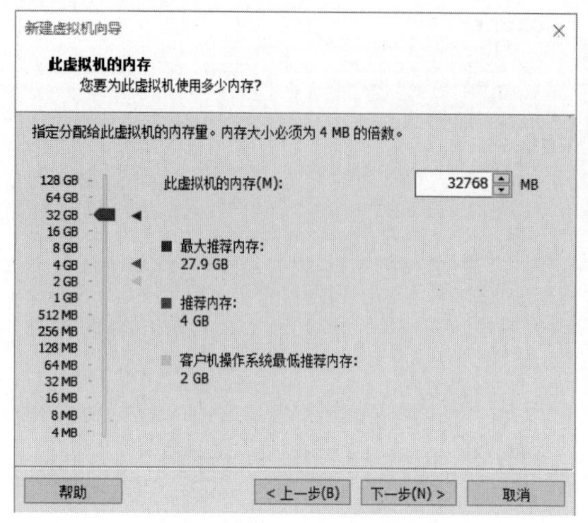

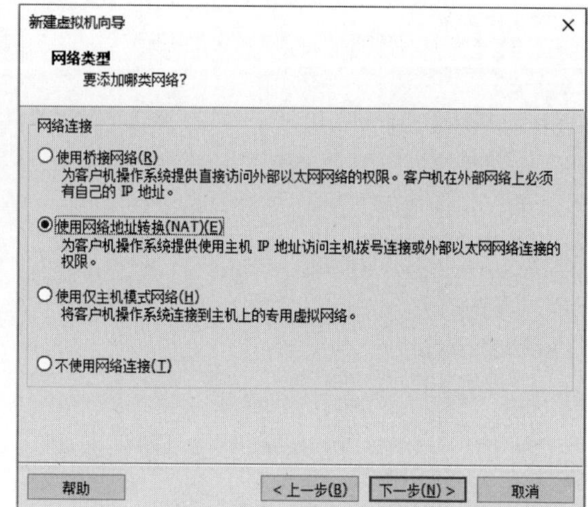

图 1-11　虚拟机内存设置

图 1-12　选择网络类型

设置完成后，单击“下一步”按钮。

I/O控制器类型和虚拟磁盘类型保持默认设置，直接单击“下一步”按钮，如图1-13和图1-14所示。

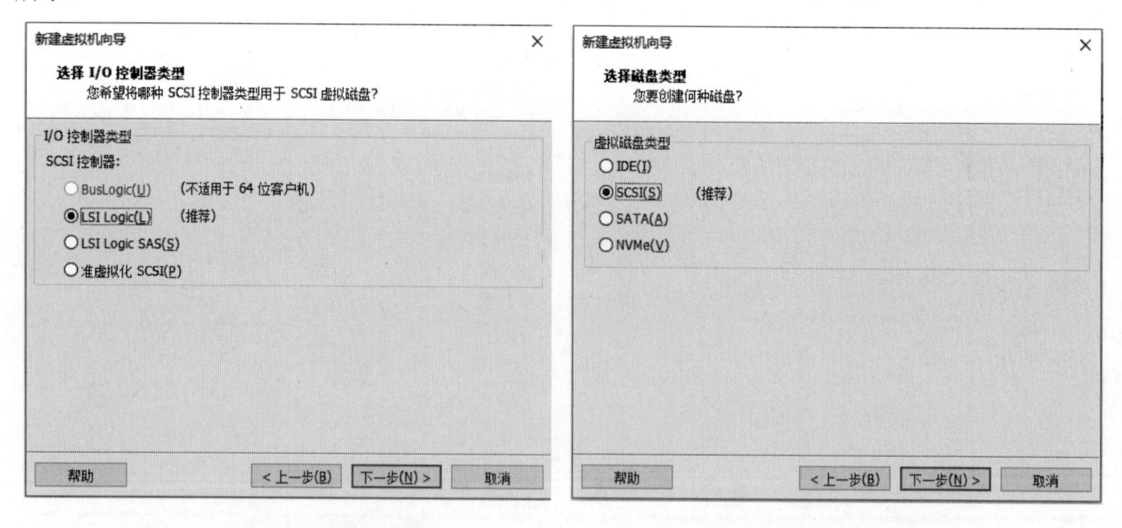

图 1-13　选择 I/O 控制器类型

图 1-14　选择虚拟磁盘类型

在选择磁盘时，保持默认的“创建新虚拟磁盘”，不做改动，直接单击“下一步”按钮即可，如图1-15所示。

在指定磁盘容量时，根据自己的磁盘空间，将最大磁盘大小设置得尽可能大一些，如图1-16所示。

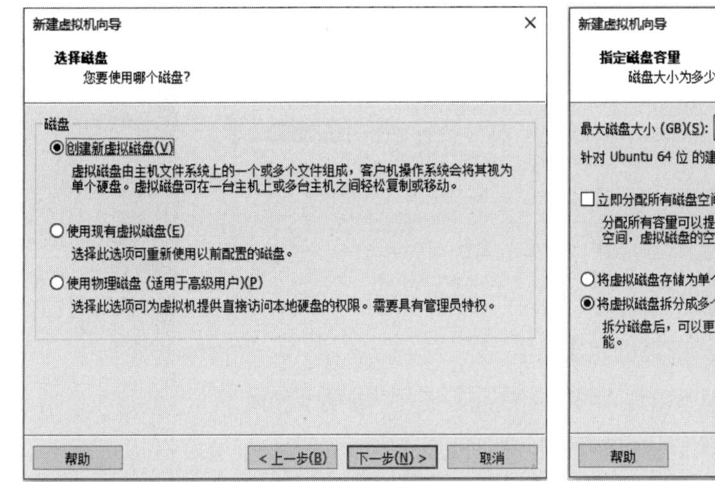

图 1-15　保持默认的“创建新虚拟磁盘”

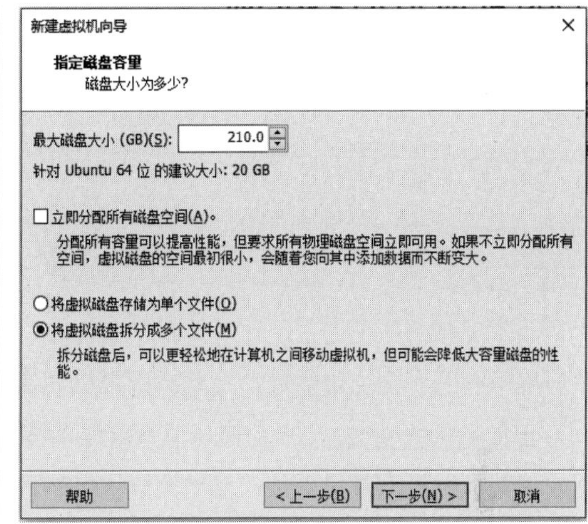

图 1-16　指定磁盘空间

设置完成后，单击“下一步”按钮。在“指定磁盘文件”界面，直接单击“下一步”按钮，如图1-17所示。

准备创建虚拟机，单击“自定义硬件”按钮，如图1-18所示。

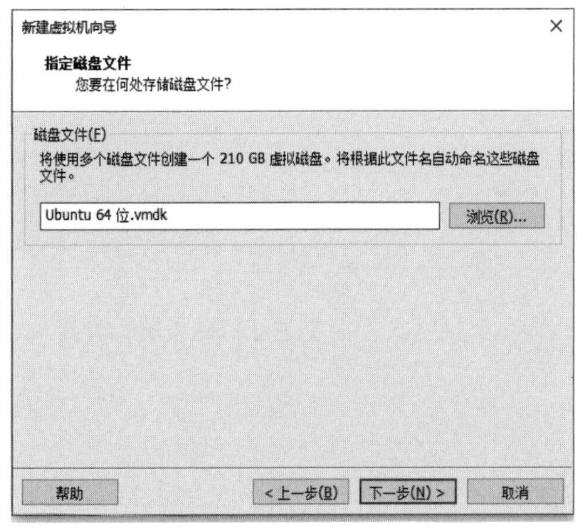

图 1-17　指定磁盘文件

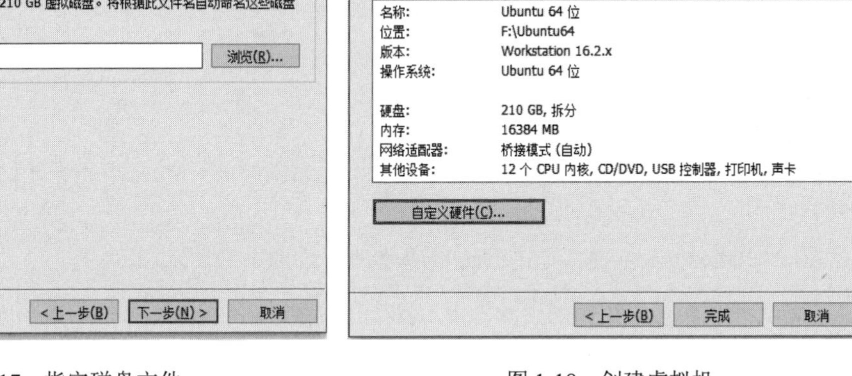

图 1-18　创建虚拟机

在“硬件”界面，选择“新CD/DVD(SATA)”选项，在“连接”下选中“使用ISO映像文件”单选按钮，并设置为刚刚下载好的Ubuntu系统镜像文件，如图1-19所示。

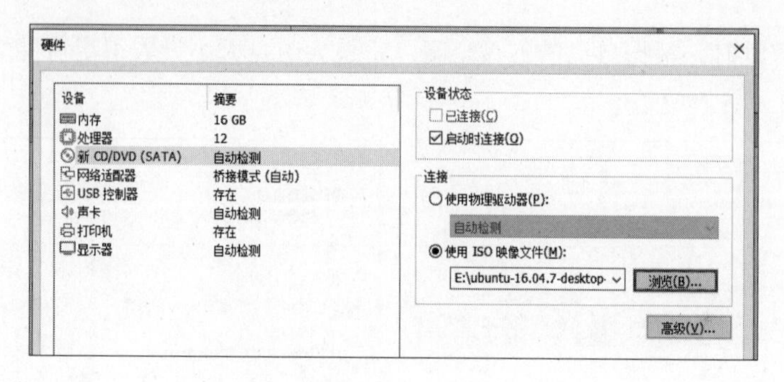

图 1-19　自定义硬件

设置完成后，单击“硬件”界面右上角的“关闭”按钮，回到“已准备好创建虚拟机”界面，然后单击“完成”按钮即可。至此，虚拟机创建完毕。

虚拟机创建完成后，VMware中会出现一个新的Ubuntu系统，如图1-20所示。这就是我们刚才创建的新虚拟机，直接单击“开启此虚拟机”按钮，即可进入Ubuntu的系统安装流程。

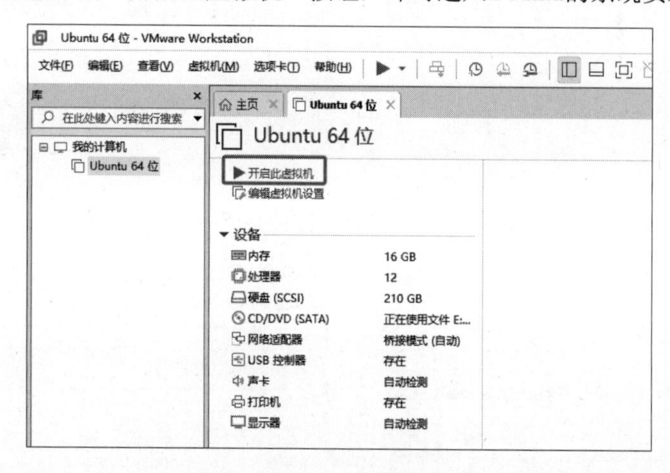

图 1-20　开启此虚拟机

如图1-21所示，在这里，单击Install Ubuntu按钮即可。接下来不需要进行特殊设置，直接单击Continue按钮。

在Installation type界面，单击Install Now按钮，如图1-22所示。

在选择地区时，以中国的上海为例，直接在搜索框中输入Shanghai，地图就会定位到上海。

然后单击Continue按钮，进入键盘设置界面，默认选择English(US)选项，直接单击右下角的Continue按钮，如图1-23所示。

设置完键盘后，进行用户密码的设置。在此界面依次输入姓名、计算机名称、用户名和密码，如图1-24所示，然后单击Continue按钮。

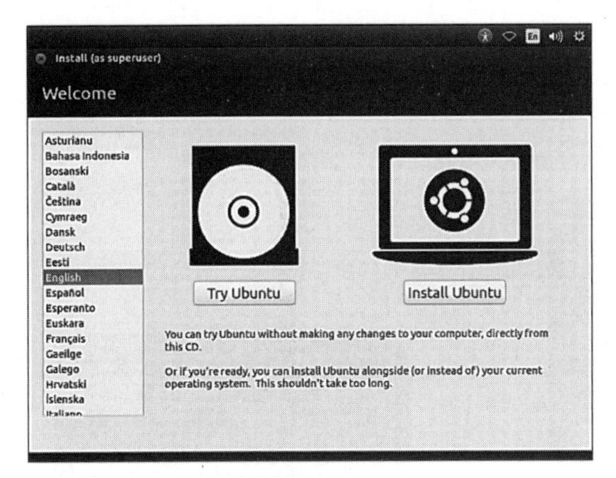

图 1-21　单击 Install Ubuntu 按钮

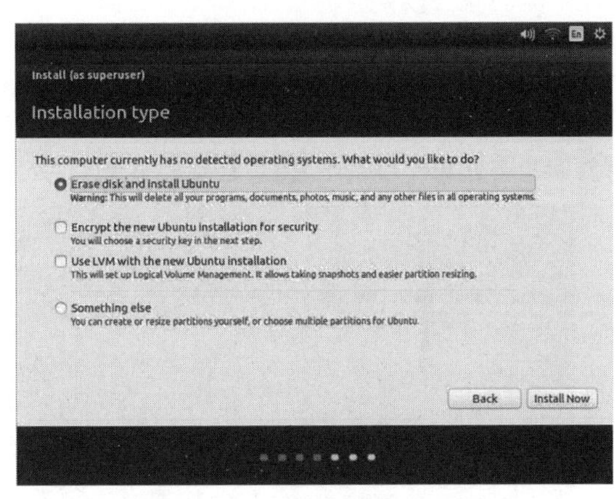

图 1-22　单击 Install Now 按钮

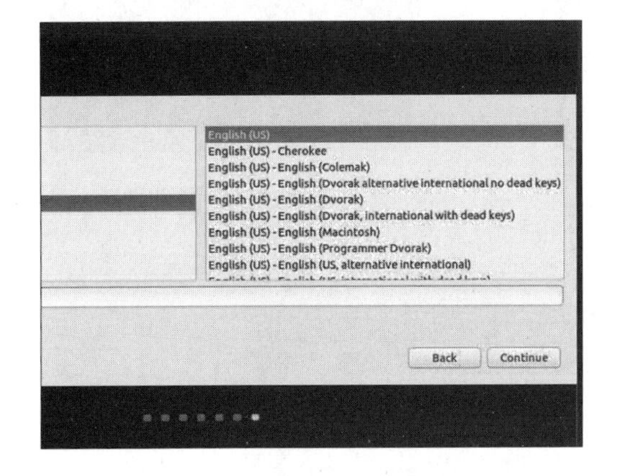

图 1-23　选择 English(US)选项

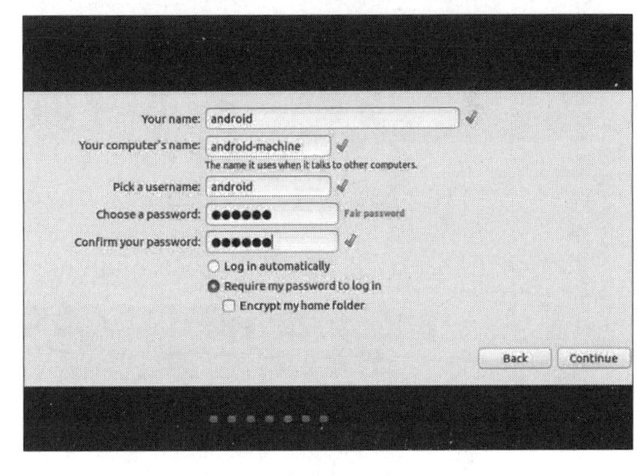

图 1-24　用户密码的设置

进入安装界面，如图1-25所示。

安装结束后，系统会提示重启。单击Restart Now按钮即可重启虚拟机，如图1-26所示。

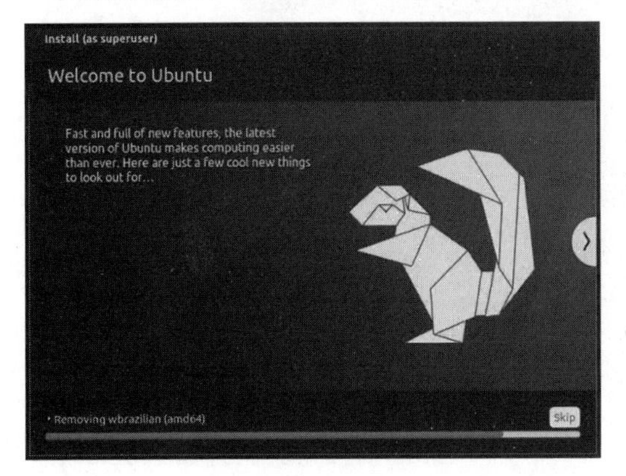

图 1-25　安装界面

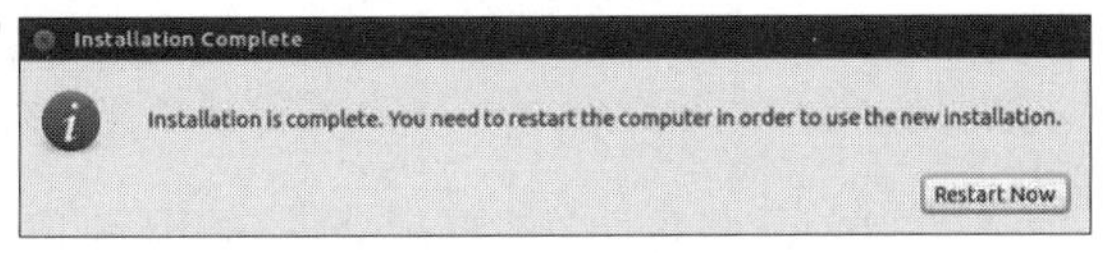

图 1-26　重启虚拟机

重启虚拟机后，即可看到登录界面，如图1-27所示。这时，我们的系统已经完全安装成功。

接下来，还可以进行一些其他配置。例如，在进入系统后，默认的分辨率可能过小，可以单击界面右上角的“设置”按钮进行调整。选择System Settings选项，如图1-28所示。

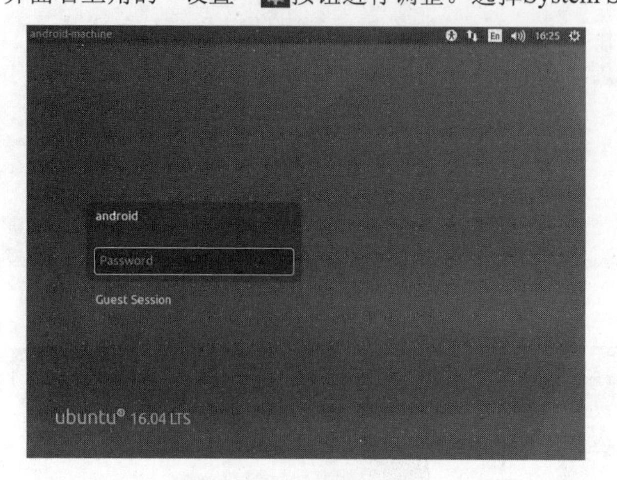

图 1-27　登录界面

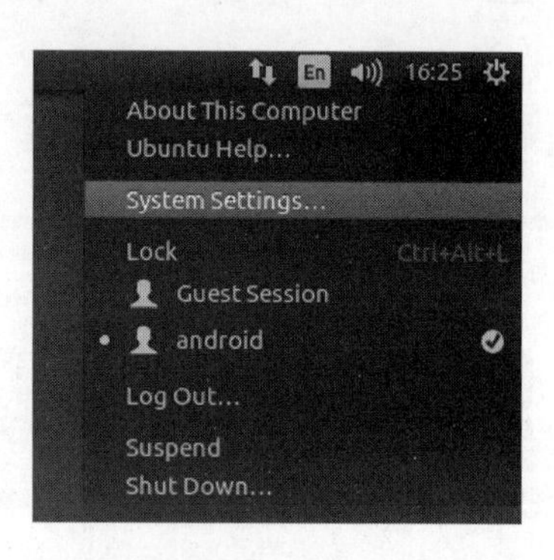

图 1-28　其他设置

然后单击Display菜单选项，在Resolution下设置对应的分辨率大小，如图1-29所示。

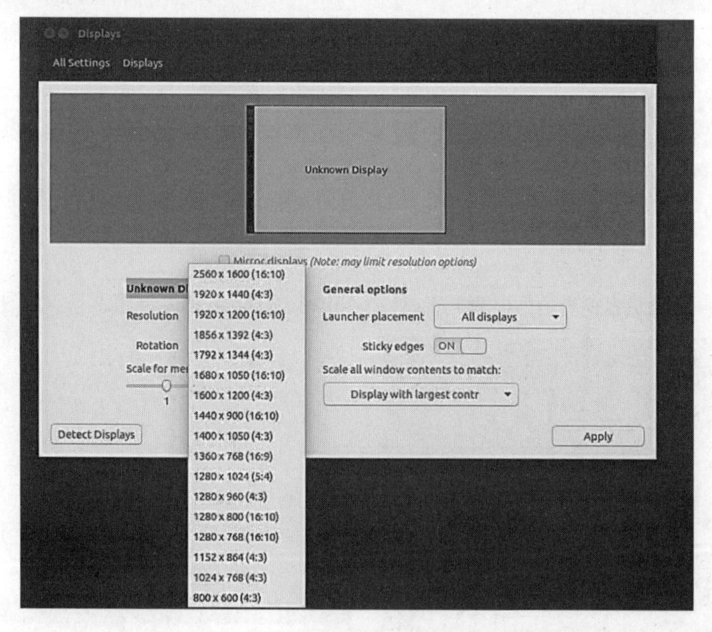

图 1-29　设置对应的分辨率大小

这里建议选择与计算机屏幕分辨率相匹配的设置，然后单击Apply按钮。在完成Ubuntu系统的安装后，就可以进入源码编译环节。

从Ubuntu系统中，使用快捷键【Ctrl+Alt+T】可以调出命令行。接下来，在命令行中进行JDK的安装。

众所周知，Google一直推崇Android是“开源平台”，从Android N版本起系统便开始使用开源的JDK方案，因此这里编译采用OpenJDK的方案。输入以下命令（见图1-30）：

```
sudo apt-get install openjdk-8-jdk
```

```
android@android-machine: ~
See "man sudo_root" for details.

android@android-machine:~$ sudo apt-get install openjdk-8-jdk
[sudo] password for android:
Reading package lists... Done
Building dependency tree
Reading state information... Done
The following additional packages will be installed:
  ca-certificates-java fonts-dejavu-extra java-common libgif7 libice-dev
  libpthread-stubs0-dev libsm-dev libx11-6 libx11-dev libx11-doc libxau-dev
  libxcb1-dev libxdmcp-dev libxt-dev openjdk-8-jdk-headless openjdk-8-jre
  openjdk-8-jre-headless x11proto-core-dev x11proto-input-dev x11proto-kb-dev
  xorg-sgml-doctools xtrans-dev
Suggested packages:
  default-jre libice-doc libsm-doc libxcb-doc libxt-doc openjdk-8-demo
  openjdk-8-source visualvm icedtea-8-plugin fonts-ipafont-gothic
  fonts-ipafont-mincho fonts-wqy-microhei fonts-wqy-zenhei fonts-indic
The following NEW packages will be installed:
  ca-certificates-java fonts-dejavu-extra java-common libgif7 libice-dev
  libpthread-stubs0-dev libsm-dev libx11-dev libx11-doc libxau-dev libxcb1-dev
  libxdmcp-dev libxt-dev openjdk-8-jdk openjdk-8-jdk-headless openjdk-8-jre
```

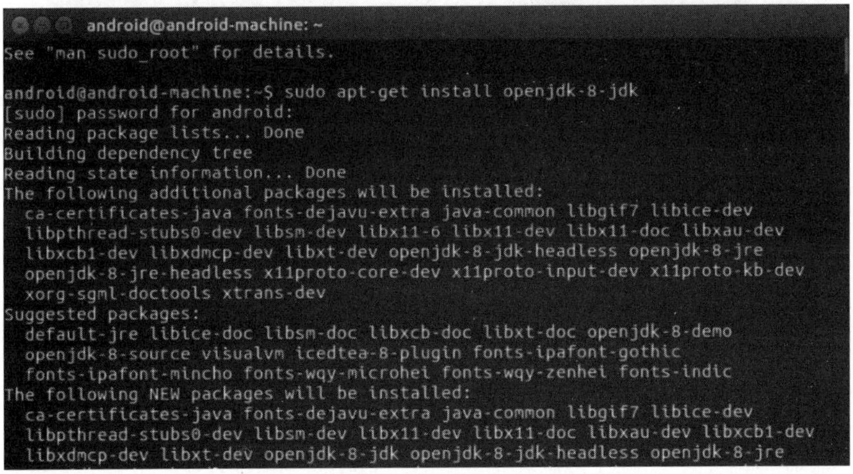

图 1-30　安装 JDK

安装后输入：

```
java -version
```

如果出现如图1-31所示的提示信息，则表示安装成功。

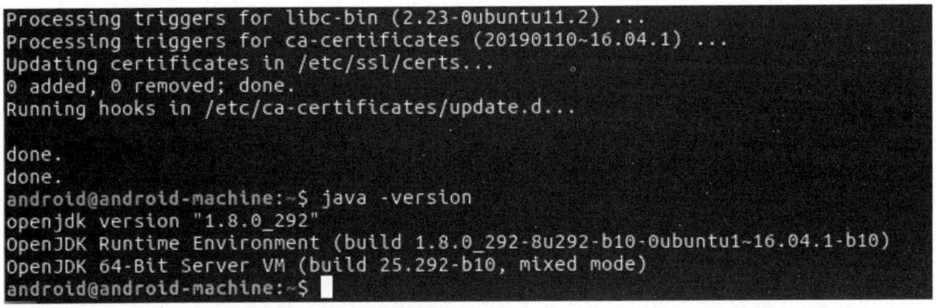

```
Processing triggers for libc-bin (2.23-0ubuntu11.2) ...
Processing triggers for ca-certificates (20190110~16.04.1) ...
Updating certificates in /etc/ssl/certs...
0 added, 0 removed; done.
Running hooks in /etc/ca-certificates/update.d...

done.
done.
android@android-machine:~$ java -version
openjdk version "1.8.0_292"
OpenJDK Runtime Environment (build 1.8.0_292-8u292-b10-0ubuntu1~16.04.1-b10)
OpenJDK 64-Bit Server VM (build 25.292-b10, mixed mode)
android@android-machine:~$
```

图 1-31　检验是否安装成功

接下来，安装所需的软件包，执行以下命令：

```
sudo apt-get install git-core gnupg flex bison gperf build-essential zip curl
zlib1g-dev gcc-multilib g++-multilib libc6-dev-i386 lib32ncurses5-dev
x11proto-core-dev libx11-dev lib32z-dev libgl1-mesa-dev libxml2-utils xsltproc unzip
```

在安装过程中，如果出现提示信息，直接回复“y”后按Enter键即可继续安装，如图1-32所示。

```
android@android-machine: ~
The following NEW packages will be installed:
  bison curl flex g++-5-multilib g++-multilib gcc-5-multilib gcc-multilib git
  git-core git-man gperf lib32asan2 lib32atomic1 lib32cilkrts5 lib32gcc-5-dev
  lib32gcc1 lib32gomp1 lib32itm1 lib32mpx0 lib32ncurses5 lib32ncurses5-dev
  lib32quadmath0 lib32stdc++-5-dev lib32stdc++6 lib32tinfo-dev lib32tinfo5
  lib32ubsan0 lib32z1 lib32z1-dev libbison-dev libc6-dev-i386 libc6-dev-x32
  libc6-i386 libc6-x32 libdrm-dev liberror-perl libfl-dev libgl1-mesa-dev
  libncurses5-dev libsigsegv2 libtinfo-dev libx11-xcb-dev libx32asan2
  libx32atomic1 libx32cilkrts5 libx32gcc-5-dev libx32gcc1 libx32gomp1
  libx32itm1 libx32quadmath0 libx32stdc++-5-dev libx32stdc++6 libx32ubsan0
  libxcb-dri2-0-dev libxcb-dri3-dev libxcb-glx0-dev libxcb-present-dev
  libxcb-randr0-dev libxcb-render0-dev libxcb-shape0-dev libxcb-sync-dev
  libxcb-xfixes0-dev libxdamage-dev libxext-dev libxfixes-dev libxml2-utils
  libxshmfence-dev libxxf86vm-dev m4 mesa-common-dev x11proto-damage-dev
  x11proto-dri2-dev x11proto-fixes-dev x11proto-gl-dev x11proto-xext-dev
  x11proto-xf86vidmode-dev xsltproc zlib1g-dev
The following packages will be upgraded:
  libc-dev-bin libc6 libc6-dbg libc6-dev libcurl3-gnutls libx11-xcb1 unzip
7 upgraded, 78 newly installed, 0 to remove and 183 not upgraded.
Need to get 31.4 MB of archives.
After this operation, 120 MB of additional disk space will be used.
Do you want to continue? [Y/n] y
```

图 1-32　继续安装

这时，静候片刻，即可完成安装。

1.2.2　下载 Android 源码

在完成基础环境搭建后，接下来继续下载Android源码。在下载Android源码之前，需先安装构建工具Repo以初始化源码。Repo是Google公司用Python编写的一个脚本，主要用于管理多个Git仓库。由于Android系统源码占用的空间很大，直接使用Git操作不是很方便，因此Repo应运而生。

1. 安装Repo

创建bin目录，并将该目录添加到系统的环境变量中：

```
mkdir ~/bin
PATH=~/bin:$PATH
```

2. 下载并安装Repo

```
curl https://storage.googleapis.com/git-repo-downloads/repo > ~/bin/repo
chmod a+x ~/bin/repo
```

在安装完Repo后，需要使用source指令重新加载Linux的配置环境：

```
source ~/.bashrc
```

或者直接重启操作系统。

此外，为了方便后续对配置文件的修改，还需要安装vim编辑器，命令如下（见图1-33）：

```
sudo apt install vim
```

```
android@android-machine:~$ sudo apt install vim
[sudo] password for android:
Reading package lists... Done
Building dependency tree
Reading state information... Done
The following additional packages will be installed:
  vim-common vim-runtime vim-tiny
Suggested packages:
  ctags vim-doc vim-scripts vim-gnome-py2 | vim-gtk-py2 | vim-gtk3-py2 | vim-athena-py2 | vim-nox-py2 indent
The following NEW packages will be installed:
  vim vim-runtime
The following packages will be upgraded:
  vim-common vim-tiny
```

图 1-33　安装 vim 编辑器

3. 使用Repo同步源码

在安装好Repo后，即可进行源码的下载和同步操作，步骤如下：

01 在开始下载AOSP源码之前，需要在合适的位置创建一个目录用于放置源码，输入以下命令：

```
mkdir AOSPCode
cd AOSPCode/
```

mkdir用于创建目录，cd用于切换到对应项目录，这些都是Linux的基本操作命令，后续不再重复说明。

02 初始化仓库。

使用**repo init**指令初始化源码仓库：

```
repo init -u https://mirrors.tuna.tsinghua.edu.cn/git/AOSP/platform/manifest
```

03 同步源码：

```
repo sync
```

如果在这里提示无法连接至gerrit.googlesource.com，可以将以下内容添加到系统的环境变量中，然后重启操作系统：

```
export REPO_URL='https://mirrors.tuna.tsinghua.edu.cn/git/git-repo'
```

04 指定Android系统版本。

在repo init后加上-b参数和系统版本分支名称即可，命令如下：

```
repo init -u https://mirrors.tuna.tsinghua.edu.cn/git/AOSP/platform/manifest -b
android-13.0.0_r43
```

初始化结束后，再执行以下同步命令：

```
repo sync
```

如此，Repo同步源码流程就完成了。由于每个人的网络环境不同，下载速度可能会有所差异。当然，Repo还有更多的使用方式，这里就不再赘述了。

1.2.3　使用Android源码包

除了使用Repo同步源码外，还有另一种获取AOSP源码的方式。中国科学技术大学和清华大学的网站提供了对应的AOSP镜像。相较于Repo同步源码的方式，使用这些镜像下载速度更快，并且支持断点续传。具体步骤如下：

01 与使用Repo同步源码的方式类似，在开始下载AOSP源码之前，需要在合适的位置创建一个目录用于存放源码。输入命令如下：

```
mkdir aosp
cd aosp/
```

02 下载AOSP初始化包。

使用curl命令下载AOSP初始化包。如果下载过程中意外中断，可以重新执行相同的curl指令来进行断点续传：

```
curl -OC - https://mirrors.tuna.tsinghua.edu.cn/aosp-monthly/aosp-latest.tar
```

注意，这一步实际上不必专门在命令行中执行，下载工具可以是浏览器或任意其他操作系统工具，只要最终能复制到Ubuntu中进行编译即可。

03 解压AOSP包。

解压下载后的.tar格式压缩包，命令如下：

```
tar xf aosp-latest.tar
```

当然，这一步也可以用图形化工具手动解压。由于压缩包非常大，解压需要耗费一些时间。解压成功后的初始化包只保留了.repo目录。可以使用快捷键Ctrl+H来显示隐藏文件，然后执行以下命令拉取Android主分支源码：

```
repo sync
```

04 同步指定分支源码。

切换到.repo/manifests目录，再执行git命令以拉取最新的代码：

```
cd .repo/manifests
git fetch --all
```

拉取代码后，可以通过git branch -a命令查看所有分支，在分支名上可以看到对应系统的版本。接着，执行以下命令切换到指定的分支：

```
repo init -b android-13.0.0_r43
```

这将当前代码分支切换到android 13的分支。切换分支后，再执行repo sync命令同步一下，即可得到完整的Android 13源码。

以上过程，由于每个人的网络环境不同，下载速度也会有所差异。当然，repo的使用方法还有很多，这里不再详细说明。整个源码同步过程并不简单，许多出于兴趣下载Android源码的人，都会遇到各种奇怪的问题。而且，即使是一时的成功经验，过一段时间后也可能会遇到其他错误。这些不可预测的问题往往成为开发过程中的障碍。以下是一些在代码同步过程中可能遇到的常见错误，供读者参考。

（1）提示File exists：

```
    error: device/linaro/dragonboard-kernel/: device/linaro/dragonboard-kernel
checkout 76f3dc1649e44e86bb82a0a474e6169ffa40df55
    error: Cannot checkout device/linaro/dragonboard-kernel
    fatal: Unable to create '/home/android/aospCode/cts/.git/index.lock': File
exists.
```

真正的错误信息通常出现在最后一行提示中。可以尝试删除该目录下的.git/index.lock 文件，然后重新执行 repo sync 命令。

（2）revision not found：

```
    error: Cannot checkout device/google/raviole-kernel:
ManifestInvalidRevisionError: revision refs/tags/android-13.0.0_r43 in
device/linaro/dragonboard-kernel not found
    error: in `sync -c`: revision refs/tags/android-13.0.0_r43 in
device/linaro/dragonboard-kernel not found
```

数据同步错误，删除.repo/目录下对应的路径后，然后继续执行repo sync操作。这里路径是device/linaro/dragonboard-kernel，因此删除命令为：

```
    rm -rf .repo/device/linaro/dragonboard-kernel
```

（3）Unable to fully sync the tree：

```
    Repo command failed due to the following `SyncError` errors:
    device/generic/coral-kernel checkout d898fcf0e6f9edd205e24c85c2a542498ccf2983
```

通常情况下，最后一串字符是一个哈希值字符串。遇到这种情况，可以删除对应的目录，然后重新执行repo sync命令。

同步完成后，如果控制台打印出“repo sync has finished successfully.”的信息，这表示同步操作已经成功完成。此时，可以继续进行下一步，即编译源码。

1.2.4　源码编译

在下载对应的源码后，输入ls命令即可查看到Android源码的文件目录，如图1-34所示。

```
android@android-machine:~/aosp$ ls
Android.bp   bionic          cts          external    libnativehelper    prebuilts  tools
android.iml  bootable        dalvik       frameworks  out                sdk        WORKSPACE
android.ipr  bootstrap.bash  developers   hardware    packages           system
android.iws  build           development  kernel      pdk                test
art          BUILD           device       libcore     platform_testing   toolchain
```

图 1-34　Android 源码的文件目录

在此目录下可以对AOSP源码进行编译。源码编译命令如下：

```
. build/envsetup.sh
```

执行此命令进行编译前的准备工作，提供lunch、m、mm等命令的函数定义。

```
lunch
```

执行lunch命令打开选择菜单，如图1-35所示，这里会显示可供选择的目标。

```
android@android-machine:~/aosp$ lunch


You're building on Linux

Lunch menu .. Here are the common combinations:
     1. aosp_arm-eng
     2. aosp_arm64-eng
     3. aosp_barbet-userdebug
     4. aosp_bluejay-userdebug
     5. aosp_bramble-userdebug
     6. aosp_bramble_car-userdebug
     7. aosp_car_arm-userdebug
     8. aosp_car_arm64-userdebug
     9. aosp_car_x86-userdebug
     10. aosp_car_x86_64-userdebug
     11. aosp_cf_arm64_auto-userdebug
     12. aosp_cf_arm64_phone-userdebug
     13. aosp_cf_x86_64_foldable-userdebug
     14. aosp_cf_x86_64_pc-userdebug
     15. aosp_cf_x86_64_phone-userdebug
     16. aosp_cf_x86_64_tv-userdebug
     17. aosp_cf_x86_auto-userdebug
     18. aosp_cf_x86_phone-userdebug
     19. aosp_cf_x86_tv-userdebug
     20. aosp_coral-userdebug
     21. aosp_coral_car-userdebug
     22. aosp_flame-userdebug
     23. aosp_flame_car-userdebug
     24. aosp_oriole-userdebug
     25. aosp_oriole_car-userdebug
     26. aosp_raven-userdebug
```

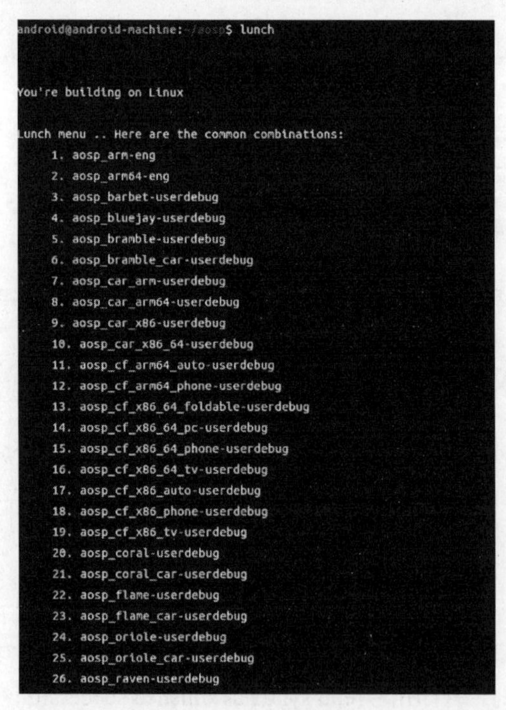

图 1-35　选择目标

注意　不同分支列表可能不一样。

在这里选择70，即sdk_car_x86_64-userdebug，会输出如图1-36所示的信息。

```
============================================
PLATFORM_VERSION_CODENAME=REL
PLATFORM_VERSION=13
TARGET_PRODUCT=aosp_car_x86_64
TARGET_BUILD_VARIANT=userdebug
TARGET_BUILD_TYPE=release
TARGET_ARCH=x86_64
TARGET_ARCH_VARIANT=x86_64
TARGET_2ND_ARCH=x86
TARGET_2ND_ARCH_VARIANT=x86_64
HOST_ARCH=x86_64
HOST_2ND_ARCH=x86
HOST_OS=linux
HOST_OS_EXTRA=Linux-6.5.0-35-generic-x86_64-Ubuntu-22.04.3-LTS
HOST_CROSS_OS=windows
HOST_CROSS_ARCH=x86
HOST_CROSS_2ND_ARCH=x86_64
HOST_BUILD_TYPE=release
BUILD_ID=TP1A.220905.004.A2
OUT_DIR=out
PRODUCT_SOONG_NAMESPACES=device/generic/goldfish device/generic/goldfish-opengl hardware/google/camera hardware/google/camera/devices/EmulatedCamera
============================================
```

图 1-36　选择 sdk_car_x86_64-userdebug

输出这些信息表明配置成功。当然，这里也可以直接使用命令确定编译目标：

```
lunch 70
```

或者输入：

```
lunch sdk_car_x86_64-userdebug
```

最后输入命令：

```
make
```

Android源码编译过程即可正式开始。接下来开始编译过程，需要耐心等待（编译时间的长短取决于用户计算机的配置）。在等待期间，请确保不要关闭命令行窗口。如果不慎关闭了命令行，可能需要重新执行make命令来继续或重新开始编译过程。当编译成功完成时，命令行将显示提示信息：Build completed successfully (耗时时间…)。出现这条信息时，表示源码编译已经顺利完成，如图1-37所示。

在源码编译成功后，输入以下命令可启动对应的模拟器：

```
emulator
```

模拟器如图1-38所示。

如果在lunch中选择的是sdk_phone_x86_64，则完整命令如下：

```
lunch sdk_phone_x86_64
```

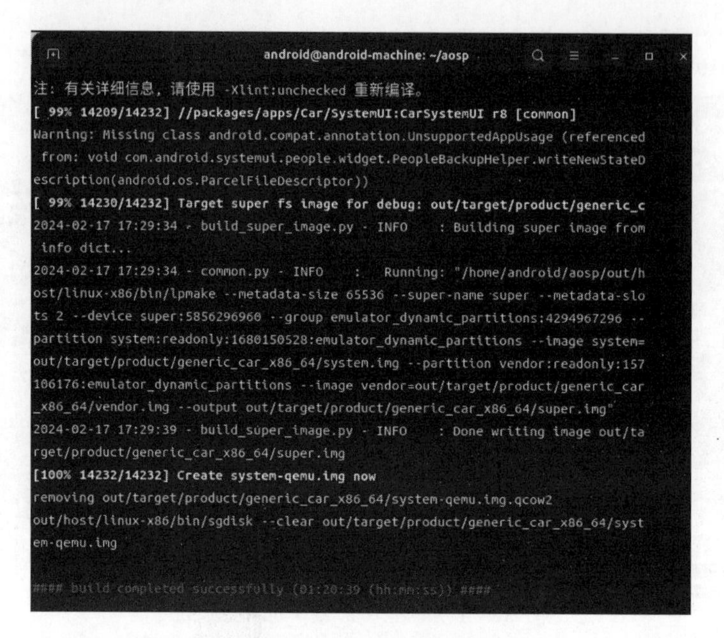

图 1-37　源码编译完成

在此情况下，通过相应的emulator命令启动的模拟器将是手机模拟器，如图1-39所示。

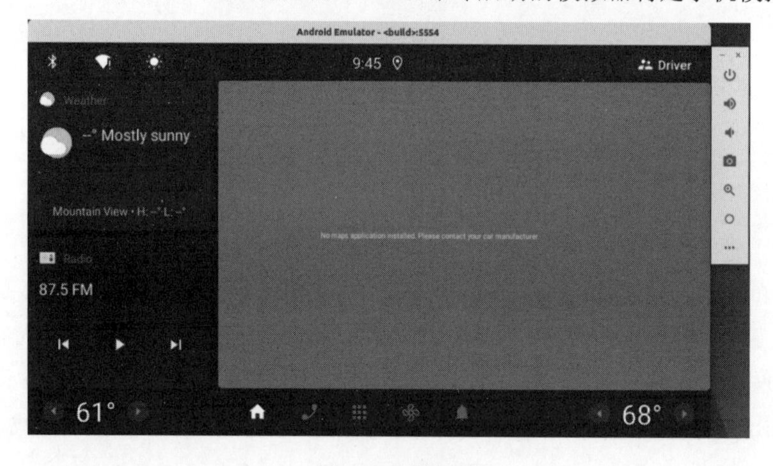

图 1-38　模拟器

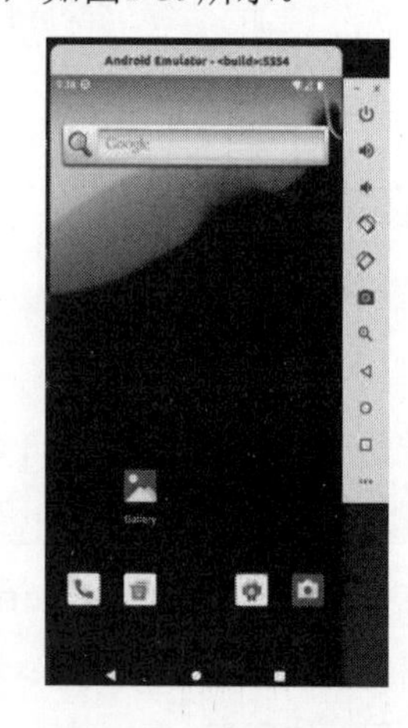

图 1-39　手机模拟器

也就是Android系统手机ROM自定义开发所选择的对应模式。车机开发与手机开发的技术栈是相通的，因此本书所述的内容适用于这两者的开发。

1.2.5　将源码导入 Android Studio

在源码编译完成后，我们需要将源码导入Android Studio，以便进行后期的调试和代码分析。启动命令行，依次执行以下命令：

（1）.build/envsetup.sh

（2）lunch 70

（3）mmm development/tools/idegen/

（4）sudo ./development/tools/idegen/idegen.sh

这3个命令用于执行源码中内置的idegen脚本。待脚本执行完毕后，我们会看到类似于图1-37所示的成功提示信息。此时，我们会发现源码目录下多了两个文件：android.iml和android.ipr，如图1-40所示。

```
android@android-machine:~/aosp$ ls
Android.bp   art       bootstrap.bash  cts         development  frameworks  libcore          packages          prebuilts  test       WORKSPACE
android.iml  bionic    build           dalvik      device       hardware    libnativehelper  pdk               sdk        toolchain
android.ipr  bootable  BUILD           developers  external     kernel      out              platform_testing  system     tools
```

图 1-40　源码目录

接下来，使用Android Studio用常规方法导入android.ipr文件，即可在Android Studio中查看系统源码。需要注意的是，如果把Android的所有源码全部导入IDE中，工程量将会非常大且耗时较长。因此，我们可以把不需要的模块过滤掉来提高效率。打开android.iml文件，在</content>标签前添加以下代码，以修改excludeFolder的配置：

```
<excludeFolder url="file://$MODULE_DIR$/.repo"/>
<excludeFolder url="file://$MODULE_DIR$/abi"/>
<excludeFolder url="file://$MODULE_DIR$/frameworks/base/docs"/>
<excludeFolder url="file://$MODULE_DIR$/art"/>
<excludeFolder url="file://$MODULE_DIR$/bionic"/>
<excludeFolder url="file://$MODULE_DIR$/bootable"/>
<excludeFolder url="file://$MODULE_DIR$/build"/>
<excludeFolder url="file://$MODULE_DIR$/cts"/>
<excludeFolder url="file://$MODULE_DIR$/dalvik"/>
<excludeFolder url="file://$MODULE_DIR$/developers"/>
<excludeFolder url="file://$MODULE_DIR$/development"/>
<excludeFolder url="file://$MODULE_DIR$/device"/>
<excludeFolder url="file://$MODULE_DIR$/docs"/>
<excludeFolder url="file://$MODULE_DIR$/external"/>
<excludeFolder url="file://$MODULE_DIR$/hardware"/>
<excludeFolder url="file://$MODULE_DIR$/kernel-3.18"/>
<excludeFolder url="file://$MODULE_DIR$/libcore"/>
<excludeFolder url="file://$MODULE_DIR$/libnativehelper"/>
<excludeFolder url="file://$MODULE_DIR$/ndk"/>
<excludeFolder url="file://$MODULE_DIR$/out"/>
<excludeFolder url="file://$MODULE_DIR$/pdk"/>
<excludeFolder url="file://$MODULE_DIR$/platform_testing"/>
<excludeFolder url="file://$MODULE_DIR$/prebuilts"/>
```

```
    <excludeFolder url="file://$MODULE_DIR$/rc_projects"/>
    <excludeFolder url="file://$MODULE_DIR$/sdk"/>
    <excludeFolder url="file://$MODULE_DIR$/system"/>
    <excludeFolder url="file://$MODULE_DIR$/tools"/>
    <excludeFolder url="file://$MODULE_DIR$/trusty"/>
    <excludeFolder url="file://$MODULE_DIR$/vendor"/>
```

在Android Studio中导入项目的步骤如下：依次单击File→Open→android.ipr。如果是第一次导入工程（即项目），可能会耗时较长，并且会出现如图1-41所示的进度条。具体耗时取决于计算机的配置，请耐心等待。

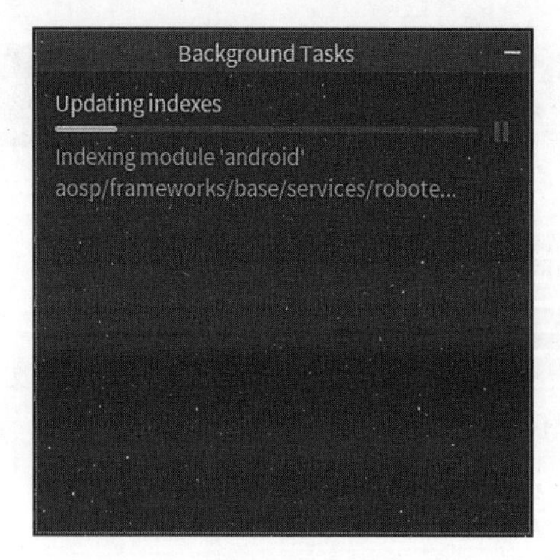

图 1-41　进度条

待进度条结束后，即可看到整个AOSP源码已成功导入Android Studio。

1.3　本章小结

本章带领读者熟悉了Android智能座舱的发展历程，并介绍了AAOS源码的下载、编译及导入Android Studio等过程，为后续的系统开发和定制打下了坚实的基础。在实际开发过程中，这些流程同样至关重要。值得一提的是，通过Android Studio开发工具的快捷键，可以大大提高我们熟悉源码的效率。

通过本章的学习，读者应能掌握以下3项技能：

（1）不同版本源码的下载和同步。

（2）源码的编译。

（3）将编译后的源码导入Android Studio工具。

第 2 章

开机流程与Zygote

作为一个Android应用开发者，你是否好奇，当你按下Android电源键打开设备时，从硬件到软件究竟发生了什么？是否有以下疑问：当设备显示开机动画时，屏幕后面到底发生了什么？手机、汽车等设备是如何加载、引导并启动Android操作系统的？本章将带领读者探索Android操作系统的启动流程。

2.1 Android 设备的启动流程

所有的Android设备在开机时都会经历一次完整的启动流程。根据每个步骤的作用，这一过程可以细分为6个主要步骤，具体流程如图2-1所示。

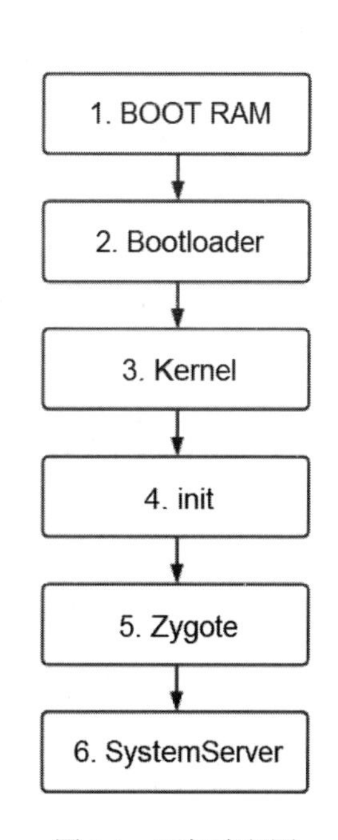

图 2-1 开机流程图

1. 启动电源即启动系统

当用户按下电源键时，引导芯片代码会从预定义的位置（通常固化在ROM中）开始执行。这一步骤会加载引导程序BootLoader，为系统启动做准备。

2. 引导程序BootLoader

BootLoader是一个在Android操作系统开始运行前执行的小程序。它的主要作用是初始化硬件并加载操作系统。

3. Linux内核启动

当Linux内核启动时，它负责设置缓存、被保护存储器、计划列表，并加载必要的驱动程序。内核完成系统设置后，会在文件系统中寻找init.rc文件，并启动init进程。

4. init进程启动

init进程是Android系统启动后，由内核启动的第一个用户态进程，进程号为1。此进程负责初始化和启动属性服务，包括SystemManager，并启动Zygote进程。

5. Zygote进程的启动

Zygote进程，也称为孵化器进程，启动后会直接或间接孵化整个系统中的Java进程。同时，它还启动Dalvik VM虚拟机服务。

6. SystemServer启动

Zygote进程启动后会“孵化”出SystemServer进程，该进程负责启动所有Android核心服务。

在整个Android系统启动过程中，从init进程启动开始，是软件层面的“互相唤醒”过程。因此，我们的分析也从init进程入手。init进程是Android系统的第一个进程，也被称为根进程，它间接启动了所有其他进程（init启动了Zygote，Zygote再通过fork系统调用创建出一个或多个子进程）。在init进程中，主要进行了以下4项工作：

（1）解析并运行所有的init.rc相关文件。

（2）根据rc文件，生成相应的设备驱动节点。

（3）处理子进程的终止（使用信号signal方式）。

（4）提供属性服务的功能。

2.2 init 进程介绍

在Android系统中，内核启动的第一个进程是init进程。init进程会根据init.rc配置文件启动surfaceflinger进程和zygote进程等。在system/core/init/init.cpp中，可以看到在parser.ParseConfig("/system/etc/init/hw/init.rc")中对init.rc进行了解析：

```
    static void LoadBootScripts(ActionManager& action_manager, ServiceList& service_list) {
        Parser parser = CreateParser(action_manager, service_list);
```

```
    std::string bootscript = GetProperty("ro.boot.init_rc", "");
    if (bootscript.empty()) {
        parser.ParseConfig("/system/etc/init/hw/init.rc");
        if (!parser.ParseConfig("/system/etc/init")) {
            late_import_paths.emplace_back("/system/etc/init");
        }
        // late_import is available only in Q and earlier release. As we don't
        // have system_ext in those versions, skip late_import for system_ext
        parser.ParseConfig("/system_ext/etc/init");
        if (!parser.ParseConfig("/product/etc/init")) {
            late_import_paths.emplace_back("/product/etc/init");
        }
        if (!parser.ParseConfig("/odm/etc/init")) {
            late_import_paths.emplace_back("/odm/etc/init");
        }
        if (!parser.ParseConfig("/vendor/etc/init")) {
            late_import_paths.emplace_back("/vendor/etc/init");
        }
    } else {
        parser.ParseConfig(bootscript);
    }
}
```


在这里解析的是system/core/rootdir/init.rc文件。init.rc文件是用Android初始化语言（Android Init Language，这里简称为AIL）编写的，具有自己的一套语法规则，但与本书绝大部分内容无关，因此这里不再赘述。init.rc文件包含Zygote启动控制的代码：

```
...
on late-init
trigger early-fs
...
trigger zygote-start
...
```

这表明Zygote脚本服务在这里被启动。init进程还可以根据其功能分为多个步骤，其中除了Zygote进程外，另一个重要步骤是启动surfaceflinger进程。surfaceflinger进程负责控制开机动画的播放。开机时，frameworks/base/cmds/bootanimation/bootanimation_main.cpp文件中的代码会控制开机动画的播放，相关代码如下：

```
int main()
{
    setpriority(PRIO_PROCESS, 0, ANDROID_PRIORITY_DISPLAY);
    ...
    if (!noBootAnimation) {
        ...
```

```
        // create the boot animation object (may take up to 200ms for 2MB zip)
        sp<BootAnimation> boot = new BootAnimation(audioplay::
createAnimationCallbacks());        //创建动画对象，这个过程主要解析动画文件，文件越大越耗时
        boot->run("BootAnimation", PRIORITY_DISPLAY); //开始开机动画逻辑
        ...
    }
    return 0;
}
```

在BootAnimation方法中，最终调用loadAnimation()来解析bootanimation.zip文件，以完成开机动画的播放。其核心代码如下：

```
BootAnimation::Animation* BootAnimation::loadAnimation(const String8& fn) {
    ...
    ZipFileRO *zip = ZipFileRO::open(fn);  //打开ZIP文件
    ...
    ALOGD("%s is loaded successfully", fn.string());
    Animation *animation =  new Animation;
    animation->fileName = fn;
    animation->zip = zip;
    animation->clockFont.map = nullptr;
    mLoadedFiles.add(animation->fileName);

    parseAnimationDesc(*animation); //解析desc.txt文件，根据这个文件创建Animation对象
    ...
    mLoadedFiles.remove(fn);
    return animation;
}
```

通过这种方式，开机动画进程得以启动。init进程在开机过程中扮演着至关重要的角色，但实际工作中修改此脚本文件的需求较少，并且这些内容与本书的主要内容关联不大，因此不再赘述init启动相关的细节。下一节我们将介绍Zygote进程的启动，因为，与系统开发紧密相关的部分是从Zygote进程开始的。

2.3　Zygote 进程的启动

Zygote进程是Android系统中启动的第一个Java进程。它通过Linux中的fork机制创建应用程序进程和system_server。可以说，Zygote进程直接或间接孵化出了系统中的所有Java进程。

Zygote进程在启动时会创建Java虚拟机环境，这意味着通过fork创建的应用程序进程和system_server进程可以继承这个环境，而不需要为每个进程单独创建Java虚拟机环境。这种机制显著提高了系统的效率和性能。

在2.1节中，我们通过init.rc脚本命令启动了Zygote进程。从Android 8.0开始，init.rc文件被拆分为32位和64位两个版本。以下是64位版本的init.zygote64.rc文件示例：

```
service zygote /system/bin/app_process64 -Xzygote /system/bin --zygote
--start-system-server
    class main
    priority -20
    user root
    group root readproc reserved_disk
    socket zygote stream 660 root system
    socket usap_pool_primary stream 660 root system
    onrestart exec_background - system system -- /system/bin/vdc volume abort_fuse
    onrestart write /sys/power/state on
    onrestart restart audioserver
    onrestart restart cameraserver
    onrestart restart media
    onrestart restart media.tuner
    onrestart restart netd
    onrestart restart wificond
    task_profiles ProcessCapacityHigh
  critical window=${zygote.critical_window.minute:-off} target=zygote-fatal
```

可以看到，启动过程涉及多个关键模块，如WiFi、媒体、网络和相机等。这些模块的启动对于系统的初始化至关重要。通过观察启动代码，我们可以看到第一行代码使用service关键字来通知init进程创建一个名为zygote的进程。这个zygote进程负责执行的程序是/system/bin/app_process64。

可以说，init进程通过服务的形式创建了zygote进程。/system/bin/app_process64程序对应的源代码路径为framework/base/cmds/app_process，如图2-2所示。

```
android@android-machine:~/aosp/frameworks/base/cmds/app_process$ ls -l
-rw-rw-r-- 1 android android  3300  2月 17 01:43 Android.bp
-rw-rw-r-- 1 android android 11671  2月 17 01:43 app_main.cpp
-rw-rw-r-- 1 android android     0  2月 17 01:43 MODULE_LICENSE_APACHE2
-rw-rw-r-- 1 android android 10695  2月 17 01:43 NOTICE
-rw-rw-r-- 1 android android    21  2月 17 01:43 version-script.txt
```

图 2-2　源代码路径

这个目录下唯一一个代码文件为app_main.cpp。我们首先关注其main方法，关键代码如下：

```
int main(int argc, char* const argv[])
{
    ...
    AppRuntime runtime(argv[0], computeArgBlockSize(argc, argv));//构造
AppRuntime的对象
    // Process command line arguments
```

```
    // ignore argv[0]
    argc--;
    argv++;
    ...
    bool zygote = false;
    bool startSystemServer = false;
    bool application = false;
    String8 niceName;
    String8 className;

    ++i;  // Skip unused "parent dir" argument
    while (i < argc) {
        const char* arg = argv[i++];
        if (strcmp(arg, "--zygote") == 0) {
            zygote = true;                    //变量zygote的设置
            niceName = ZYGOTE_NICE_NAME;
        } else if (strcmp(arg, "--start-system-server") == 0) {
            startSystemServer = true;
        } else if (strcmp(arg, "--application") == 0) {
            application = true;
        } else if (strncmp(arg, "--nice-name=", 12) == 0) {
            niceName.setTo(arg + 12);
        } else if (strncmp(arg, "--", 2) != 0) {
            className.setTo(arg);
            break;
        } else {
            --i;
            break;
        }
    }
    ...
    Vector<String8> args;
    if (!className.isEmpty()) {
        ...
        runtime.setClassNameAndArgs(className, argc - i, argv + i);
        ...
} else {
...
}

    if (!niceName.isEmpty()) {
        runtime.setArgv0(niceName.string(), true /* setProcName */);
}

    if (zygote) {
        //进入这里进行java类的启动
```

```
        runtime.start("com.android.internal.os.ZygoteInit", args, zygote);
    } else if (className) {
        runtime.start("com.android.internal.os.RuntimeInit", args, zygote);
    } else {
        fprintf(stderr, "Error: no class name or --zygote supplied.\n");
        app_usage();
        LOG_ALWAYS_FATAL("app_process: no class name or --zygote supplied.");
    }
    }
```


从上述源码中可以看出，AppRuntime继承自AndroidRuntime。AndroidRuntime代码如下：

```
class AppRuntime : public AndroidRuntime
{
public:
    AppRuntime(char* argBlockStart, const size_t argBlockLength)
        : AndroidRuntime(argBlockStart, argBlockLength)
        , mClass(NULL)
    {}
```

因此，zygote进程调用的runtime.start("com.android.internal.os.ZygoteInit", args, zygote);，实际上是AndroidRuntime的start方法。

```
    void AndroidRuntime::start(const char* className, const Vector<String8>& options,
bool zygote)
    {
      //省略
        /* start the virtual machine */
        JniInvocation jni_invocation;
        jni_invocation.Init(NULL);
        JNIEnv* env;
        if (startVm(&mJavaVM, &env, zygote) != 0) {
        //启动Java需要的JVM环境，才可以运行Java代码
            return;
        }
        onVmCreated(env);

        /*
         * Register android functions.
         */
        if (startReg(env) < 0) {
            ALOGE("Unable to register all android natives\n");
            return;
        }
     //省略
        if (startClass == NULL) { //省略
```

```
    } else {
      //省略
        if (startMeth == NULL) {
        } else {
            //关键调用对应的com.android.internal.os.ZygoteInit类的main方法
            env->CallStaticVoidMethod(startClass, startMeth, strArray);
        }
    }
    //省略
}
```

在Android应用的启动过程中，app_main.cpp文件扮演着重要的角色。它负责创建AndroidRuntime对象，并调用它的start方法来准备虚拟机环境。通过JNI调用，进程能够从本地代码运行到Java代码，最终运行到ZygoteInit的main方法。

ZygoteInit是Android系统中负责初始化的关键类，它的路径为frameworks/base/core/java/com/android/internal/os/ZygoteInit.java。ZygoteInit类的代码如下：

```
public static void main(String argv[]) {
        //构造ZygoteServer对象
        ZygoteServer zygoteServer = new ZygoteServer();
        //省略

        final Runnable caller;
        try {
        //省略
            boolean startSystemServer = false;
            String socketName = "zygote";
            String abiList = null;
            boolean enableLazyPreload = false;
            for (int i = 1; i < argv.length; i++) {
                if ("start-system-server".equals(argv[i])) {
                    startSystemServer = true;
                }
                //省略
            }
            //创建Socket服务端
            zygoteServer.registerServerSocket(socketName);

            if (!enableLazyPreload) {
            //加载资源
                preload(bootTimingsTraceLog);
            } else {
                Zygote.resetNicePriority();
            }
          //省略
```

```
            if (startSystemServer) {
                //进入循环等待
                Runnable r = forkSystemServer(abiList, socketName, zygoteServer);

                // {@code r == null} in the parent (zygote) process, and {@code r !=
null} in the
                // child (system_server) process.
                if (r != null) {
                    r.run();
                    return;
                }
            }
            //进入无限循环，等待请求来创建新的进程
            caller = zygoteServer.runSelectLoop(abiList);
        } catch (Throwable ex) {
        //省略
        } finally {
            zygoteServer.closeServerSocket();
        }
        //省略
        if (caller != null) {
            caller.run();
        }
    }
```

至此，Zygote启动完毕。可以看到，ZygoteInit类主要执行了以下几个关键任务：

（1）创建了服务端的Socket，以接受AMS创建新进程的请求。

（2）通过调用preloadClasses()方法，ZygoteInit预加载了一些系统核心类，如Activity和ActivityThread，以及必要的资源和库文件，例如OpenGL和.so库。

（3）启动了system_server进程。

（4）通过runSelectLoop()方法循环等待AMS请求以创建新的进程。

2.4　Zygote 的 fork 进程

Zygote进程的核心功能之一是通过fork操作孵化出独立的应用程序进程。本节将详细探讨这一关键过程。在frameworks/base/core/java/com/android/internal/os/ZygoteInit.java文件的main方法中，包含了实现此功能的代码。以下是该方法的示例代码片段：

```
if (startSystemServer) {
Runnable r = forkSystemServer(abiList, socketName, zygoteServer);
```

```
    // {@code r == null} in the parent (zygote) process, and {@code r != null} in
the
    // child (system_server) process.
    if (r != null) {
    r.run();
        return;
    }
    }
```

这段代码的核心部分是forkSystemServer()，代码如下：

```
    /**
        * Prepare the arguments and forks for the system server process
        *
        * @return A {@code Runnable} that provides an entrypoint into system_server
code in the child
        * process; {@code null} in the parent
        */
       private static Runnable forkSystemServer(String abiList, String socketName,
               ZygoteServer zygoteServer) {
           long capabilities = posixCapabilitiesAsBits(
                   OsConstants.CAP_IPC_LOCK,
                   OsConstants.CAP_KILL,
                   OsConstants.CAP_NET_ADMIN,
                   OsConstants.CAP_NET_BIND_SERVICE,
                   OsConstants.CAP_NET_BROADCAST,
                   OsConstants.CAP_NET_RAW,
                   OsConstants.CAP_SYS_MODULE,
                   OsConstants.CAP_SYS_NICE,
                   OsConstants.CAP_SYS_PTRACE,
                   OsConstants.CAP_SYS_TIME,
                   OsConstants.CAP_SYS_TTY_CONFIG,
                   OsConstants.CAP_WAKE_ALARM,
                   OsConstants.CAP_BLOCK_SUSPEND
           );
           /* Containers run without some capabilities, so drop any caps that are not
available */
           StructCapUserHeader header = new StructCapUserHeader(
                   OsConstants._LINUX_CAPABILITY_VERSION_3, 0);
           StructCapUserData[] data;
           try {
               data = Os.capget(header);
           } catch (ErrnoException ex) {
               throw new RuntimeException("Failed to capget()", ex);
           }
```

```
        capabilities &= ((long) data[0].effective) | (((long) data[1].effective)
<< 32);

        /* Hardcoded command line to start the system server */
        String[] args = {
                "--setuid=1000",
                "--setgid=1000",
                "--setgroups=1001,1002,1003,1004,1005,1006,1007,1008,1009,1010,
1018,1021,1023,"
                        + "1024,1032,1065,3001,3002,3003,3005,3006,3007,3009,3010,
3011,3012",
                "--capabilities=" + capabilities + "," + capabilities,
                "--nice-name=system_server",
                "--runtime-args",
                "--target-sdk-version=" + VMRuntime.SDK_VERSION_CUR_DEVELOPMENT,
                "com.android.server.SystemServer",
        };
        ZygoteArguments parsedArgs;

        int pid;

        try {
            ZygoteCommandBuffer commandBuffer = new ZygoteCommandBuffer(args);
            try {
                parsedArgs = ZygoteArguments.getInstance(commandBuffer);
            } catch (EOFException e) {
                throw new AssertionError("Unexpected argument error for forking
system server", e);
            }
            commandBuffer.close();
            Zygote.applyDebuggerSystemProperty(parsedArgs);
            Zygote.applyInvokeWithSystemProperty(parsedArgs);

            if (Zygote.nativeSupportsMemoryTagging()) {
                String mode = SystemProperties.get("arm64.memtag.process.
system_server", "");
                if (mode.isEmpty()) {
                  /* The system server has ASYNC MTE by default, in order to allow
                   * system services to specify their own MTE level later, as you
                   * can't re-enable MTE once it's disabled */
                  mode = SystemProperties.get("persist.arm64.memtag.default",
"async");
                }
                if (mode.equals("async")) {
                    parsedArgs.mRuntimeFlags |= Zygote.MEMORY_TAG_LEVEL_ASYNC;
                } else if (mode.equals("sync")) {
                    parsedArgs.mRuntimeFlags |= Zygote.MEMORY_TAG_LEVEL_SYNC;
                } else if (!mode.equals("off")) {
```

```
                    /* When we have an invalid memory tag level, keep the current
level */
                    parsedArgs.mRuntimeFlags |=
Zygote.nativeCurrentTaggingLevel();
                    Slog.e(TAG, "Unknown memory tag level for the system server: \""
+ mode + "\"");
                }
            } else if (Zygote.nativeSupportsTaggedPointers()) {
                /* Enable pointer tagging in the system server. Hardware support
for this is present
                 * in all ARMv8 CPUs */
                parsedArgs.mRuntimeFlags |= Zygote.MEMORY_TAG_LEVEL_TBI;
            }

            /* Enable gwp-asan on the system server with a small probability. This
             * is the same policy as applied to native processes and system apps */
            parsedArgs.mRuntimeFlags |= Zygote.GWP_ASAN_LEVEL_LOTTERY;

            if (shouldProfileSystemServer()) {
                parsedArgs.mRuntimeFlags |= Zygote.PROFILE_SYSTEM_SERVER;
            }

            /* Request to fork the system server process */
            pid = Zygote.forkSystemServer(
                    parsedArgs.mUid, parsedArgs.mGid,
                    parsedArgs.mGids,
                    parsedArgs.mRuntimeFlags,
                    null,
                    parsedArgs.mPermittedCapabilities,
                    parsedArgs.mEffectiveCapabilities);
        } catch (IllegalArgumentException ex) {
            throw new RuntimeException(ex);
        }

        /* For child process */
        if (pid == 0) {
            if (hasSecondZygote(abiList)) {
                waitForSecondaryZygote(socketName);
            }

            zygoteServer.closeServerSocket();
            return handleSystemServerProcess(parsedArgs);
        }

        return null;
    }
```

不难发现，在这里依然调用了Zygote的forkSystemServer()方法：

```
Zygote.forkSystemServer(
                parsedArgs.uid, parsedArgs.gid,
                parsedArgs.gids,
                parsedArgs.debugFlags,
                null,
                parsedArgs.permittedCapabilities,
                parsedArgs.effectiveCapabilities);
```


因此，接下来查看Zygote.forkSystemServer()的实现：

```
public static int forkSystemServer(int uid, int gid, int[] gids, int debugFlags,
        int[][] rlimits, long permittedCapabilities, long effectiveCapabilities) {
    ...
    int pid = nativeForkSystemServer(
            uid, gid, gids, debugFlags, rlimits, permittedCapabilities,
effectiveCapabilities);
    ...
    return pid;
}
```

在这里，nativeForkSystemServer属于JNI调用，对应的C++代码路径为frameworks/base/core/jni/com_android_internal_os_Zygote.cpp：

```
static jint com_android_internal_os_Zygote_nativeForkSystemServer(
        JNIEnv* env, jclass, uid_t uid, gid_t gid, jintArray gids,
        jint runtime_flags, jobjectArray rlimits, jlong permitted_capabilities,
        jlong effective_capabilities) {
  std::vector<int> fds_to_close(MakeUsapPipeReadFDVector()),
                              fds_to_ignore(fds_to_close);

  ...
  pid_t pid = zygote::ForkCommon(env, true,
                          fds_to_close,
                          fds_to_ignore,
                          true);
  if (pid == 0) {
    ...
  } else if (pid > 0) {
    ...
  }
  return pid;
}
```

这里的实现又调用了ForkCommon方法，我们继续跟踪此方法的实现：

```
pid_t zygote::ForkCommon(JNIEnv* env, bool is_system_server,
                      const std::vector<int>& fds_to_close,
```

```
                        const std::vector<int>& fds_to_ignore,
                        bool is_priority_fork,
                        bool purge) {
    ...
    pid_t pid = fork();
    if (pid == 0) {
      ...
    } else {
      ALOGD("Forked child process %d", pid);
    }
    ...
    return pid;
  }
```

此方法本身内容很长，但核心代码却很明显：

```
pid_t pid = fork();
```

这里的fork()是Linux中创建子进程的函数。也就是说，Zygote最终通过调用Linux的fork()来创建一个独立进程。

2.5　启动系统进程与 SystemServer 进程

SystemServer进程是Android系统中的核心进程，该进程由Zygote进程在开机时通过fork创建。在Zygote通过fork()创建子进程的过程中，有一个判断进程号pid是否为0的逻辑：

```
if (pid == 0) {
     if (hasSecondZygote(abiList)) {
          waitForSecondaryZygote(socketName);
     }

     zygoteServer.closeServerSocket();
     return handleSystemServerProcess(parsedArgs);
}
```

在Zygote进程的正常启动逻辑中，包含一个名为zygoteServer的组件。然而，对于SystemServer进程来说，这个服务器并没有其他作用。因此，在孵化SystemServer进程的过程中，需要先调用closeServerSocket()方法将其关闭。

然后调用handleSystemServerProcess()方法：

```
   private static Runnable handleSystemServerProcess(ZygoteConnection.Arguments
parsedArgs) {
```

```
        ...
        final String systemServerClasspath = Os.getenv("SYSTEMSERVERCLASSPATH");
        ...

        if (parsedArgs.invokeWith != null) {
            ...
        } else {
            ClassLoader cl = null;
            if (systemServerClasspath != null) {
                //创建PathClassLoader
                cl = createPathClassLoader(systemServerClasspath,
parsedArgs.targetSdkVersion);

                Thread.currentThread().setContextClassLoader(cl);
            }

            /*
             * Pass the remaining arguments to SystemServer
             */
            return ZygoteInit.zygoteInit(parsedArgs.targetSdkVersion,
parsedArgs.remainingArgs, cl);
        }

        /* should never reach here */
    }
```

在这里，创建PathClassLoader的同时，还调用了ZygoteInit.zygoteInit()方法：

```
    public static Runnable zygoteInit(int targetSdkVersion, long[]
disabledCompatChanges,
            String[] argv, ClassLoader classLoader) {
        if (RuntimeInit.DEBUG) {
            Slog.d(RuntimeInit.TAG, "RuntimeInit: Starting application from
zygote");
        }

        Trace.traceBegin(Trace.TRACE_TAG_ACTIVITY_MANAGER, "ZygoteInit");
        RuntimeInit.redirectLogStreams();

        RuntimeInit.commonInit();
        ZygoteInit.nativeZygoteInit();
        return RuntimeInit.applicationInit(targetSdkVersion,
disabledCompatChanges, argv,
                classLoader);
    }
```

而在zygoteInit()方法中，又通过ZygoteInit.nativeZygoteInit()这个native方法调用了app_main.cpp的onZygoteInit()方法：

```
virtual void onZygoteInit()
    {
        sp<ProcessState> proc = ProcessState::self();
        ALOGV("App process: starting thread pool.\n");
        proc->startThreadPool();
    }
```

可见，系统在此开启了Binder线程池。重新回到ZygoteInit.zygoteInit()中，在ZygoteInit中调用nativeZygoteInit()之后，再调用RuntimeInit类的applicationInit(targetSdkVersion, argv, classLoader)方法。此方法的主要代码如下：

```
protected static Runnable applicationInit(int targetSdkVersion, String[] argv,
            ClassLoader classLoader) {
        ...
        return findStaticMain(args.startClass, args.startArgs, classLoader);
  }
```

因此，我们继续观察findStaticMain()方法的代码实现：

```
private static Runnable findStaticMain(String className, String[] argv,
            ClassLoader classLoader) {
        ...
            cl = Class.forName(className, true, classLoader);
        ...
            m = cl.getMethod("main", new Class[] { String[].class });
        ...
        return new MethodAndArgsCaller(m, argv);
  }
```

在这里，首先通过反射对象寻找main()方法，然后构造一个Runnable对象，对应的run()方法将调用该main()方法。MethodAndArgsCaller()中的代码如下：

```
static class MethodAndArgsCaller implements Runnable {
       ...
        public void run() {
           ...
              mMethod.invoke(null, new Object[] { mArgs });
           ...
        }
  }
```

可见，这段代码的关键在于找到反射的对象是谁。按照方法调用链，我们可以一步一步回溯到调用的源头：ZygoteInit类的forkSystemServer()方法：

```
private static Runnable forkSystemServer(String abiList, String socketName,
            ZygoteServer zygoteServer) {
```

```
    ...
        /* Hardcoded command line to start the system server */
        String[] args = {
            "--setuid=1000",
            "--setgid=1000",
            "--setgroups=1001,1002,1003,1004,1005,1006,1007,1008,1009,
1010,1018,1021,1023,"
                    + "1024,1032,1065,3001,3002,3003,3005,3006,3007,3009,
3010,3011,3012",
            "--capabilities=" + capabilities + "," + capabilities,
            "--nice-name=system_server",
            "--runtime-args",
            "--target-sdk-version=" + VMRuntime.SDK_VERSION_CUR_DEVELOPMENT,
            "com.android.server.SystemServer",
        };
    ...
}
```


这里，反射的对象就是最后一个参数：com.android.server.SystemServer。这段代码的调用链可以说是Zygote经过RuntimeInit直到SystemServer类的main()方法的运行过程。接下来，我们来看SystemServer的main()方法的实现。

```
public static void main(String[] args) {
    new SystemServer().run();
}
```

因此，我们可以直接查看run()方法中的代码。由于run()方法的代码量庞大，我们在这里只关注其中的几个关键方法即可：

```
private void run() {
    //在System Propertie中记录启动时间
    SystemProperties.set(SYSPROP_START_COUNT, String.valueOf(mStartCount));
    SystemProperties.set(SYSPROP_START_ELAPSED,
String.valueOf(mRuntimeStartElapsedTime));
    SystemProperties.set(SYSPROP_START_UPTIME,
String.valueOf(mRuntimeStartUptime));

    // SystemServer中只能发送oneway的binder请求
    Binder.setWarnOnBlocking(true);
    // SYNC_MODE_FULL模式确保每次数据库操作前，所有数据已保存到磁盘
    SQLiteGlobal.sDefaultSyncMode = SQLiteGlobal.SYNC_MODE_FULL;

    ...
    // 临时取消虚拟机的GrowthLimit，这样在SystemServer启动过程中不会频繁触发GC，提高启动效率
    VMRuntime.getRuntime().clearGrowthLimit();
    // 收集参数并把ro.build.fingerprint值设置给SystemProperties
```

```
        Build.ensureFingerprintProperty();
        // 在没有明确指定用户的前提下，SystemServer内部不可以访问Environment相关的path目录
        Environment.setUserRequired(true);
        // SystemServer内部拒绝接收（incoming）的Bundles
        BaseBundle.setShouldDefuse(true);
        ...
        //
        // 重新设置SystemServer的Binder线程数（31个）
        BinderInternal.setMaxThreads(sMaxBinderThreads);

        // 设置线程优先级（-2）
    android.os.Process.setThreadPriority(android.os.Process.THREAD_PRIORITY_FOREG
ROUND);
        // 如果在本进程内将线程优先级设置低于ANDROID_PRIORITY_BACKGROUND（值>10），则抛出异常
        android.os.Process.setCanSelfBackground(false);
        Looper.prepareMainLooper();
        Looper.getMainLooper().setSlowLogThresholdMs(
                    SLOW_DISPATCH_THRESHOLD_MS, SLOW_DELIVERY_THRESHOLD_MS);

        ...
        // 加载native的SystemServer
        System.loadLibrary("android_servers");
        // 打开heapprofd性能分析数据采集（在debug模式下）
        initZygoteChildHeapProfiling();
        // 创建一个线程，定期检查fd数量。若超过阈值，则启用fdtrack
        if (Build.IS_DEBUGGABLE) {
            spawnFdLeakCheckThread();
        }
        // 如果上一次shutdown失败，重新尝试shutdown
        performPendingShutdown();
        // 创建上下文
        createSystemContext();
        // 初始化各种主线模块
        ActivityThread.initializeMainlineModules();
        // 创建SystemServiceManager
        mSystemServiceManager = new SystemServiceManager(mSystemContext);
        mSystemServiceManager.setStartInfo(mRuntimeRestart,
mRuntimeStartElapsedTime, mRuntimeStartUptime);

        LocalServices.addService(SystemServiceManager.class,
mSystemServiceManager);

        SystemServerInitThreadPool tp = SystemServerInitThreadPool.start();
        ...
        // 启动服务
        try {
```

```
        t.traceBegin("StartServices");
        // 启动关键引导服务，如AMS、PMS等
        startBootstrapServices(t);
        // 启动基础服务，如BatteryService等
        startCoreServices(t);
        // 其他一些服务
        startOtherServices(t);
        startApexServices(t);
        // 启动所有服务后更新监视超时时间
        updateWatchdogTimeout(t);
    } catch (Throwable ex) {
        Slog.e("System", "******************************************");
        Slog.e("System", "************ Failure starting system services", ex);
        throw ex;
    } finally {
        t.traceEnd(); // StartServices
    }
    ...
    // 初始化严苛模式
    StrictMode.initVmDefaults(null);

    Looper.loop();
}
```

在这里，Looper.prepareMainLooper()用于创建Looper对象，它负责管理System Server主线程的消息循环，这与普通应用程序主线程由一个Looper管理消息循环的方式相同。

- createSystemContext()用于创建一个systemContext，通过这个Context枢纽来获取进程的环境信息。
- mSystemServiceManager则是SystemServiceManager类的一个实例，并放入LocalServices中。这里的SystemServiceManager与常见的binder中的ServiceManager不同。SystemServiceManager是SystemServer中的一个普通类，负责保存各个SystemService的全局变量，本身不涉及跨进程。而ServiceManager与Binder机制紧密关联，能够实现跨进程的服务访问和管理。

SystemServer把系统的所有服务分为4类进行启动，对应的方法是：

（1）启动引导服务startBootstrapServices()。

（2）启动核心服务startCoreServices()。

（3）启动其他服务startOtherServices()。

（4）启动Apex服务startApexServices()。

其中，startApexServices()比较特殊，是从Android 10开始新增的方法，主要负责启动和管理APEX（Android Preloaded Extensions）服务。APEX是一种提供给Android设备预加载的核心组件，允许系统组件以模块化方式更新和优化。startApexService()方法在系统启动过程中被调用，以确保APEX模块被正确加载和初始化。其他三个方法则是重中之重，从引导服务开始，startBootstrapServices()方法实现如下：

```
    /**
        * Starts the small tangle of critical services that are needed to get
        * the system off the ground.  These services have complex mutual dependencies
        * which is why we initialize them all in one place here.  Unless your service
        * is also entwined in these dependencies, it should be initialized in one of
        * the other functions
        */
       private void startBootstrapServices() {
           //省略
           Installer installer = mSystemServiceManager.startService(Installer.class);
           //省略
           mSystemServiceManager.startService(DeviceIdentifiersPolicyService.class);
           //省略
           mActivityManagerService = mSystemServiceManager.startService(
                   ActivityManagerService.Lifecycle.class).getService();
           mActivityManagerService.setSystemServiceManager(mSystemServiceManager);
           mActivityManagerService.setInstaller(installer);
           //省略
           mPowerManagerService = mSystemServiceManager.startService
(PowerManagerService.class);
           //省略
           mActivityManagerService.initPowerManagement();
           //省略
           if (!SystemProperties.getBoolean("config.disable_noncore", false)) {
              traceBeginAndSlog("StartRecoverySystemService");
              mSystemServiceManager.startService(RecoverySystemService.class);
              traceEnd();
           }

           //省略
           mSystemServiceManager.startService(LightsService.class);
           //省略
           mDisplayManagerService = mSystemServiceManager.startService
(DisplayManagerService.class);
           //省略
           mSystemServiceManager.startBootPhase
(SystemService.PHASE_WAIT_FOR_DEFAULT_DISPLAY);
           //省略
```

```
        mPackageManagerService = PackageManagerService.main(mSystemContext,
installer,
                mFactoryTestMode != FactoryTest.FACTORY_TEST_OFF, mOnlyCore);
        mFirstBoot = mPackageManagerService.isFirstBoot();
        mPackageManager = mSystemContext.getPackageManager();
        //省略
        OtaDexoptService.main(mSystemContext, mPackageManagerService);
        //省略
        mSystemServiceManager.startService
(UserManagerService.LifeCycle.class);
        //省略
        mActivityManagerService.setSystemProcess();
        //省略
        mDisplayManagerService.setupSchedulerPolicies();

        //省略
        mSystemServiceManager.startService(new OverlayManagerService
(mSystemContext, installer));
        //省略
        mSystemServiceManager.startService(SensorService.class);
         //省略
    }
```

02

上述代码主要用于启动系统引导服务，这些服务需要优先启动，因为后续服务很可能依赖于这些服务。这些服务都是通过mSystemServiceManager.startService()方法启动的：

```
    public <T extends SystemService> T startService(Class<T> serviceClass) {
                //省略
                Constructor<T> constructor = serviceClass.getConstructor
(Context.class);
                service = constructor.newInstance(mContext);
              //省略
            startService(service);          //调用自己的startService
            return service;
      //省略
    }
```

以上代码实现的核心在于startService()方法，代码如下：

```
    public void startService(@NonNull final SystemService service) {
        // Check if already started
        String className = service.getClass().getName();
        if (mServiceClassnames.contains(className)) {
            Slog.i(TAG, "Not starting an already started service " + className);
            return;
        }
```

```
        mServiceClassnames.add(className);

        // Register it
        mServices.add(service);

        // Start it
        long time = SystemClock.elapsedRealtime();
        try {
            service.onStart();
        } catch (RuntimeException ex) {
            throw new RuntimeException("Failed to start service " +
service.getClass().getName()
                    + ": onStart threw an exception", ex);
        }
        warnIfTooLong(SystemClock.elapsedRealtime() - time, service, "onStart");
    }
```

可以看到，最终调用了service对象的onStart()方法，而这里的service对象是ActivityManagerService中的内部类Lifecycle：

```
    public static final class Lifecycle extends SystemService {
        private final ActivityManagerService mService;
        private static ActivityTaskManagerService sAtm;
        public Lifecycle(Context context) {
            super(context);
            mService = new ActivityManagerService(context, sAtm);
        }

        public static ActivityManagerService startService(
                SystemServiceManager ssm, ActivityTaskManagerService atm) {
            sAtm = atm;
            return
ssm.startService(ActivityManagerService.Lifecycle.class).getService();
        }

        @Override
        public void onStart() {
            mService.start();
        }

        @Override
        public void onBootPhase(int phase) {
            mService.mBootPhase = phase;
            if (phase == PHASE_SYSTEM_SERVICES_READY) {
                mService.mBatteryStatsService.systemServicesReady();
                mService.mServices.systemServicesReady();
            } else if (phase == PHASE_ACTIVITY_MANAGER_READY) {
```

```
            mService.startBroadcastObservers();
        } else if (phase == PHASE_THIRD_PARTY_APPS_CAN_START) {
            mService.mPackageWatchdog.onPackagesReady();
        }
    }

    @Override
    public void onUserStopped(@NonNull TargetUser user) {
mService.mBatteryStatsService.onCleanupUser(user.getUserIdentifier());
    }

    public ActivityManagerService getService() {
        return mService;
    }
}
```


在Lifecycle类的构造方法中，初始化了ActivityManagerService对象。getService()方法直接返回这个ActivityManagerService对象。此外，onStart方法调用的也是ActivityManagerService的start方法。

onStart()方法所开启的部分引导服务如表2-1所示。

表 2-1　引导服务

服　务　名	功能简介
Installer	创建具有合适权限的关键目录，如/data/user
ActctivityManagerService	管理四大组件的生命周期以及各应用程序进程
PowerManagerService	电源管理服务
LightsService	管理设备各种 LED 灯及其显示背光等服务
DisplayManagerService	管理设备显示的生命周期和逻辑，在当前设备状态发生变化时，会向系统和应用发送通知
PackageManagerService	管理 APK 的权限验证、安装、删除等操作
UserManagerService	创建和删除用户，以及查询用户信息

startCoreServices()方法的调用流程与startBootstrapServices()方法一致，这里不再赘述。不同的是，它启动了一系列重要服务，如表2-2所示。

表 2-2　startCoreServices()方法启动的服务

服　务　名	功能简介
BatteryService	监控设备电池状态的服务。当电池、充电状态、温度等信息发生变化时，会以广播的形式通知相关的进程及服务
UsageStaterService	收集用户对每个 App 的使用频率、使用时长等信息
WebViewUpdateService	用于 WebView 的更新

startOtherServices()方法不仅启动了一些服务，还在启动各个服务后调用各个它们的systemReady()方法：

```
    // It is now time to start up the app processes
    vibrator.systemReady();
    lockSettings.systemReady();
    wm.systemReady();
    ...
    mPowerManagerService.systemReady(mActivityManagerService.
getAppOpsService());
    mPackageManagerService.systemReady();
    mDisplayManagerService.systemReady(safeMode, mOnlyCore);
    mActivityManagerService.systemReady(..)
   ...
```

启动的服务较多，各服务及其作用如表2-3所示。

表 2-3　startOtherServices()方法启动的服务

服　务　名	功能简介
CameraService	管理设备相机功能
ConsumerService	远程控制服务，如红外遥控
BluetoothService	蓝牙服务
InputMethodManagerService	输入法服务
AccessibilityManagerService	辅助管理程序接收所有用户的输入，并根据输入提供反馈
UiModeManagerService	管理设备 UI 模式，如汽车模式、手表模式、夜间模式等
DeviceIdleController	控制设备的空闲状态，例如基于此服务实现低功耗模式
DevicePolicyManagerService	提供系统级别的设置及属性
StartBarManagerService	系统状态栏服务
ClipBroadService	剪贴板服务
NetworkManagementService	网络管理服务
TextServicesManagerService	文本服务
WifiService	WiFi 服务
WifiScanningService	WiFi 扫描服务
ConnectivityService	网络连接状态服务
NsdService	网络搜索服务
UpdateLockService	锁屏更新服务
RecoverySystemService	Recovery 系统模式，可使用此服务重启系统
LocationManagerService	定位服务，包括 GPS 位置服务
WallpaperManagerService	壁纸管理服务
...	...

至此，我们可以总结出SystemServer的主要工作：

（1）启动Binder线程池，以便与其他进程进行通信。

（2）创建SystemServiceManager，用于创建、启动系统服务进程并管理系统服务进程的生命周期。

（3）启动各种系统服务，如引导服务、核心服务以及其他服务。

2.6 实战：增加系统级服务

经过本章的学习，相信你已经对Android系统启动后的系统服务有了一定的了解。在日常开发中，我们经常需要自定义系统服务以获取系统数据或进行操作。常见的系统服务如Activity Manager Service（AMS）、Package Watcher Service（PWS）、Window Manager Service（WMS）等。在前面几节中，我们已经学习了系统服务的相关知识。本节将实现一个系统级服务。

根据对系统服务的学习，我们可以将添加系统级服务的过程分为三个步骤：添加接口、添加系统服务的管理器（Manager），以及实现AIDL文件定义的接口，并将服务注册到系统中。

接下来，我们将按照这个顺序逐步实现系统级服务。

01 编写AIDL接口。

源码位置：frameworks/base/core/java/android/app/IDevices.aidl。

```
package android.app;
interface IDevices
{
    //读取文件
    String readFile(String path);
    //写入文件
    void writeFile(String path,String data);
}
```

02 在同级目录下添加对应的ServiceManager。

源码位置：frameworks/base/core/java/android/app/DevicesManager.java。

```
package android.app;
import android.annotation.SystemService;
import android.content.Context;
import android.os.RemoteException;
import android.util.Slog;

@SystemService(Context.DEVICES_SERVICE)
```

```
public class DevicesManager {
    Context mContext;
    IDevices mService;

    public DevicesManager(Context context,IDevices service){
        if(service==null){
            Slog.e("DevicesManager","Construct service is null");
        }
        mContext = context;
        mService = service;
    }

    public String readFile(String path){
        if(mService != null){
            try{
                Slog.e("DevicesManager","readFile");
                return mService.readFile(path);
            }catch(RemoteException e){
                Slog.e("DevicesManager","RemoteException "+e);
            }
        }else{
            Slog.e("DevicesManager","mService is null");
        }
        return "";
    }

    public void writeFile(String path,String data){
        if(mService != null){
            try{
                Slog.e("DevicesManager","writeFile");
                mService.writeFile(path,data);
            }catch(RemoteException e){
                Slog.e("DevicesManager","RemoteException "+e);
            }
        }else{
            Slog.e("DevicesManager","mService is null");
        }
    }
}
```

03 添加系统服务，实现AIDL文件的接口。

源码位置：frameworks/base/services/core/java/com/android/server/DevicesService.java。

```
package com.android.server;
import android.app.IDevices;
import android.content.Context;
```

```
import android.os.Build;
import android.util.Log;
import java.io.File;
import java.io.FileInputStream;
import java.io.FileOutputStream;
import java.io.IOException;

import libcore.io.IoUtils;

import java.io.BufferedReader;
import java.io.InputStream;
import java.io.InputStreamReader;
import java.io.OutputStream;
import java.io.RandomAccessFile;

import android.util.Base64;


public class DevicesService extends IDevices.Stub {
    private Context mContext;
    private String TAG="DevicesService";
    public DevicesService(Context context){
        super();
        mContext = context;
        Log.d(TAG,"Construct");
    }

    public static void writeTxtToFile(String strcontent, String filePath) {
        String strFilePath = filePath;
        String strContent = strcontent + "\n";  // \r\n 结尾会变成^M
        try {
            File file = new File(strFilePath);
            makeFilePath(file.getParent(),file.getName());
            if (!file.exists()) {
                file.getParentFile().mkdirs();
                file.createNewFile();
            }
            RandomAccessFile raf = new RandomAccessFile(file, "rwd");
            raf.setLength(0);

            // 写文件的位置标记，从文件的开头开始，后续读取文件内容从该标记开始
            long writePosition = raf.getFilePointer();
            raf.seek(writePosition);
            raf.write(strContent.getBytes());
            raf.close();
        } catch (Exception e) {
```

```
            Log.d("DevicesService","Error on write File:" + e);
        }
    }

    //生成文件
    public static File makeFilePath(String filePath, String fileName) {
        File file = null;
        makeRootDirectory(filePath);
        try {
            file = new File(filePath +"/"+ fileName);
            if (!file.exists()) {
                file.createNewFile();
            }
        } catch (Exception e) {
            e.printStackTrace();
        }
        return file;
    }

    // 生成文件夹
    public static void makeRootDirectory(String filePath) {
        File file = null;
        try {
            Log.d("FileHelper", "makeRootDirectory "+filePath);
            file = new File(filePath);
            if (!file.exists()) {
                boolean isok= file.mkdir();
                Log.d("FileHelper", "makeRootDirectory "+filePath+" "+isok);
            }
        } catch (Exception e) {
            Log.d("DevicesService", e+"");
        }
    }

    public static String readFileAll(String path) {
        File file = new File(path);
        StringBuilder sb=new StringBuilder();
        if (file != null && file.exists()) {
            InputStream inputStream = null;
            BufferedReader bufferedReader = null;
            try {
                inputStream = new FileInputStream(file);
                bufferedReader = new BufferedReader(new InputStreamReader(
                        inputStream));
                String outData;
                while((outData=bufferedReader.readLine())!=null){
```

```
                sb.append(outData+"\n");
            }
        } catch (Throwable t) {
        } finally {
            try {
                if (bufferedReader != null) {
                    bufferedReader.close();
                }
            } catch (Exception e) {
                e.printStackTrace();
            }
            try {
                if (inputStream != null) {
                    inputStream.close();
                }
            } catch (Exception e) {
                e.printStackTrace();
            }
        }
    }
    return sb.toString();
}


@Override
public String readFile(String path){
    return readFileAll(path);
}
@Override
public void writeFile(String path,String data){
    writeTxtToFile(data,path);
}
}
```

04 在Context中的特定位置添加对应的服务名称。

源码位置：frameworks/base/core/java/android/content/Context.java。

```
    @StringDef(suffix = { "_SERVICE" }, value = {
            POWER_SERVICE,DEVICES_SERVICE,
            ...



public static final String POWER_SERVICE = "power";
public static final String DEVICES_SERVICE = "devices";
...
```

05 最后，将实现的服务注册到系统中。

源码位置：frameworks/base/services/java/com/android/server/SystemServer.java。

```
...
t.traceBegin("StartTelephonyRegistry");
telephonyRegistry = new TelephonyRegistry(
        context, new TelephonyRegistry.ConfigurationProvider());
ServiceManager.addService("telephony.registry", telephonyRegistry);
t.traceEnd();
//add longzhiye
t.traceBegin("StartDevicesService");
try{
    ServiceManager.addService(Context.DEVICES_SERVICE,new
DevicesService(context));
} catch(Throwable e){
    Slog.e("DevicesService","Failed to start DevicesService Service "+e);
}
t.traceEnd();
//add end
...
```

自Android 11起，谷歌强制开启了lint检查，如果lint检查不通过，会导致编译报错。因此，我们需要让lint检查忽略此模块。

源码位置：frameworks/base/Android.bp。

```
metalava_framework_docs_args = "" +
    "--api-lint-ignore-prefix android.app. " +                //添加这行
    "--api-lint-ignore-prefix android.icu. " +
    "--api-lint-ignore-prefix java. " +
    "--api-lint-ignore-prefix junit. " +
    "--api-lint-ignore-prefix org. " +
   ...
    "--manifest $(location core/res/AndroidManifest.xml) "
```

至此，可以执行编译指令来编译ROM了。

```
. build/envsetup.sh
lunch aosp_car_x86_64-userdebug
make
```

系统服务添加完毕。在开机后，输入service list |grep Device命令，可以看到此服务正在运行，如下所示：

```
android@android-machine:~$ adb shell
emulator_x86_64:/ # service list |grep Device
```

```
    23    android.hardware.security.keymint.IKeyMintDevice/default:
[android.hardware.security.keymint.IKeyMintDevice]
    66    companiondevice: [android.companion.ICompanionDeviceManager]
    78    device_identifiers: [android.os.IDeviceIdentifiersPolicyService]
    79    device_policy: [android.app.admin.IDevicePolicyManager]
    80    devices: [android.app.IDevices]       //我们添加的自定义服务
    81    device_state: [android.hardware.devicestate.IDeviceStateManager]
    82    deviceidle: [android.os.IDeviceIdleController]
    236    virtualdevice: [android.companion.virtual.IVirtualDeviceManager]
```

在系统级App开发中，也可以直接引用此服务接口（注意，AIDL路径要一致），如图2-3所示。

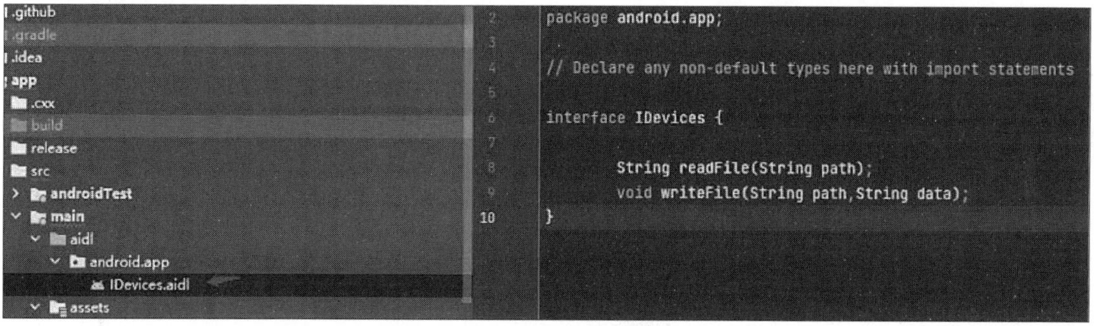

图 2-3　直接引用此服务接口

创建与服务接口相同的包和类结构，可以不必实现这些方法，因为Android系统的双亲委托机制允许我们在不完全实现的情况下验证服务的基本功能。

2.7　本章小结

本章详细介绍了Android系统的启动流程，从Zygote进程的启动开始，开启了系统开发的篇章。系统服务因其持续后台运行的特性，与Android系统的运行紧密相关。例如，与系统运行密切相关的Activity Manager Service（AMS）和Window Manager Service（WMS）等系统服务都是在SystemServer进程中进行初始化的。如果想要添加类似的自定义服务，可以模仿AMS和WMS的启动方式来添加对应的系统级服务。

通过本章的学习，读者应该能够掌握以下知识点：

（1）理解Zygote启动和fork进程的过程。

（2）熟悉SystemServer进程的启动时机以及它所启动的系统服务。

（3）能够根据系统服务的启动特点，实现添加系统级服务的功能。

第 3 章

Android中的Binder

本章将引导读者深入了解Android系统中的Binder通信机制。在Android系统中，跨进程通信几乎无处不在，而大多数跨进程通信方式最终都会涉及Binder。因此，要深入理解Android系统的源码及其工作原理，首先必须掌握Binder的相关知识。熟悉Binder机制不仅有助于我们更好地理解系统源码，还能利用Binder的特性来设计更高效、更稳定的跨进程通信方案。

3.1 跨进程通信

在Android系统中，可以同时运行多个进程。这些进程之间的通信方式被称为进程间通信（Inter-Process Communication，IPC）。整个进程间通信的过程其实就是两个进程之间进行数据交换的过程。

在Android中，常用的IPC方式说明如下。

1. AIDL

AIDL（Android Interface Definition Language， Android接口定义语言）是Android系统中实现跨进程通信的一种有效方案。在Android系统中，由于每个进程都运行在独立的空间中，当不同进程需要进行交互时，必须借助AIDL来实现。

2. Messenger

Messenger是一种基于AIDL的IPC通信方式，它对AIDL进行了封装，简化了使用过程。使用Messenger时，只需创建一个Handler对象来处理消息。Messenger只支持单线程串行请求，且只能传输Message对象，不能传输自定义的Parcelable对象。

3. ContentProvider

ContentProvider是一种用于提供数据访问接口的IPC通信方式，使得不同进程之间可以通过URI和Cursor进行数据交互。ContentProvider支持多线程并发请求，可以传输任意类型的数据，但使用过程比较烦琐，需要实现多个方法。

4. Socket

Socket是一种基于TCP/IP协议的IPC通信方式，它允许不同进程之间通过网络套接字进行数据交互。Socket支持多线程并发请求，可以传输任意类型的数据，但使用过程较为底层，需要处理网络异常和安全问题。

不同的IPC方式适用于不同的应用场景，一般来说：

- ContentProvider常用于跨应用的数据共享。
- AIDL常用于跨应用、进程的功能调用。
- Messenger常用于跨应用、进程的消息传递。
- Socket常用于跨网络的数据交换。

其中，Binder是源码中应用最为广泛的一种IPC跨进程通信方式。它采用传统的客户端/服务器（C/S）架构。

- 服务端：在Binder驱动中注册自己的方法或数据。服务端进程通常是Android服务或系统组件。
- 客户端：通过向Binder驱动注册来申请使用服务器端提供的服务。

Binder通信的基本单元是IBinder接口，所有Binder对象都实现了这个接口。在系统内核层，Binder对象是以C/C++结构体的形式存在的，其中包括引用计数和标识符等信息。服务端进程通过Binder对象提供服务，并将Binder对象注册到Binder驱动程序中，以便客户端可以获取引用。客户端进程获取Server进程的Binder对象引用，然后通过Binder驱动程序实现的IPC机制调用服务端进程的方法。

Binder IPC机制在Linux内核中实现，负责管理Binder对象的注册、查找、引用计数、线程同步等。这部分代码位于Linux内核源码中。

3.2　Binder 的作用

对于编程语言而言，对象调用本质上是对地址空间的访问。各个进程只能访问它们自己的内存地址，就像微信不能直接调用支付宝的接口，它们之间无法直接访问对方的地址空间。然而，系统具有访问其他进程地址空间的权限。因此，进程可以通过系统进行中转，将特定消息发送给目标进程，这种方式称为“存储/转发方式”。

几种常见的IPC通信方式，如PIPE、消息队列、Socket等，都是基于此原理衍生而出的。与这些传统方式相比，Android采用的Binder方案具有一次数据拷贝和更高安全性等优点。因此，Binder通信是Android系统中IPC通信的主要方式。

在Android系统中，Binder调用无处不在。App内部的交互其实也会涉及IPC通信。例如，以下代码展示了如何设置音量：

```
AudioManager am = (AudioManager)getSystemService(Context.AUDIO_SERVICE);
am.setStreamVolume(AudioManager.STREAM_MUSIC, 50, 0);
```

这里通过Context的getSystemService()方法获取AUDIO_SERVICE服务，再通过此服务对象来设置音量大小。所有App都能通过这个服务来调整音量大小。该服务运行在SystemServer进程中。如第2章所介绍的，SystemServer是开机时启动的系统服务进程，是为所有App提供的公共服务进程，而AUDIO_SERVICE服务就在此进程中。因此，当调用getSystemService(Context.AUDIO_SERVICE)获取AUDIO_SERVICE服务时，实际上是App进程与SystemServer进程之间进行了一次IPC通信。在此过程中，通过ServiceManager获取Binder，该Binder连接到system_server。ServiceManager运行在其他进程中。在这个过程中，App进程为客户端，SystemServer进程为服务器端。类似地，通过调用Context.getSystemService()获取对象的方式也涉及IPC过程。

除此之外，日常开发中最常见的Activity之间的跳转也涉及多个IPC过程。客户端进程会先请求ActivityManagerService（AMS也运行在system_server进程中），此时已经通过Binder进行了一次IPC操作。当AMS准备好之后，它会告诉客户端进程创建Activity B对象，这又是一次IPC操作。同样，四大组件中的Service、ContentProvider、BroadcastReceiver的数据交互也离不开Binder。在整个系统中，Binder无处不在，因此理解它对于深入理解系统至关重要。

3.3　Binder/IBinder 实战

在Android系统中，Binder框架扮演着至关重要的角色。Binder驱动程序是这套通信架构的核心组件。尽管它的名称中含有“驱动”二字，它实际上与硬件设备没有直接关系，但它的实现方式与设备驱动程序类似。两个进程通过Binder进行数据调用的关系如图3-1所示。

在这里，进程A通过调用Binder提供的接口，间接触发对进程B接口的调用。由于Binder框架的连接，进程A能够实现对进程B的调用。从应用层（App层）的视角来看，开发者可以忽略Binder内部的数据调用过程，感知上就如同进程A直接调用了进程B的接口方法一样。

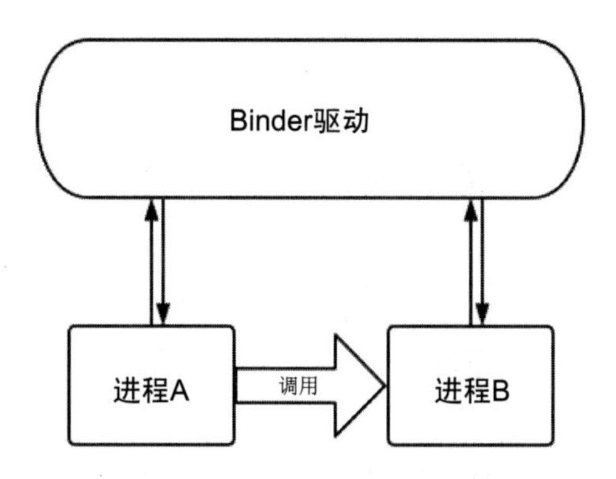

图 3-1　两个进程通过 Binder 调用数据的关系

从框架层（framework层）的角度来看，Binder机制向上层应用提供了接口。为了实现这一点，需要将特定的接口或类公开暴露。在Android中，对应的接口就是IBinder类：

```
public interface IBinder {
    ...
    //code：要执行操作的标示
    //data：从客户端传递到服务端的序列化后的数据，不能为空
    //reply：从服务端返回的序列化后的数据，可能为空
    //flags：0表示阻塞等待该方法调用结束，1表示执行该方法后立即返回
    public boolean transact(int code, @NonNull Parcel data, @Nullable Parcel
reply, int flags)
            throws RemoteException {
        ...
    }
}
```

Binder类实现的IBinder：

```
public class Binder implements android.os.IBinder {
    ...
    protected boolean onTransact(int code, @NonNull Parcel data,
                @Nullable Parcel reply, int flags) throws RemoteException {
        ...
    }
    ...
}
```

Binder中的onTransact()方法和IBinder中的transact()方法很像，参数类型都一致。实际上，这两个方法是相互关联的。它们代表了各进程与Binder之间的通信方法，关系如图3-2所示。

进程A可以通过调用进程B提供的IBinder接口上的transact()方法来发送消息，这一调用会通过Binder机制传递消息给进程B。这样，消息就完成了从进程A到进程B的传递。

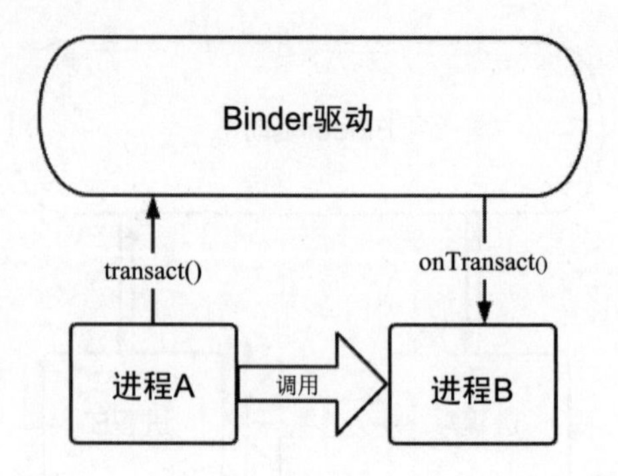

图 3-2 Binder 中的 onTransact()方法和 IBinder 中的 transact 方法

为了更深入地理解这一机制的实现原理，我们可以进行一次实战演练。

1. 编写服务端业务

先声明一个接口，供进程暴露给外界使用：

```
public interface HolleServer {

    public void trans(String word);//自定义方法

}
```

再声明一个Binder类来获取Binder驱动发来的消息：

```
public class ServerBinder extends Binder {
    HolleServer mHolleServer = new HolleServer(){
        @Override
        public void trans(String word) {
            Log.d("BinderIPC"," used in Server , get msg : "+word);
        }
    };

    @Override
    protected boolean onTransact(int code, @NonNull Parcel data, @Nullable Parcel
reply, int flags) throws RemoteException {
        String response = data.readString();//从回调的序列化数据里拿对应的字段数据
        mHolleServer.trans(response);//打印从客户端发过来的消息
        reply.writeString("Nice to meet you , This is Server !");
        return true;
    }
}
```

通过继承Binder类并重写onTransact()方法，该方法用于接收来自客户端的消息。接收到消息后，将其消息提取出来并交给业务接口HolleServer进行处理，同时将处理结果传回客户端。

在这里，我们通过Service将Binder传递给客户端。

```
public class HolleService extends Service {
    @Nullable
    @Override
    public IBinder onBind(Intent intent) {
        return new ServerBinder();//把IBinder引用返回给调用者
    }
}
```

在Service中构造ServerBinder对象，并在onBind()方法中将它的引用传递出去。当客户端绑定这个Service时，就能获取该IBinder的引用。至此，服务端代码编写完毕。

2. 实现客户端业务

接下来介绍客户端获取服务的IBinder引用的过程。

首先，客户端需要实现ServiceConnection接口。这个接口定义了几个回调方法，这些方法会在服务绑定关系建立或断开时被调用。

```
ServiceConnection serviceConnection = new ServiceConnection() {
    @Override
    public void onServiceConnected(ComponentName name, IBinder service) {
        //这里的service参数是Server端回调过来的IBinder引用
        Parcel data = Parcel.obtain();
        Parcel response = Parcel.obtain();
        data.writeString("Hello, This is Client , Is Anyone here?");
        try {
            //传递消息给Server端
            service.transact(2, data, response, 0);

            //收到Server的回复消息
            String msg = response.readString();
            Log.d("BinderIPC", "get the response in Client : "+msg );
        } catch (Exception e) {
            e.printStackTrace();
        }
    }

    @Override
    public void onServiceDisconnected(ComponentName name) {

    }
};
```

在onServiceConnected()回调方法中，当获取到IBinder引用和相应的service对象后，可以构造需要传递给服务端的数据。完成数据构造后，调用IBinder的transact()方法将数据发送到服务端。最后，通过在客户端（这里是MainActivity）调用bindService()方法来绑定服务端。

```
private void bindService() {
    Intent intent = new Intent(MainActivity.this, HolleService.class);
    bindService(intent,serviceConnection,Context.BIND_AUTO_CREATE);
}
```

整个过程的流程图如图3-3所示。

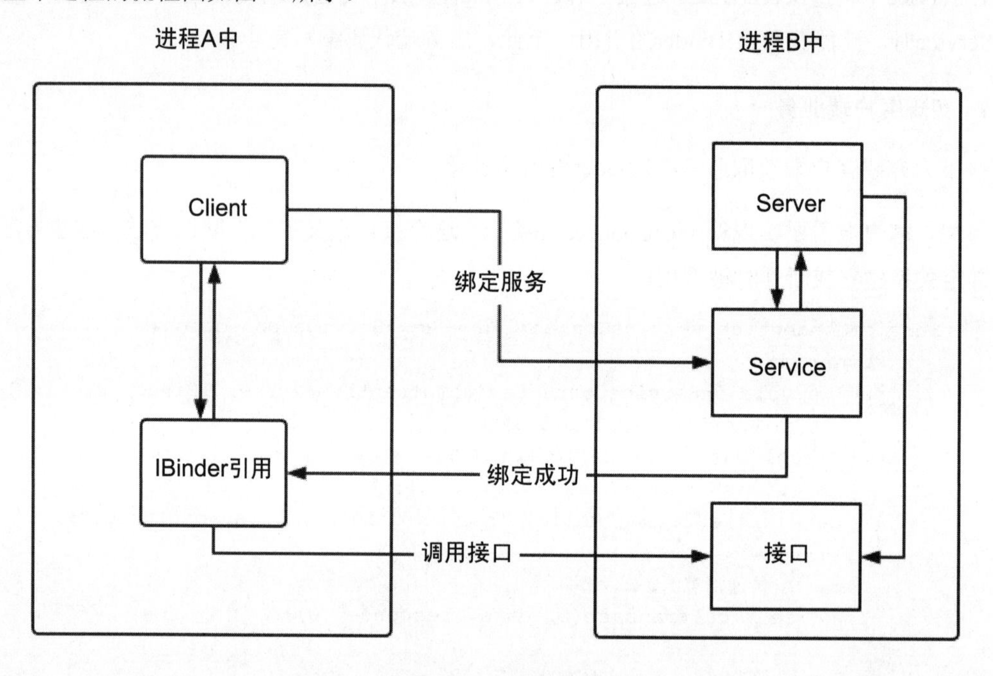

图 3-3　全流程图

最后，通信结果如图3-4所示。

```
2147-2147  BinderIPC    com.test.demo    D  used in Server , get msg : Hello, This is Client , Is Anyone here?
2147-2147  BinderIPC    com.test.demo    D  get the response in Client : Nice to meet you , This is Server !
```

图 3-4　通信结果

通常来说，在Android系统中，暴露方法供其他应用进行调用的应用称为服务端，而调用其他应用方法的应用称为客户端。客户端通过绑定服务端的Service来进行交互。在这个过程中，可以看到客户端（Client）与服务端（Server）分别打印了两条日志，这表明通信成功。

以上便是借助Binder进行两个进程间的简单通信过程。服务端通过继承Binder类并重写onTransact()方法来接收并处理来自客户端的请求，而客户端则通过调用transact()方法与服务端发送请求并传递数据。整个通信结构非常清晰且简单，但实现起来却颇为烦琐。为了解决这一问题，Android系统提供了AIDL（Android Interface Definition Language）及其解释器，这些工具可以自动生成服务端和客户端用于处理Binder通信的代码。

经过前面的学习，我们已经明白，在与Service进行交互时，服务返回了一个Binder对象。Binder工作在服务端（Server）。如果由于某种原因导致服务端进程死亡，那么返回的Binder对象也会因此消失。这时，如果在客户端有使用Binder对象运行某些业务逻辑，可能会出现不可预知的错误。为了避免这种情况，Android系统给Binder对象提供了对应的死亡代理回调。当与服务端的连接发生故障时，系统将自动调用死亡代理函数binderDied()。利用这一特性，通常可以实现应用程序之间的互相唤醒。

实现这一机制的主要步骤包括：

01 服务端创建一个Service，并在其中提供一个IBinder对象。

02 客户端绑定到服务端的Service，并请求IBinder。

03 客户端在Binder()中设置死亡代理，以监听服务端的死亡情况。

04 如果服务端的进程崩溃，所有被绑定的客户端会收到对应的回调通知。例如，以下是一个简化的代码示例，展示了服务端的实现：

```
public class ServerService extends Service {
    @Nullable
    @Override
    public IBinder onBind(Intent intent) {
        return binder;
    }

    private final IBinder binder = new IBinder() {
        @Nullable
        @Override
        public String getInterfaceDescriptor() throws RemoteException {
            return null;
        }

        @Override
        public boolean pingBinder() {
            return false;
        }

        @Override
        public boolean isBinderAlive() {
            return true;              // 返回true模拟服务存活
        }

        @Nullable
        @Override
```

```
        public IInterface queryLocalInterface(@NonNull String s) {
            return null;
        }

        @Override
        public void dump(@NonNull FileDescriptor fileDescriptor, @Nullable
String[] strings) throws RemoteException {

        }

        @Override
        public void dumpAsync(@NonNull FileDescriptor fileDescriptor, @Nullable
String[] strings) throws RemoteException {

        }

        @Override
        public boolean transact(int i, @NonNull Parcel parcel, @Nullable Parcel
parcel1, int i1) throws RemoteException {
            return false;
        }

        @Override
        public void linkToDeath(@NonNull DeathRecipient deathRecipient, int i)
throws RemoteException {
            // 假设服务存活，则这里不用实现
        }

        @Override
        public boolean unlinkToDeath(@NonNull DeathRecipient deathRecipient, int
i) {
            return false;
        }
    };
}
```

对应的客户端代码如下：

```
public class ClientActivity extends Activity {
    private ServiceConnection mServiceConnection = new ServiceConnection(){
        @Override
        public void onServiceConnected(ComponentName componentName, IBinder
iBinder) {
            //服务已连接时会回调此方法，可以在这里进行进一步的交互
        }
        @Override
        public void onServiceDisconnected(ComponentName componentName) {
            //服务已断开连接
        }
    };
```

```
    @Override
    protected void onCreate(@Nullable Bundle savedInstanceState) {
        super.onCreate(savedInstanceState);
        Intent mIntent = new Intent(this, ServerService.class);
        bindService(mIntent,mServiceConnection, Context.BIND_AUTO_CREATE);
    }
    @Override
    protected void onDestroy() {
        super.onDestroy();
        unbindService(mServiceConnection);
    }
}
```


在这里，服务端提供了一个IBinder实现。在实际应用中，则需要实现linkToDeath()方法，并注册死亡代理（DeathRecipient）。如果服务进程崩溃，系统会回调所有绑定到该服务的客户端的onServiceDisconnected()方法。客户端在收到系统提示的断开方法时，就可以明确知道连接失败了。

3.4 AIDL 实战

AIDL并不是我们熟知的像Java、C++这样的编程语言，而是一种规范，用于定义服务端和客户端通信接口的一种描述语言。从某种意义上说，AIDL其实是一个模板，因为在使用过程中，实际起作用的并不是AIDL文件本身，而是根据AIDL文件生成的一个IInterface的实例代码。AIDL的出现主要是为了避免我们在实现IPC通信时重复编写代码。

AIDL的语法相对简单，与Java语言基本保持一致。在平常的使用中，需要记住以下几个基本规则：

- AIDL文件全部以.aidl为后缀名。
- AIDL支持的数据类型包括8种基本数据类型（byte、char、short、int、long、float、double、boolean）、CharSequence、String，以及AIDL支持的List或Map中每个元素的数据类型，还有所有实现了Parcelable或Serializable接口的对象。
- AIDL文件需要明确标明引用到的数据类型所在的包名，确保相关的AIDL文件位于同一个包名下。

为了更好地理解AIDL的特性，我们可以通过实际的示例来加深理解。

3.4.1 创建项目

在Android Studio中，新建项目后，可以在目录上右击Module→New→AIDL→AIDL File，如图3-5所示。

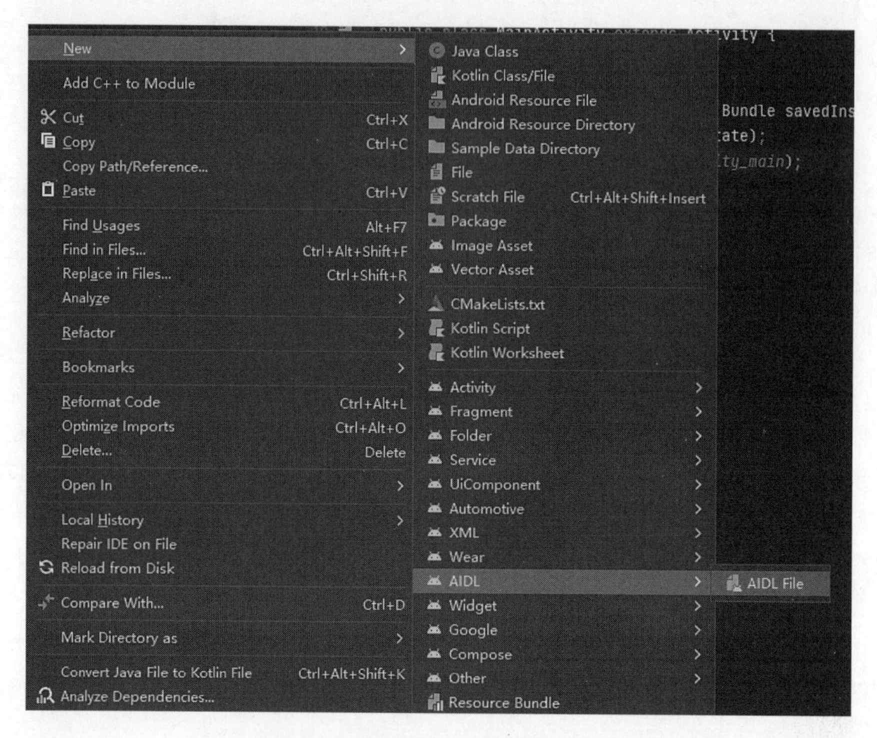

图 3-5 新建项目并选择 AIDL File

输入AIDL文件名后，即可生成对应的文件，如图3-6所示，我们将此AIDL文件名定义为IMyAidlServer。

图 3-6 输入 AIDL 文件名生成对应的文件

观察原工程目录可以发现，Android Studio默认为此AIDL文件生成了一个文件夹，如图3-7所示。

事实上，第一次创建AIDL文件，Android Studio会辅助生成一个aidl文件夹，并将包名作为目录结构的一部分。此aidl目录与main和res目录同级，都位于app/src下。

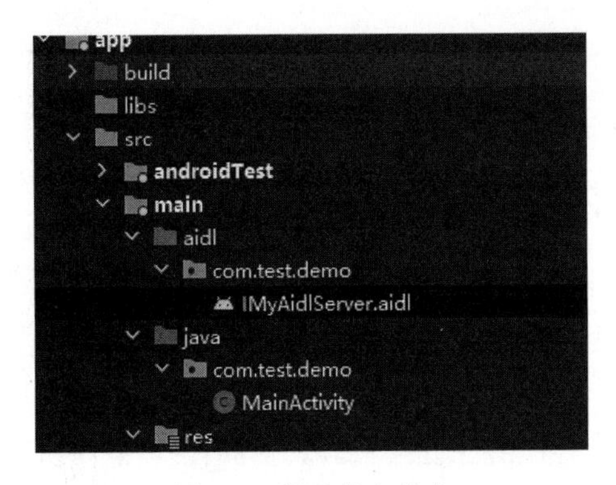

图 3-7　创建的文件夹

默认生成的AIDL文件的内容如下：

```
// IMyAidlServer.aidl
package com.test.demo;

// Declare any non-default types here with import statements

interface IMyAidlServer {
    /**
     * Demonstrates some basic types that you can use as parameters
     * and return values in AIDL
     */
    void basicTypes(int anInt, long aLong, boolean aBoolean, float aFloat,
            double aDouble, String aString);
}
```

这里的basicTypes()方法是自动生成的，可以去掉。接下来，我们需要再声明一个接口：

```
// IMyAidlServer.aidl
package com.test.demo;

// Declare any non-default types here with import statements

interface IMyAidlServer {
    void name(String word);
    int property(String word, int count);
}
```

这时，执行项目的重建操作（Rebuild Project），然后访问特定的目录来查看由AIDL文件自动生成的Java代码，其内容如下：

```
/*
 * This file is auto-generated.  DO NOT MODIFY
 */
package com.test.demo;
// Declare any non-default types here with import statements
```

```
public interface IMyAidlServer extends android.os.IInterface
{
  /** Default implementation for IMyAidlServer */
  //默认类实现接口
  public static class Default implements com.test.demo.IMyAidlServer
  {
    @Override public void name(java.lang.String word) throws
android.os.RemoteException
    {
    }
    @Override public int property(java.lang.String word, int count) throws
android.os.RemoteException
    {
      return 0;
    }
    @Override
    public android.os.IBinder asBinder() {
      return null;
    }
  }
  /** Local-side IPC implementation stub class */
  public static abstract class Stub extends android.os.Binder implements
com.test.demo.IMyAidlServer
  {
    /** Construct the stub at attach it to the interface */
    public Stub()
    {
      this.attachInterface(this, DESCRIPTOR); //Binder持有IInterface引用
    }
    /**
     * Cast an IBinder object into an com.test.demo.IMyAidlServer interface,
     * generating a proxy if needed.
     * 通过Binder找到关联的IInterface
     */
    public static com.test.demo.IMyAidlServer asInterface(android.os.IBinder
obj)
    {
      if ((obj==null)) {
        return null;
      }
      android.os.IInterface iin = obj.queryLocalInterface(DESCRIPTOR);
      if (((iin!=null)&&(iin instanceof com.test.demo.IMyAidlServer))) {
        //如果IBinder引用与调用者在同一进程，直接返回IInterface
        return ((com.test.demo.IMyAidlServer)iin);
      }
      //不同进程则返回Proxy
```

```
        return new com.test.demo.IMyAidlServer.Stub.Proxy(obj);
      }
      //返回自身对象
      @Override public android.os.IBinder asBinder()
      {
        return this;
      }
      //重写onTransact()方法
      @Override public boolean onTransact(int code, android.os.Parcel data,
android.os.Parcel reply, int flags) throws android.os.RemoteException
      {
        java.lang.String descriptor = DESCRIPTOR; //起描述符作用
        if (code >= android.os.IBinder.FIRST_CALL_TRANSACTION && code <=
android.os.IBinder.LAST_CALL_TRANSACTION) {
          data.enforceInterface(descriptor);
        }
        switch (code)
        {
          case INTERFACE_TRANSACTION:
          {
            reply.writeString(descriptor);
            return true;
          }
        }
        switch (code)
        {
          case TRANSACTION_name:
          {
            java.lang.String _arg0;
            _arg0 = data.readString();        //反序列化获取数据
            this.name(_arg0);
            reply.writeNoException();
            break;
          }
          case TRANSACTION_property:
          {
            java.lang.String _arg0;
            _arg0 = data.readString();        //反序列化获取数据
            int _arg1;
            _arg1 = data.readInt();
            int _result = this.property(_arg0, _arg1);
            reply.writeNoException();
            reply.writeInt(_result);
            break;
          }
          default:
```

03

```
      {
        return super.onTransact(code, data, reply, flags);
      }
    }
    return true;
  }
  private static class Proxy implements com.test.demo.IMyAidlServer
  {
    private android.os.IBinder mRemote;
    Proxy(android.os.IBinder remote)
    {
      mRemote = remote;
    }
    @Override public android.os.IBinder asBinder()
    {
      return mRemote;
    }
    public java.lang.String getInterfaceDescriptor()
    {
      return DESCRIPTOR;
    }
    @Override public void name(java.lang.String word) throws
android.os.RemoteException
    {
      //对要传输的数据进行序列化
      android.os.Parcel _data = android.os.Parcel.obtain();
      android.os.Parcel _reply = android.os.Parcel.obtain();
      try {
        _data.writeInterfaceToken(DESCRIPTOR);
        _data.writeString(word);
        boolean _status = mRemote.transact(Stub.TRANSACTION_name, _data, _reply,
0);//mRemote为远程的IBinder
        _reply.readException();
      }
      finally {
        _reply.recycle();
        _data.recycle();
      }
    }
    @Override public int property(java.lang.String word, int count) throws
android.os.RemoteException
    {
      android.os.Parcel _data = android.os.Parcel.obtain();
      android.os.Parcel _reply = android.os.Parcel.obtain();
      int _result;
      try {
```

```
                _data.writeInterfaceToken(DESCRIPTOR);
                _data.writeString(word);
                _data.writeInt(count);
                boolean _status = mRemote.transact(Stub.TRANSACTION_property, _data,
_reply, 0);
                _reply.readException();
                _result = _reply.readInt();
              }
              finally {
                _reply.recycle();
                _data.recycle();
              }
              return _result;
            }
          }
          static final int TRANSACTION_name =
(android.os.IBinder.FIRST_CALL_TRANSACTION + 0);
          static final int TRANSACTION_property =
(android.os.IBinder.FIRST_CALL_TRANSACTION + 1);
        }
        public static final java.lang.String DESCRIPTOR =
"com.test.demo.IMyAidlServer";

        //声明的公共方法
        public void name(java.lang.String word) throws android.os.RemoteException;
        public int property(java.lang.String word, int count) throws
android.os.RemoteException;
      }
```

可以看到，这里的Java代码定义了一个名为IMyAidlServer的接口，此接口中的方法都是根据原始的IMyAidlServer.aidl文件定义的。

在生成的类中，有两个特别重要的静态类。

- Stub类：这是一个抽象类，它继承自Binder并重写了onTransact()方法。当onTransact被调用时，它根据传入的code参数来分发调用到相应的方法。与Binder/IBinder方案相比，这里的Stub类可以直接调用业务接口的方法，从而实现服务端逻辑与Binder通信的集成。
- Proxy类：这也是一个抽象类，它持有一个Binder对象的引用（通常命名为mRemote）。Proxy类实现了IMyAidlServer接口的所有方法，并处理了方法调用的序列化和反序列化。每个方法都通过调用mRemote.transact()来完成客户端与Binder的交互，如图3-8所示。

与原始手动编写的Binder/IBinder方案相比，AIDL自动生成相应的Java文件，使得开发过程更加友好和便捷。

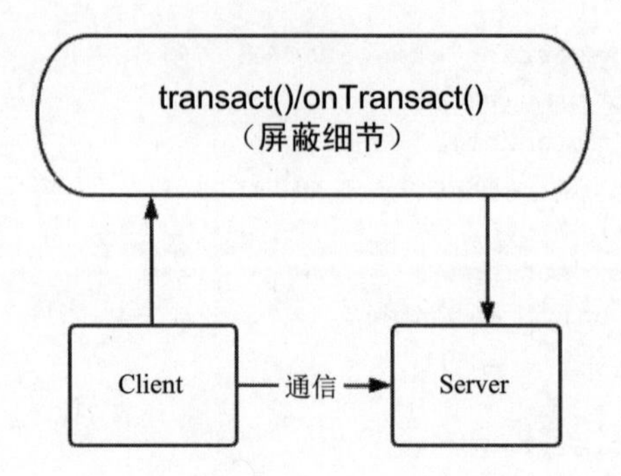

图 3-8 通过 mRemote 调用 transact()方法完成客户端与 Binder 的交互

3.4.2 模拟实战

为了更好地理解AIDL，我们实现一个客户端和服务端来模拟实战。

1. 编写服务端业务

```
public class MyService extends Service {
    private final String TAG = "IPC";

    //构造内部类
    private IMyAidlServer.Stub stub = new IMyAidlServer.Stub() {
        @Override
        public void name(String word) throws RemoteException {
            Log.d(TAG, "receive name :" + word + " in server");
        }

        @Override
        public int property(String word, int count) throws RemoteException {
            Log.d(TAG, "receive property word:" + word + " count:" + count + " in
server");
            return count+1;
        }

    };

    @Nullable
    @Override
    public IBinder onBind(Intent intent) {
        return stub;
    }
}
```

这里的MyService同样需要在AndroidManifest.xml清单文件中注册：

```
<service android:name=".MyService"
    android:exported="true">
```

```
        <intent-filter>
            <action android:name="com.test.demo.server.ACTION"/>
        </intent-filter>
    </service>
```

至此，服务端代码编写完毕。接下来，等待客户端调用即可。

2. 编写客户端业务

为了更好地理解不同进程间的交互，客户端需要创建一个新工程。在新工程创建完毕后，需要把服务端的AIDL文件复制过来。注意是将整个aidl文件夹复制到和Java文件夹同一层级下，不需要改动任何代码，并且需要确保与服务端的aidl目录路径一致，如图3-9所示。

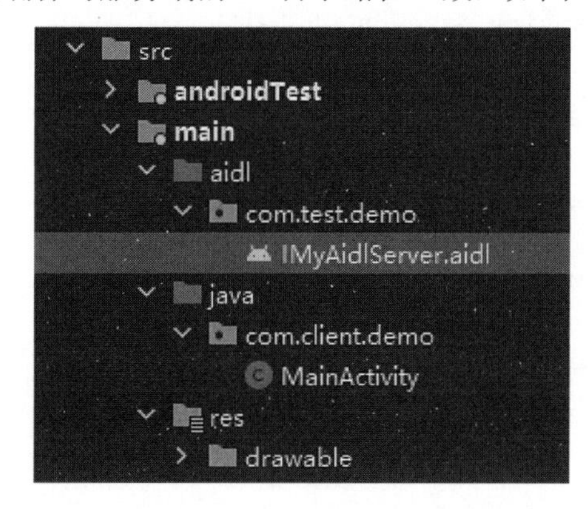

图 3-9　整个 aidl 文件夹复制到和 Java 文件夹同一层级下

同样，实现ServiceConnection的回调方法，代码如下：

```
ServiceConnection serviceConnection = new ServiceConnection() {
        @Override
        public void onServiceConnected(ComponentName name, IBinder service) {
            //用来寻找该IBinder对应的服务端提供的接口
            IMyAidlServer mServer = IMyAidlServer.Stub.asInterface(service);
            try {
                mServer.name("Android Version");
                int result = mServer.property("Android Version", 26);
                Log.d("IPC", "receive return result:" + result + " in client");
            } catch (Exception e) {

            }
        }

        @Override
        public void onServiceDisconnected(ComponentName name) {
        }
    };
```

在上述代码中，service参数是IBinder类型的引用，该引用由服务端通过Binder驱动传递而来。IBinder的具体类型取决于调用方和服务端是否处于同一进程：

- 如果IBinder与调用方处于同一进程，它将是一个Binder类型，即服务端自己定义的Stub。
- 如果不在同一个进程，IBinder将是一个BinderProxy类型，它是客户端对服务端Binder的代理。

在ServiceConnection的onServiceConnected回调中，当服务绑定成功时，会调用Proxy内部的方法。这些方法通过BinderProxy来调用transact()方法，从而完成客户端与服务端的IPC通信。

最后，不要忘记在客户端代码中调用bindService()方法来绑定服务。在MainActivity中绑定服务的完整代码如下：

```
public class MainActivity extends Activity {

    @Override
    protected void onCreate(@Nullable Bundle savedInstanceState) {
        super.onCreate(savedInstanceState);
        setContentView(R.layout.activity_main);
        Intent intent = new Intent();
        intent.setPackage("com.test.demo");
        intent.setAction("com.test.demo.server.ACTION");
        bindService(intent, serviceConnection, Context.BIND_AUTO_CREATE);
    }

    ServiceConnection serviceConnection = new ServiceConnection() {
        @Override
        public void onServiceConnected(ComponentName name, IBinder service) {

            //用来寻找该IBinder对应的服务端提供的接口
            IMyAidlServer mServer = IMyAidlServer.Stub.asInterface(service);
            try {
                mServer.name("Android Version");
                int result = mServer.property("Android Version", 26);
                Log.d("IPC", "receive return result:" + result + " in client");
            } catch (Exception e) {

            }
        }

        @Override
        public void onServiceDisconnected(ComponentName name) {
        }
    };

}
```

从Android 11开始，系统对应用的可见性进行了保护，如果build.gradle中的Target API >= 30，那么还需要在AndroidManifest.xml中配置queries标签，以指定服务端应用的包名，才能绑定远程服务。

```
<queries>
    <package android:name="com.test.demo" />
</queries>
```

将两个程序同时在模拟器中运行后，可看到对应的打印结果，如图3-10所示。

```
15809-15824 IPC          com.test.demo          D  receive name :Android Version in server
15809-15824 IPC          com.test.demo          D  receive property word:Android Version count:26 in server
15873-15873 IPC          com.client.demo        D  receive return result:27 in client
```

图 3-10　两个程序的运行结果

可以看到，服务端和客户端通信成功。在整个过程中，IMyAidlServer.aidl其实被转换为IMyAidlServer.java，以实现Binder的链接功能，同时屏蔽了对接Binder的细节，这种可以直接“调用”的风格符合Java的面向对象思维。此处实现了传递基本数据类型的简单AIDL通信，下一节将分析如何使用AIDL传递自定义类型的数据和定向Tag的用法。

3.5　AIDL 实践进阶

在实际的Android应用开发中，IPC传递的数据类型往往不仅限于基本数据类型。经常需要传递更为复杂的数据结构，例如客户端想要从服务端获取商品信息，这可能包括商品名称、价格、描述等字段。在这种情况下，仅传递基本数据类型是不够的，我们需要一种方法来传递这些复杂的数据结构。

首先创建一个Goods数据类型的AIDL文件，代码如下：

```
interface Goods {
    /**
     * Demonstrates some basic types that you can use as parameters
     * and return values in AIDL.
     */
    void basicTypes(int anInt, long aLong, boolean aBoolean, float aFloat,
            double aDouble, String aString);
}
```

删除默认生成的方法，并对Goods进行parcelable修饰，此时代码如下：

```
package com.test.demo;
parcelable Goods;
```

在AIDL中，这种写法表明此类是一个数据类。随后，我们需要实现与之关联的Java代码，序列化后的商品类如下：

```
public class Goods implements Parcelable {

public Goods(String name,int price){
    this.name = name;
```

```
        this.price = price;
    }

    protected Goods(Parcel in) {
        name = in.readString();
        price = in.readInt();
    }

    public static final Creator<Goods> CREATOR = new Creator<Goods>() {
        @Override
        public Goods createFromParcel(Parcel in) {
            return new Goods(in);
        }

        @Override
        public Goods[] newArray(int size) {
            return new Goods[size];
        }
    };

    public String getName() {
        return name;
    }

    public void setName(String name) {
        this.name = name;
    }

    public int getPrice() {
        return price;
    }

    public void setPrice(int price) {
        this.price = price;
    }

    private String name;
    private int price;

    @Override
    public int describeContents() {
        return 0;
    }

    @Override
    public void writeToParcel(@NonNull Parcel parcel, int i) {
        parcel.writeString(name);
        parcel.writeInt(price);
    }
}
```

此商品类包含商品名称和价格等信息。为了能够在不同的进程之间传递对象的状态，我们通常会实现Parcelable接口来进行序列化。实现Parcelable接口需要重写describeContents()和writeToParcel()方法，反序列化则通过CREATOR对象完成。

需要注意的是，在使用AIDL定义服务接口时，应先定义AIDL文件，再编写相应的Java代码。如果顺序颠倒，可能会遇到“重复类无法创建”的错误提示。此外，AIDL文件和Java数据类必须位于相同的包下，以确保它们可以正确关联。

```
package com.test.demo;

import com.test.demo.Goods;
interface IGoodsServer {
    void getGoodsInfo(int price, in Goods goods);
}
```


在这里，我们通过getGoodsInfo()方法来获取商品信息。注意，引用的Goods类必须手动填写导入路径。接下来，编写服务端业务，代码如下：

```
public class GoodService extends Service {

    private final String TAG = "IPC";

    //构造内部类
    private IGoodsServer.Stub stub = new IGoodsServer.Stub() {

        @Override
        public void getGoodsInfo(int price, Goods goods) throws RemoteException {
            Log.d(TAG, goods.getName() + " in server");
        Log.d(TAG, "And get the price is : "+goods.getPrice() + " in server");

        }
    };

    @Nullable
    @Override
    public IBinder onBind(Intent intent) {
        return stub;
    }
}
```

同时，注意在清单文件中声明对应的权限：

```
<service android:name=".GoodService"
    android:enabled="true"
    android:exported="true">
    <intent-filter>
        <action android:name="com.test.demo.goods.ACTION"/>
        <category android:name="android.intent.category.LAUNCHER" />
```

```
    </intent-filter>
</service>
```

接下来编写客户端业务。首先，将AIDL文件复制到客户端工程中，并确保包名路径与服务端一致，如图3-11所示。

图 3-11　把 AIDL 文件复制到客户端工程

接下来编写客户端代码。客户端需要构造Goods对象，并将它传递给服务端，示例代码如下：

```
public class MainActivity extends Activity {
    @Override
    protected void onCreate(@Nullable Bundle savedInstanceState) {
        super.onCreate(savedInstanceState);
        setContentView(R.layout.activity_main);
        Intent intent = new Intent();
        intent.setPackage("com.test.demo");
        intent.setAction("com.test.demo.goods.ACTION");
        bindService(intent, serviceConnection, Context.BIND_AUTO_CREATE);
    }

    ServiceConnection serviceConnection = new ServiceConnection() {
        @Override
        public void onServiceConnected(ComponentName name, IBinder service) {
            IGoodsServer mServer = IGoodsServer.Stub.asInterface(service);
            try {
                mServer.getGoodsInfo(9, new Goods("apple",10));
            } catch (Exception e) {

            }
        }

        @Override
        public void onServiceDisconnected(ComponentName name) {
        }
    };
}
```

运行服务端和客户端程序后，可以看到打印结果如图3-12所示。

```
com.test.demo                    D  apple in server
com.test.demo                    D  And get the price is : 10 in server
```

图 3-12　服务端和客户端程序的运行结果

至此，客户端与服务端的数据交互就完成了。

3.6　AIDL 的数据流

在前面的IGoodsServer.aidl文件中，使用了in关键字来修饰Goods对象，与in配套的还有out、inout关键字，这些关键字用于规定序列化参数的数据流方向。关键字的影响主要体现在参数对象在传输过程中是否被复制和修改。各关键字的作用如下。

- in：表示数据从客户端流向服务端。客户端会将参数对象复制一份并发送给服务端，服务端收到后，可以对该对象进行修改，但不会影响客户端的原始对象。
- out：表示数据从服务端流向客户端。客户端会将参数对象的空引用发送给服务端，服务端收到后，可以创建一个新的对象并赋值给该引用，然后返回给客户端，客户端会将原始对象替换成服务端返回的对象。
- inout：表示数据双向流动。客户端会将参数对象复制一份并发送给服务端，服务端收到后，可以对该对象进行修改，并将修改后的对象返回给客户端，客户端会将原始对象替换成服务端返回的对象。

在原工程的基础上实践一下，将IGoodsServer.aidl文件修改如下：

```
import com.test.demo.Goods;
interface IGoodsServer {
    void getGoodsInfo(int price, in Goods goods);
    void getGoodsInfo2(int price, out Goods goods);
    void getGoodsInf3(int price, inout Goods goods);
}
```

基本数据类型，如int和String，默认的数据流方向是in，因此不用刻意标注。

由于添加了out关键字，需要同时修改对应的Java文件，添加如下方法代码：

```
public Goods(){}
public void readFromParcel(Parcel parcel) {
    this.name = parcel.readString();
    this.price = parcel.readInt();
}
```

两个文件修改后，将其同步到服务端和客户端。接下来，需要同步修改服务端的实现代码：

```
public class GoodService extends Service {

    private final String TAG = "IPC";

    //构造内部类
    private IGoodsServer.Stub stub = new IGoodsServer.Stub() {

        @Override
        public void getGoodsInfo(int price, Goods goods) throws RemoteException {
            Log.d(TAG, goods.getName() + " in server method getGoodsInfo");
            goods.setName("change name to banana in getGoodsInfo");
        }

        @Override
        public void getGoodsInfo2(int price, Goods goods) throws RemoteException {
            Log.d(TAG, goods.getName() + " in server method getGoodsInfo2");
            goods.setName("change name to banana in getGoodsInfo2");
        }

        @Override
        public void getGoodsInf3(int price, Goods goods) throws RemoteException {
            Log.d(TAG, goods.getName() + " in server method getGoodsInf3");
            goods.setName("change name to banana in getGoodsInf3");
        }
    };

    @Nullable
    @Override
    public IBinder onBind(Intent intent) {
        return stub;
    }
}
```

以上三个方法的逻辑一致：首先获取名称并打印出来，然后进行更改。同时，也需要修改对应客户端的调用方法：

```
public class MainActivity extends Activity {

    private String TAG = "IPC";
    @Override
    protected void onCreate(@Nullable Bundle savedInstanceState) {
        super.onCreate(savedInstanceState);
        setContentView(R.layout.activity_main);
        Intent intent = new Intent();
        intent.setPackage("com.test.demo");
        intent.setAction("com.test.demo.goods.ACTION");
        bindService(intent, serviceConnection, Context.BIND_AUTO_CREATE);
    }
```

```
    ServiceConnection serviceConnection = new ServiceConnection() {
        @Override
        public void onServiceConnected(ComponentName name, IBinder service) {
            IGoodsServer mServer = IGoodsServer.Stub.asInterface(service);
            try {
                Goods mGoods = new Goods("apple", 10);
                Log.d(TAG,"Goods name : "+mGoods.getName()+" in client before
getGoodsInfo");
                mServer.getGoodsInfo(9, mGoods);
                Log.d(TAG,"Goods name : "+mGoods.getName()+" in client after
getGoodsInfo");

                Goods mGoods2 = new Goods("orange", 11);
                Log.d(TAG,"Goods name : "+mGoods2.getName()+" in client before
getGoodsInfo2");
                mServer.getGoodsInfo2(8, mGoods2);
                Log.d(TAG,"Goods name : "+mGoods2.getName()+" in client after
getGoodsInfo2");

                Goods mGoods3 = new Goods("pear", 12);
                Log.d(TAG,"Goods name : "+mGoods3.getName()+" in client before
getGoodsInfo3");
                mServer.getGoodsInfo3(7, mGoods3);
                Log.d(TAG,"Goods name : "+mGoods3.getName()+" in client after
getGoodsInfo3");

            } catch (Exception e) {

            }
        }
        @Override
        public void onServiceDisconnected(ComponentName name) {
        }
    };

}
```

这里的逻辑很容易理解：构建Goods对象，并在调用服务端方法前后打印name属性。重新运行服务端和客户端的代码后，会打印如图3-13所示的日志信息。

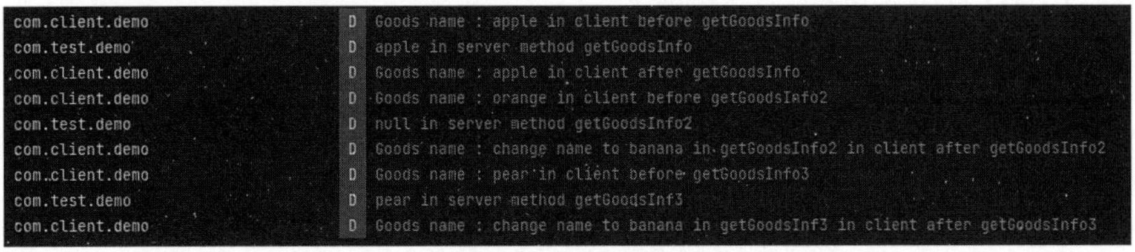

```
com.client.demo    D  Goods name : apple in client before getGoodsInfo
com.test.demo      D  apple in server method getGoodsInfo
com.client.demo    D  Goods name : apple in client after getGoodsInfo
com.client.demo    D  Goods name : orange in client before getGoodsInfo2
com.test.demo      D  null in server method getGoodsInfo2
com.client.demo    D  Goods name : change name to banana in getGoodsInfo2 in client after getGoodsInfo2
com.client.demo    D  Goods name : pear in client before getGoodsInfo3
com.test.demo      D  pear in server method getGoodsInf3
com.client.demo    D  Goods name : change name to banana in getGoodsInf3 in client after getGoodsInfo3
```

图 3-13　服务端和客户端代码重新运行的结果

从这份日志中不难看出：

（1）当Goods使用in修饰时，服务端收到Goods的内容并更改了name属性，但客户端收到的Goods对象的name属性并没有改变。这表明数据流只能从客户端传递到服务端。

（2）当Goods使用out修饰时，服务端没有收到Goods的相关内容，但更改了name属性，客户端收到的Goods对象的name属性已被修改。这表明数据流只能从服务端传递到客户端。

（3）当Goods使用inout修饰时，服务端收到Goods的相关内容并更改了name属性，客户端接收到的Goods对象的name属性也反映了这些修改。这表明数据流可以在服务端和客户端之间双向传递。

3.7 Messenger的原理及应用

Android还提供了AIDL的简化版——Messenger。与AIDL类似，Messenger也分为服务端和客户端，是执行进程间通信的一个更为简单的方式。Messenger会在单个线程中创建一个包含所有请求的队列，因此不必对服务进行线程安全设计。Messenger的整体编写过程比AIDL更简便，它的调用流程如下：

（1）服务端构造Handler来接收信息。

（2）客户端构造Messenger来发送message信息。

① 编写服务端代码：

```
public class MessengeService extends Service {
    private String TAG = "IPC";

    private Handler handler = new Handler(Looper.getMainLooper()) {
        @Override
        public void handleMessage(@NonNull Message msg) {
            Bundle bundle = msg.getData();
            int id = bundle.getInt("id");
            Log.d(TAG, "received id in Server:" + id);  //客户端发送过来的消息

            Messenger replyMessenger = msg.replyTo;    //replyTo为Messenger的类型
            if (replyMessenger != null) {
                //构造消息
                Message message = Message.obtain();
                Bundle mBundle = new Bundle();
                mBundle.putString("Event", "GetTheId");
                mBundle.putInt("receivedId", id);
                message.setData(mBundle);
                try {
```

```
                replyMessenger.send(message);        //发给客户端的消息
            } catch (Exception e) {

            }
        }

    }
};

@Nullable
@Override
public IBinder onBind(Intent intent) {
    //获取IBinder引用
    return new Messenger(handler).getBinder();
}
}
```

注意，需要在清单文件中注册服务：

```
<service android:name=".MessengeService"
    android:enabled="true"
    android:exported="true">
    <intent-filter>
        <action android:name="com.test.demo.messenge.ACTION"/>
        <category android:name="android.intent.category.LAUNCHER" />
    </intent-filter>
</service>
```

② 编写客户端代码：

```
public class MainActivity extends Activity {
    private String TAG = "IPC";
    @Override
    protected void onCreate(@Nullable Bundle savedInstanceState) {
        super.onCreate(savedInstanceState);
        setContentView(R.layout.activity_main);
        Intent intent = new Intent();
        intent.setPackage("com.test.demo");
        intent.setAction("com.test.demo.messenge.ACTION");
        bindService(intent, serviceConnection, Context.BIND_AUTO_CREATE);
    }

    ServiceConnection serviceConnection = new ServiceConnection() {
        @Override
        public void onServiceConnected(ComponentName name, IBinder service) {
            //用服务端的IBinder引用来构造Messenger
            Messenger messenger = new Messenger(service);
            //构造Message
```

```
            Message message = Message.obtain();
            Bundle bundle = new Bundle();
            bundle.putInt("id", 10010011);
            message.setData(bundle);
            message.replyTo = new Messenger(handler);
            try {
                //发送消息
                messenger.send(message);
            } catch (Exception e) {

            }
        }

        @Override
        public void onServiceDisconnected(ComponentName name) {

        }
    };
    //用handler来接收消息
    private Handler handler = new Handler(Looper.getMainLooper()) {
        @Override
        public void handleMessage(@NonNull Message msg) {
            Bundle bundle = msg.getData();
            if (bundle != null) {
                //提取姓名和年龄
                String mEvent = bundle.getString("Event");
                int mId = bundle.getInt("receivedId");
                Log.d(TAG, "received from server, event:" + mEvent + " Id:" + mId);
            }
        }
    };
}
```

在模拟器上运行服务端和客户端代码之后，会看到如图3-14所示的日志信息。

```
com.test.demo        D  received id in Server:10010011
com.client.demo      D  received from server, event:GetTheId Id:10010011
```

图3-14　在模拟器上运行服务端和客户端代码的结果

客户端可以通过携带自己的Messenger向服务端发送消息。这样，服务端在接收到消息后，可以使用收到的Messenger来回复客户端，从而实现双向通信。为了接收服务端的响应，客户端需要重写Handler的handleMessage()方法。

与AIDL相比，Messenger的使用在某些情况下更为简单直接。Messenger的简单性主要体现在它的send()方法的使用上，示例代码如下：

源码位置：frameworks/base/core/java/android/os/Messenger.java。

```
public Messenger(Handler target) {
    mTarget = target.getIMessenger();
}

public void send(Message message) throws RemoteException {
    mTarget.send(message);
}
```

这里的mTarget是在Messenger构造函数中初始化的IMessenger类型的Handler对象：

源码位置：frameworks/base/core/java/android/os/Messenger.java。

```
final IMessenger getIMessenger() {
    synchronized (mQueue) {
        if (mMessenger != null) {
            return mMessenger;
        }
        mMessenger = new MessengerImpl();
        return mMessenger;
    }
}

private final class MessengerImpl extends IMessenger.Stub {
    public void send(Message msg) {
        msg.sendingUid = Binder.getCallingUid();
        //Handler发送信息
        Handler.this.sendMessage(msg);
    }
}
```

MessengerImpl类继承自IMessenger.Stub，它实现了唯一的消息发送方法：send()。该方法的参数为Message对象。同样，还可以找到IMessenger.aidl文件。

源码位置：framework/core/java/android/os/IMessenger.aidl。

```
package android.os;

import android.os.Message;

/** @hide */
oneway interface IMessenger {
    void send(in Message msg);
}
```

在上述AIDL定义中，Message本身支持序列化，in标识符表示数据只能从客户端流向服务端。此接口定义中还使用了标识oneway，用于修饰AIDL接口，使得IPC调用变成非阻塞。也就是说，客户端调用send()方法后会立即返回，而不需要等待服务端处理完成。回到Message中，发现它可以持有Messenger引用，并将它作为Binder返回：

源码位置：frameworks/base/core/java/android/os/Messenger.java。

```
public IBinder getBinder() {
    return mTarget.asBinder();
}
```

同样，它也有序列化过程：

```
public void writeToParcel(Parcel dest, int flags) {
    ...
    Messenger.writeMessengerOrNullToParcel(replyTo, dest);
    ...
}
......
public static void writeMessengerOrNullToParcel(Messenger messenger,
                                        Parcel out) {
    out.writeStrongBinder(messenger != null ? messenger.mTarget.asBinder()
          : null);
}
```

从C/S架构的角度来看，这里的客户端Binder引用可以传递给服务端。接下来的服务端操作也在Message中进行：

```
private void readFromParcel(Parcel source) {
    ...
    replyTo = Messenger.readMessengerOrNullFromParcel(source);
    ...
}
```

收到反序列化数据，例如Messenger的replyTo等，可以调用Messenger的静态方法：

```
public static Messenger readMessengerOrNullFromParcel(Parcel in) {
    //反序列化出IBinder
    IBinder b = in.readStrongBinder();
    //构造出Messenger
    return b != null ? new Messenger(b) : null;
}
```

至此，服务端已经收到了客户端的IBinder，并通过构建出的Messenger对象来与客户端通信。可见，与普通的AIDL相比，Messenger其实封装了服务端的接口及其方法，同时也封装了客户端调用服务端的方法。

3.8 系统服务的 IPC

在日常的Android应用开发过程中，开发者们对自定义View肯定不陌生。由于一些特殊的业务需求，我们常常需要在页面初始化时获取WindowManagerService来进行进一步的操作，例如：

```
    WindowManager mWindowManager = (WindowManager)getSystemService
(Context.WINDOW_SERVICE);
    mWindowManager.addView(...);
```


这里的WindowService是Android系统中的系统服务之一。获取这个服务并对它进行操作实际上是在进行一次IPC过程。整个过程大致如下：

01 应用程序请求WindowService。应用程序通过Context.getSystemService(Context.WINDOW_SERVICE)方法请求WindowService。

02 ContextImpl类处理。ContextImpl类的getSystemService()方法会调用ServiceManager.getService("window")来获取WindowService的Binder引用。

```
    #ContextImpl.java
       @Override
       public Object getSystemService(String name) {
          return SystemServiceRegistry.getSystemService(this, name);
    }
```

03 ServiceManager查找服务。ServiceManager会在它维护的服务列表中查找名为window的服务，并返回该服务的Binder引用。在第2章中，我们详细介绍了开机启动流程。Android系统启动后，会启动system_server进程，该进程中包含了许多系统服务，如AMS、WMS、audio服务等。此时，SystemManager会通过addService()方法将所有可提供的系统服务添加到一个map中，因此服务的查找就是在这个 map中进行的。

```
    #ServiceManager.java
       public static IBinder getService(String name) {
          try {
             IBinder service = sCache.get(name);
             if (service != null) {
                return service;
             } else {
                //获取IBinder
                return Binder.allowBlocking(rawGetService(name));
             }
          } catch (RemoteException e) {
             Log.e(TAG, "error in getService", e);
          }
```

```
        return null;
    }

    private static IServiceManager getIServiceManager() {
        if (sServiceManager != null) {
            return sServiceManager;
        }

        //获取服务端的ServiceManager
        sServiceManager = ServiceManagerNative
                .asInterface(Binder.allowBlocking(BinderInternal.getContextObje
ct()));
        return sServiceManager;
    }

    private static IBinder rawGetService(String name) throws RemoteException {
        ...
        final IBinder binder = getIServiceManager().getService(name);
        ...
        return binder;
    }
```

04 Binder引用传递。应用程序现在拥有了WindowService的Binder引用，可以通过该引用对象（或称WindowService的客户端代理对象）与WindowService进行通信。

05 客户端和服务端通信。应用程序（客户端）通过Binder引用向WindowService（服务端）发送请求，如添加、移除或更新窗口。WindowService处理这些请求并在内部通过WindowManagerService来调用相应的方法，如addView()、removeView()、updaterViewLayout()等来执行具体的操作。

不仅是WindowService，所有此类功能服务的使用方式都是如此。我们可以总结出Android系统中的Binder通信模型，主要包括以下4个角色：

（1）服务端。

（2）客户端。

（3）SystemManager。

（4）Binder驱动。

在这里，服务端、客户端和SystemManager运行于用户空间，而Binder驱动运行于内核空间。最重要的是，Binder驱动工作于内核态，负责进程之间Binder通信的建立、Binder在进程之间的传递以及数据包在进程之间的传递和交互等一系列底层支持。服务端创建了Binder实体，将这个Binder连同名字以数据包的形式通过Binder驱动发送给SystemManager。

SystemManager的作用是将字符形式的服务名称转换成客户端对该Binder的引用，使得客户端能够通过服务名称获得对服务端Binder实体的引用。

细心的读者可能已经发现其中的蹊跷之处：SystemManager是一个进程，服务端是另一个进程，服务端向SystemManager注册Binder必然涉及进程间通信，如图3-15所示。

在这里，SystemServer通过IPC1向ServiceManager注册服务的IBinder引用。当客户端（如应用程序）需要使用某个服务（例如窗口服务）时，首先通过IPC2向ServiceManager获取服务的IBinder引用。一旦客户端获取到服务的IBinder，就可以调用服务接口（IPC3），使用服务提供的具体功能。

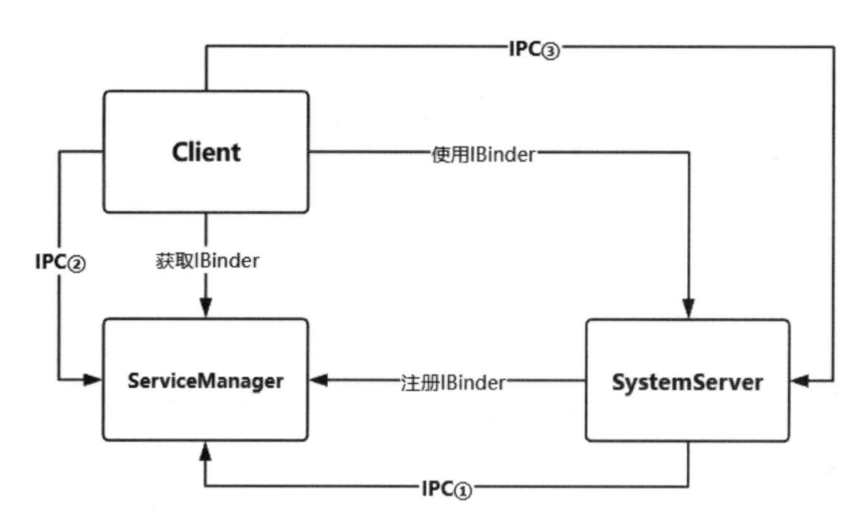

图 3-15　服务端向 SystemManager 注册 Binder 涉及进程间通信

为了减少不必要的IPC调用，SystemServer会将获取到的各种服务的IBinder引用缓存起来。当客户端查询的服务已经存在于缓存中时，就不需要再次通过IPC（即IPC2）获取服务引用，而是直接通过已有的IBinder进行服务接口调用（IPC3）。

这也是为什么在Android系统启动后，系统服务如AMS、WMS、PMS等都会将它们的IBinder封装在对应的管理器（如WindowManager等）中。通过这些管理器，客户端可以直接进行IPC调用，以使用具体服务的能力。

至此，可以总结出系统IPC服务和自定义IPC服务之间的主要区别：

- 对于系统IPC服务来说，系统服务会向ServiceManager注册自己，ServiceManager运行在单独的进程中。客户端进程需要先向ServiceManager请求IBinder对象，然后使用IBinder对象获取关联接口，从而使用系统服务。

- 对于自定义IPC服务来说，整个过程没有用到ServiceManager。服务端进程开启后，会暴露出对应的IBinder对象。客户端通过绑定服务端进程中的服务，将IBinder对象跨进程传递到客户端，然后客户端使用IBinder获取关联接口，从而使用自定义服务进行数据交互。

3.9 实战：构建可扩展的保活框架

在构建车载系统的过程中，确保与用户安全相关的服务始终在后台运行是至关重要的。例如，整车状态提醒服务，在油量不足或胎压异常时，能够实时提醒驾驶者注意车辆状态；定位服务，持续刷新实时位置信息，为导航系统提供数据支持；天气服务，在后台不断更新最新的气候信息，以便在车主进入极端天气区域前提供预警。

这些业务功能在智能座舱生态系统中占据着举足轻重的地位。为了保障这些服务的持续运行，需要实现一个保活机制。该机制不仅要确保服务始终运行，还要在服务因不可抗力因素（如系统崩溃或服务崩溃）中断时，能够自动重启服务，保证业务的连续性。

在第2章的实战中，我们学习了如何添加系统级服务。系统级服务在Android系统中具有高权限，能够在整个系统运行期间持续运行。因此，利用系统级服务作为服务端是实现保活机制的理想选择。通过本章的学习，我们可以进一步将各个服务与系统级服务通过Binder通信连接，并设置相应的死亡代理唤醒逻辑。这样，当客户端服务崩溃或出现异常时，后台运行的系统级服务能够立即响应并重启相关服务。

本章的实战任务是在第2章实战的基础上，建立一个更加完善的服务保活机制。具体步骤如下：

01 在客户端创建AIDL文件：

```
interface ICallBack {
}
```

02 创建对应的接口（注意接口文件和AIDL文件的路径一致）：

```
interface IWakeUp{
    void setCallBack(ICallBack cb);
}
```

03 服务端同步AIDL文件，确保路径一致。在DevicesService中添加如下方法实现：

```
IWakeUp.Stub mAidlInterface = new IWakeUp.Stub() {
        @Override
        public void setCallback(ICallBack var) throws RemoteException {
            var.asBinder().linkToDeath(new DeathRecipient() {
                @Override
                public void binderDied() {
```

```
                //客户端崩溃，重新绑定
                //BindService();
            }
        },0);
    }
};
```

04 客户端创建一个DeathRecipient对象，并在服务绑定成功后，为服务绑定死亡代理：

```
private IBinder.DeathRecipient mDeathProxy = new IBinder.DeathRecipient() {
    @Override
    public void binderDied() {
        //监听死亡，重新绑定
        mBinder.asBinder().unlinkToDeath(mDeathProxy, 0);
    }
};

private ServiceConnection conn = new ServiceConnection() {
    @Override
    public void onServiceConnected(ComponentName name, IBinder iBinder) {
        mBinder = IWakeUp.Stub.asInterface(iBinder);
        try {
            mBinder.asBinder().linkToDeath(mDeathProxy, 0);
        }catch (RemoteException e){
           e.printStackTrace();
        }
        try {
            mBinder.setCallback(mICallBack);
        } catch (RemoteException e) {
            e.printStackTrace();
        }
    }

    @Override
    public void onServiceDisconnected(ComponentName name) {

    }
};
```

由于服务端和客户端是跨进程通信的，因此可以通过设置Action形式来隐式绑定服务。代码实现相对简单，这里不再赘述。当你在后台关闭对应的服务时，服务端会接收到相应的回调，同时会唤起对应的服务。至此，我们的服务唤醒框架就构建完成了。

03

3.10 本章小结

本章深入介绍了Android系统中的Binder机制，这是实现跨进程通信的关键技术。我们详细探讨了Binder机制中涉及的不同角色，包括客户端、服务端等，并解释了它们在IPC中的作用。通过实际的Binder应用案例，我们进一步加深了对Binder概念和用法的理解。此外，本章还涉及了Messenger技术，作为AIDL之外的另一种IPC手段，拓宽了读者对Android IPC机制的认识。最后，我们从Binder机制的角度概述了系统服务中的通信过程，帮助读者理解Binder在Android系统中扮演的核心角色。

通过本章的学习，读者应该能够掌握如下知识点：

（1）Android系统中跨进程通信的常用方式及意义。

（2）Binder的使用方式及其特点。

（3）AIDL的使用方式及其特点。

（4）Messenger的使用方式及其特点。

（5）系统服务中常见的IPC通信方式。

第 4 章

CarLauncher

在Android设备中，许多预装应用（App）拥有较高的用户权限，且大多数情况下无法卸载。这些应用直接影响用户体验，我们通常将它们称为系统级App。Launcher是Android系统的桌面，是最重要的系统级App之一，通常也是用户开机后接触到的第一个可操作的带界面的App。它在本质上与普通App相似，界面同样是在Activity上绘制的。

与Android手机系统不同，在我们编译源码、启动模拟器、完成开机流程后，呈现给用户的是CarLauncher。虽然Launcher本身也是一个App，但它涉及的技术点比一般App更为复杂。作为AAOS系统的桌面，CarLauncher需要展示系统中所有用户可用App的入口，显示最近使用的App，并支持在桌面上动态显示如地图、音乐等各个App内部的信息。此外，它还需要能够在桌面上显示地图并与之进行简单的交互。

本章将引导读者深入了解CarLauncher，并提供实战案例，让读者体验CarLauncher的具体使用方法和功能。

4.1 CarLauncher 概述

原生的CarLauncher代码并不复杂，主要包括以下内容：

（1）默认显示快捷操作的首页，这些快捷操作对于普通App来说可以通过widget来实现，如图4-1所示。

（2）提供所有App入口的应用列表，如图4-2所示。

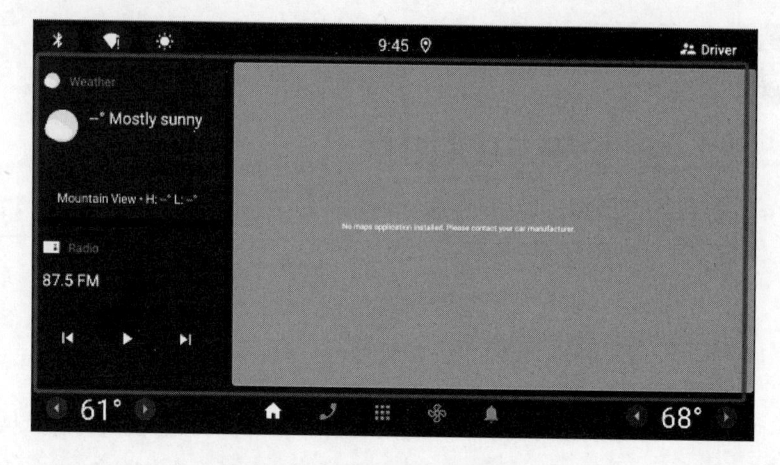

图 4-1　CarLauncher 的首页

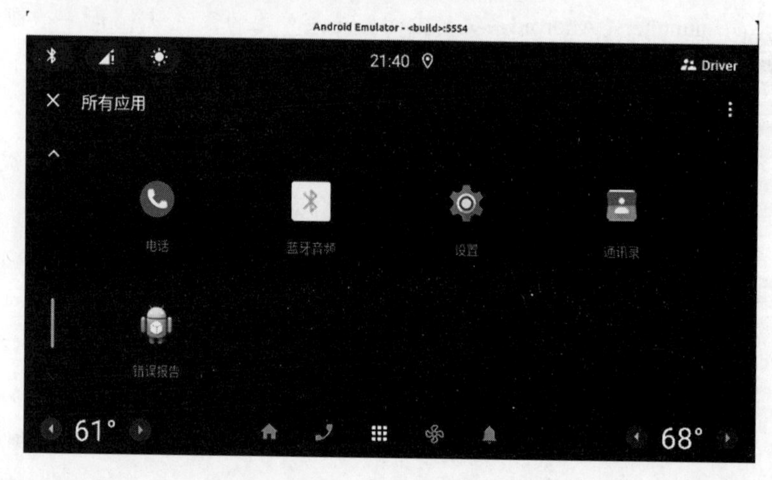

图 4-2　App 应用列表

（3）屏幕的顶部(状态栏)和底部(导航栏)属于SystemUI的内容，只有屏幕中间的部分才属于CarLauncher的内容。CarSystemUI下方的导航栏中有6个按钮，单击“首页”和“桌面”按钮会进入CarLauncher的界面，单击其他按钮则会进入其他App。

4.2　CarLauncher 源码结构分析

分析系统级应用的功能特点一般从android.bp文件开始。CarLauncher的android.bp文件相对简单，主要定义了CarLauncher的源码结构和依赖的类库。

```
android_app {
    name: "CarLauncher",
```

```
    resource_dirs: [],
    // 允许使用系统的隐藏api
    platform_apis: true,
    required: ["allowed_privapp_com.android.car.carlauncher"],
    // 签名类型: platform
    certificate: "platform",
    // 设定apk安装路径为priv-app
    privileged: true,
    // 覆盖其他类型的Launcher，只显示CarLauncher
    overrides: [
        "Launcher2",
        "Launcher3",
        "Launcher3QuickStep",
    ],
    // 引入静态库
    static_libs: ["CarLauncher-core"],

    libs: ["android.car"],

    optimize: {
        enabled: false,
    },

    dex_preopt: {
        enabled: false,
    },

    product_variables: {
        pdk: {
            enabled: false,
        },
    },
}
```

上述Android.bp文件中的overrides属性扮演着重要的角色，它用于指定在编译过程中需要覆盖的组件。例如，在系统编译时，通常用于手机ROM的启动器（如Launcher2、Launcher3和Launcher3QuickStep）将被CarLauncher所取代。这些传统启动器并不是车机系统的默认桌面，因为它们可能不满足车载环境的特殊需求。注意："车机系统"和"车载系统"这两个术语在不同的上下文中可能含义不同，但在大多数情况下，它们是可以互换使用的。更多强调系统的硬件平台时，使用"车机系统"更合适；想指代车辆中的各种系统和设备时，"车载系统"会更通用。

在默认的车载系统中，CarLauncher作为一个定制的桌面，会取代其他桌面成为系统的默认选择。如果开发者或制造商不希望使用系统中自带的CarLauncher，可以通过在Android.bp文件的overrides属性中进行指定来覆盖它。

在Manifest文件中，可以看到CarLauncher所需的权限以及入口Activity。

04

```
    ...
    <application
            android:icon="@drawable/ic_launcher_home"
            android:label="@string/app_title"
            android:theme="@style/Theme.Launcher"
            android:supportsRtl="true">
            <activity
                android:name=".CarLauncher"
                android:configChanges="uiMode|mcc|mnc"
                android:launchMode="singleTask"
                android:clearTaskOnLaunch="true"
                android:stateNotNeeded="true"
                android:resumeWhilePausing="true"
                android:exported="true"
                android:windowSoftInputMode="adjustPan">
                <meta-data android:name="distractionOptimized"
android:value="true"/>
                <intent-filter>
                    <action android:name="android.intent.action.MAIN"/>
                    <category android:name="android.intent.category.HOME"/>
                    <category android:name="android.intent.category.DEFAULT"/>
                    <category android:name="android.intent.category.LAUNCHER_APP"/>
                </intent-filter>
            </activity>
            <activity
                android:name=".ControlBarActivity"
                android:launchMode="singleInstance"
                android:clearTaskOnLaunch="true"
                android:stateNotNeeded="true"
                android:resumeWhilePausing="true"
                android:exported="true"
                android:windowSoftInputMode="adjustPan">
                <meta-data android:name="distractionOptimized"
android:value="true"/>
                <intent-filter>
                    <category android:name="android.intent.category.DEFAULT" />
                </intent-filter>
            </activity>
            <activity
                android:name=".AppGridActivity"
                android:launchMode="singleInstance"
                android:exported="true"
                android:theme="@style/Theme.Launcher.AppGridActivity">
                <meta-data android:name="distractionOptimized"
android:value="true"/>
                <intent-filter>
```

```
                <action
android:name="com.android.car.carlauncher.ACTION_APP_GRID"/>
                <category android:name="android.intent.category.DEFAULT"/>
            </intent-filter>
        </activity>
        <service android:name=".homescreen.audio.telecom.InCallServiceImpl"
                 android:permission="android.permission.BIND_INCALL_SERVICE"
                 android:exported="true">
            <!-- The home app does not display the in-call UI. This is handled by
the
            Dialer application.-->
            <meta-data android:name="android.telecom.IN_CALL_SERVICE_UI"
android:value="false"/>
            <meta-data
android:name="android.telecom.IN_CALL_SERVICE_CAR_MODE_UI" android:value="false"/>
            <intent-filter>
                <action android:name="android.telecom.InCallService"/>
            </intent-filter>
        </service>
    </application>
    ...
```

分析一个App的最好方式是从Manifest文件入手，我们先从其中的一些标签开始。

1）queries

<queries/>用于指定当前应用程序希望与之交互的其他应用程序集。这有助于收紧应用权限，确保应用只能与特定的其他应用交互。可以通过package、provider等子元素来指定这些应用。例如：

```
<queries>
    <package android:name="string" />
    <provider android:authorities="list" />
    ...
</queries>
```

2）CarLauncher

首页快捷操作功能区域，也是车机系统开机后，用户接触到的第一个默认界面。CarLauncher的本质是个FragmentActivity，FragmentActivity是专门为支持Fragment功能而设计的Activity的子类。此类使用TaskView托管映射内容并将其在卡片中显示出来。

源码位置：packages/apps/Car/Launcher/src/com/android/car/carlauncher/CarLauncher。

```
public class CarLauncher extends FragmentActivity {

    @Override
    protected void onCreate(Bundle savedInstanceState) {
        super.onCreate(savedInstanceState);
```

```
        ...

        // 设置窗口属性为可覆盖，并可触摸
        getWindow().addPrivateFlags(PRIVATE_FLAG_TRUSTED_OVERLAY);
        // 将用户的触摸等事件传递下去
        getWindow().addFlags(WindowManager.LayoutParams.FLAG_NOT_TOUCH_MODAL);

        // 多窗口模式下不显示默认的“地图”卡片
        if (isInMultiWindowMode() || isInPictureInPictureMode()) {
            setContentView(R.layout.car_launcher_multiwindow);
        } else {
            setContentView(R.layout.car_launcher);
            // We don't want to show Map card unnecessarily for the headless user 0.
            if (!UserHelperLite.isHeadlessSystemUser(getUserId())) {
                ViewGroup mapsCard = findViewById(R.id.maps_card);
                if (mapsCard != null) {
                    setUpTaskView(mapsCard);
                }
            }
        }
        initializeCards(); //通过反射的方式设置多媒体等卡片信息
    }

    @Override
    public void onConfigurationChanged(Configuration newConfig) {
        super.onConfigurationChanged(newConfig);
        if (CarLauncherUtils.isCustomDisplayPolicyDefined(this)) {
            return;
        }
        initializeCards(); //重新设置多媒体等卡片信息
    }
    ...
}
```

CarLauncher的主要作用是判断并加载各种卡片信息，包括天气地图卡片等。如果用户设置了屏幕上的卡片策略（去除地图卡片等），则跳转到ControlBarActivity界面。

源码位置：packages/apps/Car/Launcher/src/com/android/car/carlauncher/ControlBarActivity。

```
public class ControlBarActivity extends FragmentActivity {
    ...
    @Override
    protected void onCreate(Bundle savedInstanceState) {
        super.onCreate(savedInstanceState);

        // 设置窗口属性为可触摸，并将用户的触摸等事件传递下去
        getWindow().addPrivateFlags(PRIVATE_FLAG_TRUSTED_OVERLAY);
        getWindow().addFlags(WindowManager.LayoutParams.FLAG_NOT_TOUCH_MODAL);
```

```
        setContentView(R.layout.control_bar_container);
        initializeCards();//通过反射的方式设置卡片信息
    }
    @Override
    public void onConfigurationChanged(Configuration newConfig) {
        super.onConfigurationChanged(newConfig);
        initializeCards();//重新设置卡片信息
    }
... }
```

ControlBarActivity中的逻辑更为简单，只有设置默认卡片的逻辑。在清单文件中，CarLauncher有个android:clearTaskOnLaunch = "true"的属性。

此属性设置为true时，每次用户从主屏幕启动应用时，都会清除任务栈中所有在此Activity之上的Activity。也就是说，当用户按Home键后，再次启动应用时，会直接回到这个Activity，而不是回到用户上次停止应用时所在的Activity。此属性设置为false时，应用的启动行为会保持任务的状态，用户按Home键后，再次启动应用时，会回到用户上次停止应用时所在的Activity。

此外，清单文件中的CarLauncher还有一个重要的属性需要关注一下，即android:configChanges。

关于android:configChanges的可设置参数有很多，可直接参考表4-1。

表 4-1　android:configChanges 的可设置参数

参　　数	说　　明
mcc	国际移动用户识别码（Mobile Country Code）的国家代号发生了改变。当检测到 SIM 卡上的 MCC 发生变化时，应用需更新 MCC。MCC 是移动用户所属国家的代号
mnc	国际移动用户识别码的移动网号码（Mobile Network Code）发生了改变。当检测到 SIM 卡上的 MNC 发生变化时，应用需更新 MNC。MNC 由最多两位数字组成，用于识别移动用户所归属的移动通信网
locale	用户所在区域发生变化，一般精确到国家
touchscreen	触摸屏的类型或功能发生了改变
keyboard	键盘的类型或功能发生了改变，例如用户接入了外部键盘
keyboardHidden	键盘的可见性或可用性发生了改变
navigation	导航设备的类型或功能发生了改变
screenLayout	屏幕的布局发生了变化，例如激活了不同的显示模式
fontScale	字体比例发生了变化，例如用户选择了不同的全局字体大小
uiMode	用户界面模式发生了变化，例如切换到夜间模式
orientation	屏幕方向发生了改变，例如从竖屏切换到横屏
smallestScreenSize	屏幕的物理尺寸发生了改变，例如连接到一个外部屏幕

3）AppGridActivity

在CarLauncher中，AppGridActivity页面用于显示系统中所有的App，为用户提供使用入口。其主要功能是显示系统中所有的App（可以选择性地不显示特定App），并向用户提供系统中所有的App入口。

源码位置：packages/apps/Car/Launcher/src/com/android/car/carlauncher/AppGridActivity。

```
    public class AppGridActivity extends Activity implements InsetsChangedListener {
        ...
        //car Service的回调监听
        private ServiceConnection mCarConnectionListener = new ServiceConnection() {
            @Override
            public void onServiceConnected(ComponentName name, IBinder service) {
                try {
                    mCarUxRestrictionsManager = (CarUxRestrictionsManager)
mCar.getCarManager(
                            Car.CAR_UX_RESTRICTION_SERVICE);
                    mGridAdapter.setIsDistractionOptimizationRequired(
                            mCarUxRestrictionsManager
                                    .getCurrentCarUxRestrictions()
                                    .isRequiresDistractionOptimization());
                    mCarUxRestrictionsManager.registerListener(
                            restrictionInfo ->
                                    mGridAdapter.setIsDistractionOptimizationRequired(
                                            restrictionInfo.
isRequiresDistractionOptimization()));

                    mCarPackageManager = (CarPackageManager) mCar.getCarManager
(Car.PACKAGE_SERVICE);
                    mCarMediaManager = (CarMediaManager) mCar.getCarManager
(Car.CAR_MEDIA_SERVICE);
                    updateAppsLists(); //更新应用列表、最近使用的应用列表
                } catch (CarNotConnectedException e) {
                    Log.e(TAG, "Car not connected in CarConnectionListener", e);
                }
            }

            @Override
            public void onServiceDisconnected(ComponentName name) {
                mCarUxRestrictionsManager = null;
                mCarPackageManager = null;
            }
        };

        @Override
        protected void onCreate(@Nullable Bundle savedInstanceState) {
```

```
        super.onCreate(savedInstanceState);
        ...
        setContentView(R.layout.app_grid_activity);
        ...
        mGridAdapter = new AppGridAdapter(this); //声明填充的Adapter对象
        CarUiRecyclerView gridView = requireViewById(R.id.apps_grid); //应用列表
其实就是CarUiRecyclerView
        GridLayoutManager gridLayoutManager = new GridLayoutManager(this,
mColumnNumber);
        gridLayoutManager.setSpanSizeLookup(new SpanSizeLookup() {
            @Override
            public int getSpanSize(int position) {
                return mGridAdapter.getSpanSizeLookup(position);
            }
        });
        gridView.setLayoutManager(gridLayoutManager);//设置自定义LayoutManager
        gridView.setAdapter(mGridAdapter);
    }

    @Override
    protected void onDestroy() {
        if (mCar != null && mCar.isConnected()) {
            mCar.disconnect(); //断开car Service
            mCar = null;
        }
        super.onDestroy();
    }

    @Override
    protected void onResume() {
        super.onResume();
        //此页面可见时，也刷新一遍App列表和最近使用列表
        updateAppsLists();
    }

    /** 更新App列表和最近使用列表*/
    private void updateAppsLists() {
        Set<String> appsToHide = mShowAllApps ? Collections.emptySet() :
mHiddenApps;
        LauncherAppsInfo appsInfo =
AppLauncherUtils.getLauncherApps(getApplicationContext(),
                appsToHide,
                mCustomMediaComponents,
                mMode.mAppTypes,
                mMode.mOpenMediaCenter,
```

04

```
                getSystemService(LauncherApps.class),
                mCarPackageManager,
                mPackageManager,
                new AppLauncherUtils.VideoAppPredicate(mPackageManager),
                mCarMediaManager);
        mGridAdapter.setAllApps(appsInfo.getLaunchableComponentsList());
        mGridAdapter.setMostRecentApps(getMostRecentApps(appsInfo));
    }

    @Override
    protected void onStart() {
        super.onStart();
        // 注册App安装/卸载广播，以便于在App数量发生变化时能及时更新应用列表
        mInstallUninstallReceiver = new AppInstallUninstallReceiver();
        IntentFilter filter = new IntentFilter();
        filter.addAction(Intent.ACTION_PACKAGE_ADDED);
        filter.addAction(Intent.ACTION_PACKAGE_CHANGED);
        filter.addAction(Intent.ACTION_PACKAGE_REPLACED);
        filter.addAction(Intent.ACTION_PACKAGE_REMOVED);
        filter.addDataScheme("package");
        registerReceiver(mInstallUninstallReceiver, filter);

        //与 car service 开启通信
        mCar.connect();
    }
    @Override
    protected void onStop() {
        super.onStop();
        ...
    }

    /**
     * 获取最新使用的App列表
     */
    private List<AppMetaData> getMostRecentApps(LauncherAppsInfo appsInfo) {
        ...
        stats.sort(new LastTimeUsedComparator());//根据"上次使用"时间进行排序
        ...
        while (itemsAdded < itemCount && currentIndex < statsSize) {
            UsageStats usageStats = stats.get(currentIndex);
            String packageName = usageStats.mPackageName;
            currentIndex++;

            // 排除CarLauncher自身
            if (packageName.equals(getPackageName())) {
                continue;
            }
          ...
```

```
            // 除去媒体服务的后台和启动器检查
            if (!appsInfo.isMediaService(componentName)) {
                // 不包括只在后台运行的App
                if (usageStats.getTotalTimeInForeground() == 0) {
                    continue;
                }
                // 不包括不支持从Launcher启动的App
                Intent intent =
getPackageManager().getLaunchIntentForPackage(packageName);
                if (intent == null
|| !intent.hasCategory(Intent.CATEGORY_LAUNCHER)) {
                    continue;
                }
            }
            AppMetaData app = appsInfo.getAppMetaData(componentName);
            // 避免重复数据填充
            if (app != null && !apps.contains(app)) {
                apps.add(app);
                itemsAdded++;
            }
        }
        return apps;//遍历后生成的apps对象才是最终数据
    }

    private class AppInstallUninstallReceiver extends BroadcastReceiver {
        @Override
        public void onReceive(Context context, Intent intent) {
            String packageName = intent.getData().getSchemeSpecificPart();

            if (TextUtils.isEmpty(packageName)) {
                Log.e(TAG, "System sent an empty app install/uninstall broadcast");
                return;
            }

            updateAppsLists(); //接收到App安装/卸载的广播后更新App列表等
        }
    }
    ...
}
```

从AppGridActivity的代码中不难看出，与用户交互最多的是填充了App数据的CarUiRecyclerView。CarUiRecyclerView是Google所推出的Car-UI库中的控件之一，其本身继承RecyclerView，因此其用法与RecyclerView一致，设置对应的Adapter，并及时刷新数据，就能为用户展现App列表界面。当然，Car-UI库不止这一个控件，感兴趣的读者可以访问https://source.android.google.cn/docs/automotive/hmi/car_ui获取更多信息。

在获取最近使用的App列表的过程中不难发现，CarLauncher中筛选所有App的方法都集中在AppLauncherUtils中。因此，熟悉AppLauncherUtils中的内容更能让我们熟悉应用过滤规则。

源码位置：packages/apps/Car/Launcher/src/com/android/car/carlauncher/AppLauncherUtils。

```
public class AppLauncherUtils {
    ...

    /**
     * 根据displayName属性进行升序排列的自定义比较器
     */
    static final Comparator<AppMetaData> ALPHABETICAL_COMPARATOR = Comparator
            .comparing(AppMetaData::getDisplayName,
String::compareToIgnoreCase);

    /**
     *  控制Activity显示在对应屏幕上
     */
    static void launchApp(Context context, Intent intent) {
        ActivityOptions options = ActivityOptions.makeBasic();
        options.setLaunchDisplayId(context.getDisplayId());
        context.startActivity(intent, options.toBundle());
    }

    //绑定App和服务等信息
    static class LauncherAppsInfo {
        /*
         * 包含ComponentName和App媒体服务信息的map
         */
        private final Map<ComponentName, AppMetaData> mLaunchables;

        //包含ComponentName和ResolveInfo信息的媒体服务map
        private final Map<ComponentName, ResolveInfo> mMediaServices;

        LauncherAppsInfo(@NonNull Map<ComponentName, AppMetaData>
launchablesMap,
                @NonNull Map<ComponentName, ResolveInfo> mediaServices) {
            mLaunchables = launchablesMap;
            mMediaServices = mediaServices;
        }

        //判断是否没有绑定媒体服务等信息
        boolean isEmpty() {
            return mLaunchables.isEmpty() && mMediaServices.isEmpty();
        }

        //根据componentName判断返回的是否为媒体服务
        boolean isMediaService(ComponentName componentName) {
            return mMediaServices.containsKey(componentName);
```

```
        }

        //根据componentName返回对应的AppMetaData
        @Nullable
        AppMetaData getAppMetaData(ComponentName componentName) {
            return mLaunchables.get(componentName);
        }

        //返回可启动的包含AppMetaData信息的新泛型列表
        @NonNull
        List<AppMetaData> getLaunchableComponentsList() {
            return new ArrayList<>(mLaunchables.values());
        }
    }
    ...
    // 根据包名来获取其中的媒体服务信息
    static ComponentName getMediaSource(@NonNull PackageManager packageManager,
            @NonNull String packageName) {
        Intent mediaIntent = new Intent();
        mediaIntent.setPackage(packageName);
        mediaIntent.setAction(MediaBrowserService.SERVICE_INTERFACE);

        List<ResolveInfo> mediaServices =
packageManager.queryIntentServices(mediaIntent,
                PackageManager.GET_RESOLVED_FILTER);

        if (mediaServices == null || mediaServices.isEmpty()) {
            return null;
        }
        String defaultService = mediaServices.get(0).serviceInfo.name;   //只获
取第一个服务信息
        if (!TextUtils.isEmpty(defaultService)) {
            return new ComponentName(packageName, defaultService);
        }
        return null;
    }

    /**
     * 返回包括启动器活动和媒体服务在内的未排序的所有组件
     *
     * @param appsToHide              隐藏App列表
     * @param customMediaComponents   不应在Launcher中显示的媒体组件列表
     * @param appTypes                要显示的应用程序类型
     * @param openMediaCenter         当用户选择媒体源时，启动器是否应导航到media center
     * @param launcherApps            android.content.pm包下的系统服务
     * @param carPackageManager       Car包管理器，系统服务
     * @param packageManager          包管理器，系统服务
     * @param videoAppPredicate       可排除的媒体服务
```

```
     * @param carMediaManager        Car媒体管理器，系统服务之一
     */
    @NonNull
    static LauncherAppsInfo getLauncherApps(
            Context context,
            @NonNull Set<String> appsToHide,
            @NonNull Set<String> customMediaComponents,
            @AppTypes int appTypes,
            boolean openMediaCenter,
            LauncherApps launcherApps,
            CarPackageManager carPackageManager,
            PackageManager packageManager,
            @NonNull Predicate<ResolveInfo> videoAppPredicate,
            CarMediaManager carMediaManager) {

        if (launcherApps == null || carPackageManager == null || packageManager
== null
                || carMediaManager == null) {
            return EMPTY_APPS_INFO;    //返回空应用信息
        }

        ...

        // 遍历获取媒体服务进程
        if ((appTypes & APP_TYPE_MEDIA_SERVICES) != 0) {
            for (ResolveInfo info : mediaServices) {
                ...
                if (shouldAddToLaunchables(componentName, appsToHide,
                        customMediaComponents, appTypes, APP_TYPE_MEDIA_SERVICES)) {
                    final boolean isDistractionOptimized = true;

                    Intent intent = new
Intent(Car.CAR_INTENT_ACTION_MEDIA_TEMPLATE);
                    intent.putExtra(Car.CAR_EXTRA_MEDIA_COMPONENT,
componentName.flattenToString());
        // 获取App的名称、图标等信息
                    AppMetaData appMetaData = new AppMetaData(
                        info.serviceInfo.loadLabel(packageManager),
                        componentName,
                        info.serviceInfo.loadIcon(packageManager),
                        isDistractionOptimized,
                        contextArg -> {
                            if (openMediaCenter) {
                                AppLauncherUtils.launchApp(contextArg, intent);
                            } else {
                                selectMediaSourceAndFinish(contextArg,
                                        componentName, carMediaManager);
                            }
```

```
                },
                /* alternateLaunchCallback */ null);
            launchablesMap.put(componentName, appMetaData);
        }
    }
}

// 遍历获取 activity 进程
if ((appTypes & APP_TYPE_LAUNCHABLES) != 0) {
    for (LauncherActivityInfo info : availableActivities) {
        ...
        if (shouldAddToLaunchables(componentName, appsToHide,
                customMediaComponents,appTypes, APP_TYPE_LAUNCHABLES)) {
            ...
            launchablesMap.put(componentName, appMetaData);
        }
    }

    List<ResolveInfo> disabledActivities = getDisabledActivities(context,
            packageManager, mEnabledPackages);
    for (ResolveInfo info : disabledActivities) {
        ...
        launchablesMap.put(componentName, appMetaData);
    }
}

return new LauncherAppsInfo(launchablesMap, mediaServicesMap);
}

...
//判断是否应该添加到Launcher列表中
private static boolean shouldAddToLaunchables(@NonNull ComponentName
componentName,
        @NonNull Set<String> appsToHide,
        @NonNull Set<String> customMediaComponents,
        @AppTypes int appTypesToShow,
        @AppTypes int componentAppType) {
    if (appsToHide.contains(componentName.getPackageName())) {
        return false;
    }
    switch (componentAppType) {
        // 媒体服务进程
        case APP_TYPE_MEDIA_SERVICES:
            // customMediaComponents中的服务，如果其App已经在Launcher中有图标了，
则不显示对应服务icon
            if (customMediaComponents.contains(componentName.
flattenToString())
                    && (appTypesToShow & APP_TYPE_LAUNCHABLES) != 0) {
```

```
                return false;
            }
            return true;
        // 普通App进程
        case APP_TYPE_LAUNCHABLES:
            return true;
        default:
            Log.e(TAG, "Invalid componentAppType : " + componentAppType);
            return false;
        }
    }
    /**
     * 根据包名判断此App是否通过了分心驾驶优化
     * (Google推崇车载App遵守指南以防止驾驶员分心)
     */
    static boolean isActivityDistractionOptimized(
        CarPackageManager carPackageManager, String packageName, String
activityName) {
        boolean isDistractionOptimized = false;
        // try getting distraction optimization info
        try {
            if (carPackageManager != null) {
                isDistractionOptimized =
                        carPackageManager.isActivityDistractionOptimized
(packageName, activityName);
            }
        } catch (CarNotConnectedException e) {
            Log.e(TAG, "Car not connected when getting DO info", e);
        }
        return isDistractionOptimized;
    }
}
```

AppLauncherUtils中的重要逻辑就是过滤显示在应用列表中的数据。至此，AppGridActivity完成了App列表筛选并显示的工作。

4.3　CarLauncher与FocusArea

如4.2节介绍的，CarLauncher实质上是个Activity。Activity都是在onCreate中进行一系列初始化工作的。因此，我们从CarLauncher的布局文件和onCreate方法开始分析。与Launcher3一样，CarLauncher也有横屏和竖屏两种布局，这里以默认的横向布局为例来介绍。

```
<androidx.constraintlayout.widget.ConstraintLayout
    xmlns:android="http://schemas.android.com/apk/res/android"
    xmlns:app="http://schemas.android.com/apk/res-auto"
    xmlns:tools="http://schemas.android.com/tools"
    android:layout_width="match_parent"
    android:layout_height="match_parent"
    android:layoutDirection="ltr"
    tools:context=".CarLauncher">
    <com.android.car.ui.FocusParkingView
        android:layout_width="wrap_content"
        android:layout_height="wrap_content"/>
    <!-- 左上角顶部区域 -->
    <com.android.car.ui.FocusArea
        android:id="@+id/top_card"
        android:layout_width="0dp"
        android:layout_height="0dp"
        android:layout_marginRight="@dimen/main_screen_widget_margin"
        android:layout_marginBottom="@dimen/main_screen_widget_margin"
        android:layoutDirection="locale"
        app:layout_constraintLeft_toLeftOf="parent"
        app:layout_constraintTop_toTopOf="parent"
        app:layout_constraintRight_toLeftOf="@+id/bottom_card"
        app:layout_constraintBottom_toTopOf="@+id/maps_card"/>
    <!-- 左下角底部区域 -->
    <com.android.car.ui.FocusArea
        android:id="@+id/bottom_card"
        android:layout_width="0dp"
        android:layout_height="0dp"
        android:layout_marginBottom="@dimen/main_screen_widget_margin"
        android:layoutDirection="locale"
        app:layout_constraintLeft_toRightOf="@+id/top_card"
        app:layout_constraintTop_toTopOf="parent"
        app:layout_constraintRight_toRightOf="parent"
        app:layout_constraintBottom_toTopOf="@+id/maps_card"/>
    <!-- 右边导航卡片 -->
    <androidx.cardview.widget.CardView
        android:id="@+id/maps_card"
        style="@style/CardViewStyle"
        android:layout_width="0dp"
        android:layout_height="0dp"
        android:layoutDirection="locale"
        app:layout_constraintLeft_toLeftOf="parent"
        app:layout_constraintTop_toBottomOf="@+id/bottom_card"
        app:layout_constraintBottom_toBottomOf="parent"
        app:layout_constraintRight_toRightOf="parent"/>
</androidx.constraintlayout.widget.ConstraintLayout>
```

此布局中的FocusParkingView和FocusArea常会让应用开发者感到困惑，但其实这是Google官方为支持旋转输入所提供的API，常常配合车载硬件的旋钮一起使用。如果想使用此API，需要集成4.2节中介绍过的Car-UI库（车载设备界面库）。FocusParkingView是一个透明视图，RotaryService会使用此视图来支持旋控器导航。在使用它的时候需要注意，FocusParkingView必须是布局中的第一个可聚焦视图，且必须放置在所有FocusArea之外。

FocusAreas用于将可聚焦视图划分为多块区域，在Car-UI库中，FocusArea是car-ui-library中的LinearLayout的子类。FocusArea的工作原理如下：

（1）处理旋转和微移操作时，RotaryService会在视图层次结构中查找 FocusArea 的实例。

（2）收到旋转事件时，RotaryService会将焦点移动到同一个FocusArea中可以获得焦点的另一个视图上。

（3）收到微移事件时，RotaryService会将焦点移动到另一个（通常是相邻的）FocusArea中可以获得焦点的另一个视图上。

对应地，车机模拟器可以通过旋钮模拟器来模拟旋扭交互，仅需两步操作：

01 点击模拟器工具栏底部的三点状图标，如图4-3所示。

02 在Extended Controls界面中选择 Car rotary，如图4-4所示。

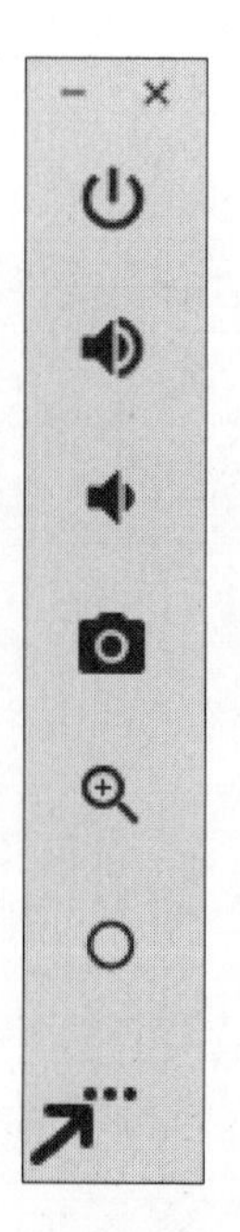

图4-3　模拟器设置

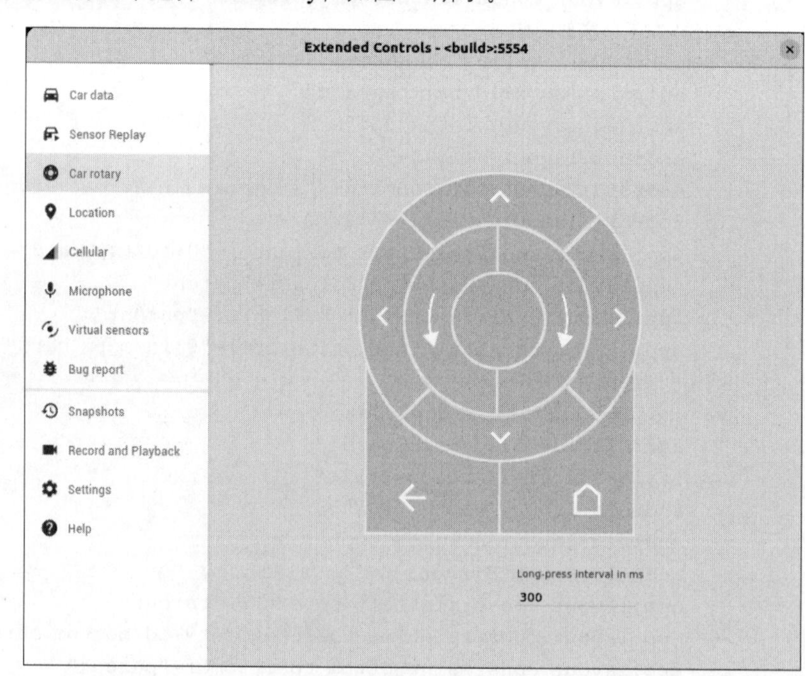

图4-4　旋钮界面

在布局上，除这种特殊的FocusArea外，CarLauncher的其余布局特点与普通App差异不大，这里不再赘述。

4.4　CarLauncher 实战

在日常开发过程中，Launcher模块经常需要根据需求在应用列表中隐藏特定的App。目前，我们需要实现这一功能。错误报告App是本次ROM设计中必须包含的模块，但为了不让用户察觉，我们需要通过Launcher来隐藏其入口。以下是实现此需求的步骤。

首先，打开Launcher查看所有应用列表，我们会看到原生的错误报告App显示在其中，如图4-2所示。虽然此App最终会将数据上报给Google官方，但在实际使用中，它几乎不会发挥作用，反而可能给用户带来不便。因此，移除此App是必要的。

实现这一需求并不复杂。我们可以在AppLauncherUtils类中找到用于判断和筛选App的逻辑。接下来，在关键代码段添加如下日志记录，以便于观察程序运行时的输出：

```
    ...
    if ((appTypes & APP_TYPE_LAUNCHABLES) != 0) {
            for (LauncherActivityInfo info : availableActivities) {
                ComponentName componentName = info.getComponentName();
                String packageName = componentName.getPackageName();
                mEnabledPackages.add(packageName);
                Log.i("zwx1","get package name : "+packageName);
                if (shouldAddToLaunchables(componentName, appsToHide,
                        customMediaComponents,
                        appTypes, APP_TYPE_LAUNCHABLES)) {
                    boolean isDistractionOptimized =
                        isActivityDistractionOptimized(carPackageManager,
                            packageName, info.getName());

                    Intent intent = new Intent(Intent.ACTION_MAIN)
                        .setComponent(componentName)
                        .addCategory(Intent.CATEGORY_LAUNCHER)
                        .setFlags(Intent.FLAG_ACTIVITY_NEW_TASK);

                    AppMetaData appMetaData = new AppMetaData(
                        info.getLabel(),
                        componentName,
                        info.getBadgedIcon(0),
                        isDistractionOptimized,
                        contextArg -> AppLauncherUtils.launchApp(contextArg,
intent),
                        /* alternateLaunchCallback */ null);
```

```
                    launchablesMap.put(componentName, appMetaData);
                }
            }
    }
    ...
```

如果需要单独编译Launcher模块源码，可以直接在CarLauncher目录下输入命令mm即可：

```
android@android-machine:~/aosp/packages/apps/Car/Launcher$ mm CarLauncher -j4
```

完成Launcher模块的编译后，接下来需要对源码重新进行编译。得益于之前的编译过程，这次编译将会更加迅速。源码编译完成后，请重新执行模拟器启动命令emulator。在Android Studio的控制台中，你将看到对应的日志输出，具体如图4-5所示。

```
2024-05-10 21:27:43.445  1973-1973  zwx1    com.android.car.carlauncher  I  get package name : com.android.car.settings
2024-05-10 21:27:43.533  1973-1973  zwx1    com.android.car.carlauncher  I  get package name : com.android.calendar
2024-05-10 21:27:43.553  1973-1973  zwx1    com.android.car.carlauncher  I  get package name : com.android.car.dialer
2024-05-10 21:27:43.561  1973-1973  zwx1    com.android.car.carlauncher  I  get package name : com.android.car.radio
2024-05-10 21:27:43.566  1973-1973  zwx1    com.android.car.carlauncher  I  get package name : com.android.contacts
2024-05-10 21:27:43.600  1973-1973  zwx1    com.android.car.carlauncher  I  get package name : com.android.deskclock
2024-05-10 21:27:43.649  1973-1973  zwx1    com.android.car.carlauncher  I  get package name : com.android.gallery3d
2024-05-10 21:27:43.700  1973-1973  zwx1    com.android.car.carlauncher  I  get package name : com.android.car.bugreport
2024-05-10 21:27:43.801  1973-1973  zwx1    com.android.car.carlauncher  I  get package name : com.android.car.cartelemetryapp
2024-05-10 21:27:43.815  1973-1973  zwx1    com.android.car.carlauncher  I  get package name : com.android.car.messenger
2024-05-10 21:27:43.821  1973-1973  zwx1    com.android.car.carlauncher  I  get package name : com.android.documentsui
2024-05-10 21:27:44.067  1973-1973  zwx1    com.android.car.carlauncher  I  get package name : com.android.quicksearchbox
2024-05-10 21:27:44.073  1973-1973  zwx1    com.android.car.carlauncher  I  get package name : com.google.android.car.adaslocation
2024-05-10 21:27:44.078  1973-1973  zwx1    com.android.car.carlauncher  I  get package name : com.google.android.car.garagemode.testapp
2024-05-10 21:27:44.118  1973-1973  zwx1    com.android.car.carlauncher  I  get package name : com.google.android.car.kitchensink
2024-05-10 21:27:44.158  1973-1973  zwx1    com.android.car.carlauncher  I  get package name : com.google.android.car.networking.preferenceupdater
2024-05-10 21:27:44.182  1973-1973  zwx1    com.android.car.carlauncher  I  get package name : com.google.android.car.networking.railway
2024-05-10 21:27:44.255  1973-1973  zwx1    com.android.car.carlauncher  I  get package name : org.chromium.webview_shell
```

图 4-5　Android Studio 上对应显示的日志

在打印的日志中，我们可以识别出需要屏蔽的应用的包名。为了实现这一功能，我们需要在判断逻辑中添加对该包名的检查：

```
if (shouldAddToLaunchables(componentName, appsToHide, customMediaComponents,
                appTypes, APP_TYPE_LAUNCHABLES)
            && !"com.android.car.bugreport".equals(packageName)) {
    ...
}
```

完成代码修改后，重新编译项目，并再次构建源码。编译完成后，你将发现错误报告App已从应用列表中消失（如预期一样），具体效果如图4-6所示。

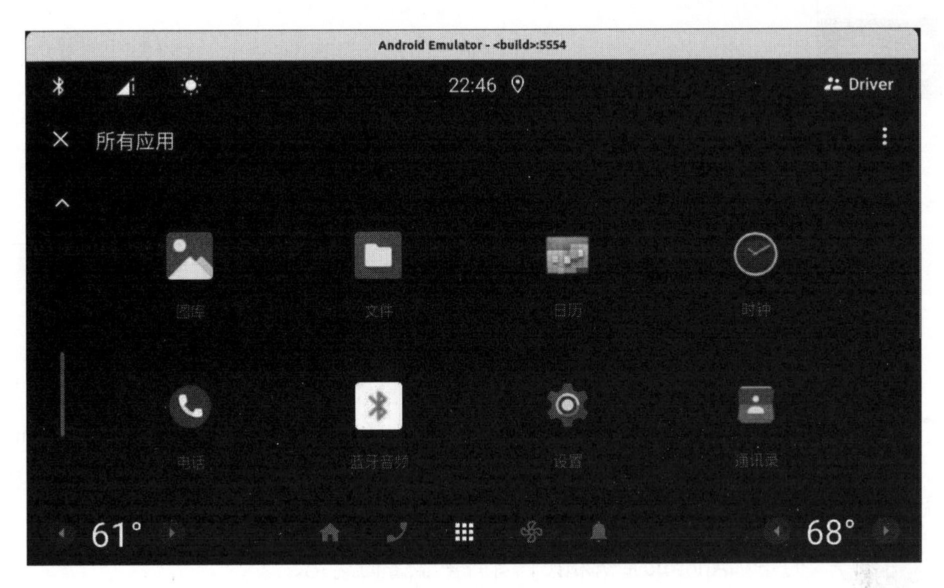

图 4-6　错误报告 App 消失了

4.5　本章小结

本章带领读者熟悉了Android系统中的CarLauncher模块，详细阐述了CarLauncher模块的交互功能、界面布局以及源码结构中的关键方法等。通过本章的学习，读者应该掌握如下知识点：

（1）全面理解CarLauncher的启动机制和作用。

（2）明确在用户交互界面中，哪些部分是由CarLauncher模块负责的。

（3）掌握CarLauncher源码结构，能够独立进行编译。

（4）明白CarLauncher模块的定制修改方法。

第 5 章 CarSystemUI

SystemUI（System User Interface，系统级用户交互界面）与Launcher一样，是Android系统中最重要的系统级服务之一。随着车载智能座舱技术的不断进步，以及新能源车型引领的大屏化趋势，AAOS（Android Automotive OS）与传统的手机Android系统相比，有许多显著的变化。

在Android系统中，SystemUI是一个关键的系统级应用程序，由system_server进程启动，负责提供用户与系统交互的界面。与手机Android系统中的SystemUI相比，CarSystemUI在功能和设计上有一些特定的差异。

本章将引导读者深入了解专为车载系统设计的CarSystemUI，探索其独特的用户交互界面和功能。

5.1 走进 CarSystemUI

Android Automotive提供了一套专为车辆环境设计的全新系统界面，称为CarSystemUI。这套系统界面的大部分组件都与框架服务紧密集成。在这里，系统界面指的是所有在屏幕上显示，但不属于任何特定应用的元素。

CarSystemUI是Android标准系统界面（SystemUI）的一个扩展，它在SystemUI包的基础上进行了定制，以适应车辆特有的使用场景和需求。这种扩展使得Automotive系统界面能够提供专为车辆定制的用户体验。

Automotive系统界面的专用组件如表5-1所示。

表 5-1　Automotive 系统界面的专用组件

锁屏界面	用户通过此界面向特定用户账号验证身份
导航栏	一种系统栏，可位于屏幕的左侧、底部或右侧，包含导航至不同应用、切换通知面板以及提供车辆控制（例如 HVAC）的按钮。与 Android 标准系统界面的实现不同，后者通常包括返回、主屏幕和最近使用应用的按钮
状态栏	沿屏幕顶部放置的系统栏，通常用作导航栏。状态栏还提供以下功能：连接图标（包括蓝牙、WiFi 和热点/移动网络连接）、下拉通知面板（例如，从屏幕顶部向下滑动以访问）、浮动通知（HUN）
系统界面	指屏幕上显示的任何不属于应用的元素，包括但不限于导航栏、状态栏等
用户切换器界面	用户可通过此界面选择切换至其他用户账号
音量界面	当司机使用实体音量按钮调整设备音量时，会显示相应的对话框

对系统级应用开发有过了解的读者想必对SystemUI（系统用户界面）并不陌生，CarSystemUI与其关系更是密不可分，从CarSystemUI的Android.bp构建文件中就可看出一二。

源码位置：/packages/apps/Car/SystemUI/Android.bp。

```
android_library {
    ...
    static_libs: [
        "SystemUI-core",
        "CarNotificationLib",
        "SystemUIPluginLib"
        ...
    ]
}
```

从这里可以看出，System被CarSystemUI当作静态库引用。从另一方面来说，CarSystemUI是SystemUI的一个扩展，CarSystemUI可以利用并替换SystemUI包中的类和资源。然而，CarSystemUI与原生SystemUI在很多方面有显著不同。主要区别包括：

- 位置差异。原生 SystemUI 项目位于 /frameworks/base/packages/SystemUI 目录，而车载SystemUI项目位于/packages/apps/Car/SystemUI目录。
- 编译方式。原生SystemUI可以独立编译成SystemUI.apk文件，而CarSystemUI无法独立编译。它必须在依赖原生 SystemUI 的基础上进行编译，才能生成CarSystemUI.apk文件。在CarSystemUI的Android.bp构建文件中就已经声明了二者的关系。

5.2　CarSystemUI功能介绍

CarSystemUI提供了一系列专为车载环境设计的界面功能，主要功能及其对应的类如下。

1. 状态栏

状态栏（CarStatusBar）负责显示时间、电量、信号、通知等状态信息，如图5-1所示。

图5-1　状态栏

2. 导航栏

导航栏（NavigationBar）显示返回、主页、最近任务、空调温度等按钮。在车载Android系统中，导航栏通常被称为Dock栏（DockBar），主要负责显示车控、主页、蓝牙电话、温度调节等常用功能的快捷控制和入口，如图5-2所示。

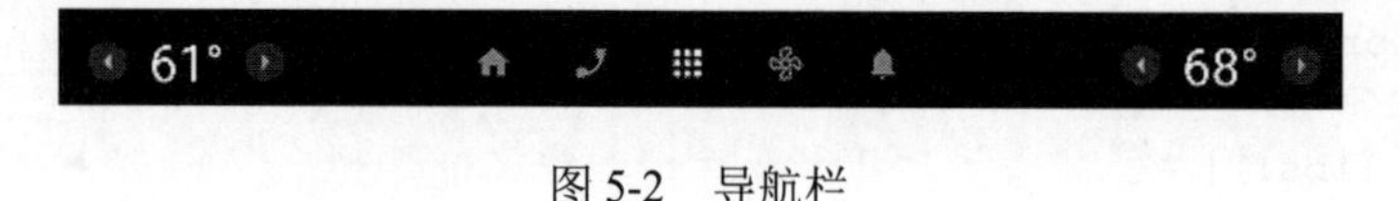

图5-2　导航栏

3. 通知栏

通知栏（NotificationPanel）用于显示、控制通知。通知栏通常会与消息中心合并成一个独立的App。

4. 快捷控制

快捷控制（QuickSettings）面板允许用户快速调整一些常用设置，例如亮度、飞行模式、蓝牙等。快捷控制面板有多种状态，包括初级展开面板（Quick Quick Settings，QQS）和完整QS（Quick Settings）面板。用户可以通过下拉通知栏来访问和控制这些设置。

5. 其他功能

系统级的对话框、弹窗、动画、屏保等元素虽然在座舱开发中涉及不多，但对提供完整的用户体验同样重要。

5.3 CarSystemUI 源码结构分析

5.3.1 CarSystemUI 的源码结构

CarSystemUI的源码位于/packages/apps/Car/SystemUI目录下。在Android源码中，packages/apps目录包含用户级App的代码，这些App都属于用户常见的带有工具属性的应用，但不属于系统的核心组件。它的源码结构及目录的作用如下。

- src：主要源码文件，按照package和模块进行分类，包括状态栏、导航栏、应用列表界面、吐司等实现类。
- car：特有的功能或逻辑的类，包括蓝牙、音量条、车载Dialog等实现类。
- notification：通知相关实现类。
- volume：车载专属音量条相关逻辑实现类。
- res：布局、图片、字符串等资源文件，values下的config.xml常用来自定义CarSystemUI属性及功能。
- res-keyguard：用于锁屏界面的资源文件。
- samples：CarSystemUI的换肤资源，默认有3个。
- wm：屏幕上SystemBar视图的相关管理类。
- userswitcher：用户切换相关实现类。
- tests：CarSystemUI的测试文件。
- 其他子目录和文件：除上述子目录外，其他子目录和文件基本与SystemUI中的相同，只是有一些针对车载设备的修改或扩展。

由于CarSystemUI是SystemUI的扩展，要彻底理解CarSystemUI的功能和特性，首先需要掌握SystemUI的基础知识。

5.3.2 SystemUI 的源码结构

SystemUI的源码位于frameworks/base/packages/SystemUI目录下，frameworks/base/packages目录主要包含 Android 系统核心框架的一部分，其中也包含App，与系统核心功能紧密相关。与常规App一样，SystemUI的源码主要由Java和XML文件组成，Java文件实现了SystemUI的各种功能和逻辑，XML文件定义了SystemUI的界面和资源。

SystemUI的源码结构及目录的作用如下。

- animation：包括下拉卷帘收起、音量条展示、消失在内的动画相关的类和资源。
- checks：代码检查和格式化的工具。

05

- compose：使用Jetpack Compose编写的组件代码。
- customization：包括ClockView在内的定制类和资源。
- docs：一些组件的实现和设计原理的文档和说明文件。
- plugin：插件化功能的具体实现类（可动态实现对SystemUI的修改）以及VolumePlugin、NotificationPlugin等插件实例，Systemui就是插件的调用方。
- plugin_core：插件化功能的核心实现类，主要负责实现一些必要的接口。
- res：布局、图片、字符串等通用资源文件。
- res-keyguard：锁屏界面的布局、图标等资源文件。
- res-product：包含不同国家语言的字符串资源文件。
- screenshot：截屏功能的实现类。
- scripts：编译SystemUI的脚本文件。
- shared：共享给其他应用的实现类。
- src：包括状态栏、导航栏、通知管理等主要功能在内的源码文件。
- src-debug：debug版本的配置。
- src-release：release版本的配置。
- tests：SystemUI的测试代码及资源。
- tools：代码检查的配置文件（更改的代码提交至仓库前会运行此配置）。
- unfold：支持折叠屏设备的实现类等。

SystemUI是Android系统的核心应用之一，它是一个持久化的进程，为系统提供一套UI交互组件。其主要功能极其庞大，包含状态栏、导航栏、通知栏、音量条、下拉状态栏、电源管理、声音管理等功能。但此应用的具体功能实现与本书主题关系不大，这里不再赘述。

5.3.3　CarSystemUI 的修改和编译

在Android源码的根目录下，可以执行mm SystemUI命令来编译SystemUI模块及其依赖项。如果你对其他模块进行了修改，例如在frameworks/base目录下，可以执行mm framework-base命令来编译framework模块。

编译完成后，可以对系统进行整体编译。也可以使用adb命令将新的CarSystemUI.apk文件推送到设备中，并重启系统来验证修改。对应命令如下：

```
adb root
adb remount
adb push out/target/product/emulator_x86/system_ext/priv-app/CarSystemUI
/CarSystemUI.apk/system_ext/priv-app/CarSystemUI/
adb reboot
```

5.3.4 CarSystemUI 的启动时机

如2.5节介绍散文，当Android系统启动后，system_server进程会在startOtherServices()中启动一系列服务。其中就包括com.android.systemui.SystemUIService。此服务的启动表明SystemUI进程的启动，其继承了Service类。CarSystemUI是SystemUI的扩展，因此SystemUI的启动也代表着CarSystemUI的启动。

源码位置：/frameworks/base/services/java/com/android/server/SystemServer.java。

```
    private void startOtherServices(@NonNull TimingsTraceAndSlog t) {
        ...
        mActivityManagerService.systemReady(() -> {
            ...
            try {
                startSystemUi(context, windowManagerF);
            } catch (Throwable e) {
                reportWtf("starting System UI", e);
            }
            ...
        }, t);
        ...
    }
```

SystemUI的所有模块都由此服务启动，其全路径名为com.android.systemui/.SystemUIService，在startSystemUi()中通过PackageManagerInternal对象来获取。startSystemUi方法的代码如下：

```
    private static void startSystemUi(Context context, WindowManagerService
windowManager) {
        PackageManagerInternal pm = LocalServices.getService
(PackageManagerInternal.class);
        Intent = new Intent();
        intent.setComponent(pm.getSystemUiServiceComponent());
        intent.addFlags(Intent.FLAG_DEBUG_TRIAGED_MISSING);
        //Slog.d(TAG, "Starting service: " + intent);
        context.startServiceAsUser(intent, UserHandle.SYSTEM);
        windowManager.onSystemUiStarted();
    }
```

以上就是SystemUI的启动流程。接下来，SystemUI初始化的过程中会加载并完成CarSystemUI的替换。因此，我们继续探讨CarSystemUI是如何初始化的。

5.3.5 CarSystemUI 的初始化流程

CarSystemUI的初始化流程如下。

1. Application初始化

观察SystemUI的清单文件可知，其Application自带android:persistent="true"属性，此属性使得SystemUI在开机后能自行启动。在SystemUI启动后，会调用Application的onCreate()方法，对SystemUI进行初始化。初始化过程可分为以下3步：

1）第一步

```
@Override
public void onCreate() {
    super.onCreate();
    Log.v(TAG, "SystemUIApplication created.");
    ...
    // 设置Dagger的依赖注入，SystemUI中的组件都是通过Dagger来获取、创建的
    mInitializer = mContextAvailableCallback.onContextAvailable(this);
    mSysUIComponent = mInitializer.getSysUIComponent();
    mBootCompleteCache = mSysUIComponent.provideBootCacheImpl();
    ...
    // 设置所有服务继承的应用程序主题。
    setTheme(R.style.Theme_SystemUI);
    ...//第二步
}
```

SystemUI初始化的第一步主要是通过Dagger获取SystemUI中的一些已创建的组件，并设置一些应用主题等资源。

2）第二步

判断当前进程是否属于系统用户（Android多用户机制），然后根据上下文优先级设置设定SystemUI的渲染器的上下文优先级，最后开启SystemServer的Binder调用trace跟踪。

```
@Override
public void onCreate() {
    super.onCreate();
    ...
    // 判断是否为系统进程。如果是就注册开机启动广播
    if (Process.myUserHandle().equals(UserHandle.SYSTEM)) {
        // 监听开机完成的广播并设置高优先级
        IntentFilter bootCompletedFilter = new
IntentFilter(Intent.ACTION_BOOT_COMPLETED);
        bootCompletedFilter.setPriority(IntentFilter.SYSTEM_HIGH_PRIORITY);
        ...
        if (sfPriority == ThreadedRenderer.EGL_CONTEXT_PRIORITY_REALTIME_NV) {
            Log.i(TAG, "Setting SysUI's GPU Context priority to: "+
ThreadedRenderer.EGL_CONTEXT_PRIORITY_HIGH_IMG);
            // 设置SystemUI的GPU上下文优先级为高
```

```
        ThreadedRenderer.setContextPriority
(ThreadedRenderer.EGL_CONTEXT_PRIORITY_HIGH_IMG);
      }
      ...
      // 注册监听开机广播
      registerReceiver(new BroadcastReceiver() {
         @Override
         public void onReceive(Context context, Intent intent) {
            if (mBootCompleteCache.isBootComplete()) return;
            if (DEBUG) Log.v(TAG, "BOOT_COMPLETED received");
            unregisterReceiver(this);
            mBootCompleteCache.setBootComplete();
            // 判断SystemUIService是否启动
            if (mServicesStarted) {
               final int N = mServices.length;
               for (int i = 0; i < N; i++) {
               // 统一通知SystemUI中各个组件系统启动完成，避免重复广播监听
                  mServices[i].onBootCompleted();
               }
            }
         }
      }, bootCompletedFilter);
  }
```

在Android系统中，多用户机制允许Android设备所有者在同一台设备上创建和管理多个用户账户。每个用户账户都拥有自己的应用程序空间、用户数据和设置。在每切换一个新用户时，系统会再重新启动一个SystemUI进程，而新SystemUI进程会被系统重新分配进程号。在这里，最重要的是注册监听开机广播，在接收到开机广播后，通过SystemUIService向SystemUI中的其他组件传达“系统启动完成”的信息，其他组件开始加载逻辑。

3）第三步

如果当前用户为非系统用户，那么调用startSecondaryUserServicesIfNeeded()方法。

```
    if(...){
      ...
    } else {
      // 不为正在执行任务的进程初始化组件。
      ...
      if (processName != null && processName.startsWith (info.processName + ":")){
         return;
      }
      //为当前非系统用户启动相关服务
      startSecondaryUserServicesIfNeeded();
    }
```

startSecondaryUserServicesIfNeeded()方法中也是通过startServicesIfNeeded()方法来初始化SystemUI中的功能组件。

```
void startSecondaryUserServicesIfNeeded() {
    //对startables进行排序
    Map<Class<?>, Provider<CoreStartable>> sortedStartables = new TreeMap<>
(Comparator.comparing(Class::getName));
    sortedStartables.putAll(mSysUIComponent.getPerUserStartables());
    startServicesIfNeeded(sortedStartables, "StartSecondaryServices", null);
}
```

至此，我们简单总结一下SystemUIApplication初始化的主要目的：如果当前处于系统用户空间中，则监听开机广播，并在开机后通知SystemUI的其余功能组件开始相应逻辑加载；如果当前处于非系统用户空间中，则直接初始化SystemUI的功能组件。

2. 启动SystemUIService

当Application完成初始化之后便会启动SystemUIService。

SystemUIService在onCreate()方法中调用((SystemUIApplication)getApplication()).startServicesIfNeeded()方法。

```
@Override
public void onCreate() {
    super.onCreate();
    // Start all of SystemUI
    ((SystemUIApplication) getApplication()).startServicesIfNeeded();
    ...
}

public void startServicesIfNeeded() {
    ...
    //对startables进行排序，以便获得确定的顺序
    // TODO: make #start idempotent and require users of CoreStartable to call
it
    Map<Class<?>, Provider<CoreStartable>> sortedStartables = new TreeMap<>(
            Comparator.comparing(Class::getName));
    sortedStartables.putAll(mSysUIComponent.getStartables());
    sortedStartables.putAll(mSysUIComponent.getPerUserStartables());
    startServicesIfNeeded(sortedStartables, "StartServices", vendorComponent);
}
```

在Android 13以前，SystmeUI通过配置文件config_systemUIServiceComponents或config_systemUIServiceComponentsPerUser中的定义，使用反射来创建、启动一系列SystemUI的服

务，例如状态栏、导航栏、通知服务等。每个SystemUI服务依赖于依赖注入机制，来获取一些跨越SystemUI生命周期的对象。

SystemUI为这些核心组件服务提供了统一的Context，并定义了相关回调方法，通过这些服务实现了各种功能和界面。

从Android 13开始，SystemUI功能组件的创建和依赖注入则都由Dagger自动完成。

```
    private void startServicesIfNeeded(Map<Class<?>, Provider<CoreStartable>>
startables, String metricsPrefix,String vendorComponent) {
        if (mServicesStarted) {
            return;
        }
        mServices = new CoreStartable[startables.size() + (vendorComponent == null ?
0 : 1)];

        if (!mBootCompleteCache.isBootComplete()) {
            // 判断是否完成了开机广播的状态通知
            if ("1".equals(SystemProperties.get("sys.boot_completed"))) {
                mBootCompleteCache.setBootComplete();
                if (DEBUG) {
                    Log.v(TAG, "BOOT_COMPLETED was already sent");
                }
            }
        }

        mDumpManager = mSysUIComponent.createDumpManager();//使用了dagger的 @IntoMap
注入相关类。只要是继承 CoreStartable类的都将会被注入

        Log.v(TAG, "Starting SystemUI services for user " +
Process.myUserHandle().getIdentifier() + ".");
        TimingsTraceLog log = new
TimingsTraceLog("SystemUIBootTiming",Trace.TRACE_TAG_APP);
        log.traceBegin(metricsPrefix);

        int i = 0;
        for (Map.Entry<Class<?>, Provider<CoreStartable>> entry :
startables.entrySet()) {
            String clsName = entry.getKey().getName();   //获取类名
            int j = i;  // Copied to make lambda happy
            // 记录初始化的时间
            timeInitialization(clsName,
                    () -> mServices[j] = startStartable(clsName, entry.getValue()),
                    log,
                    metricsPrefix);
            i++;
        }//startStartable()方法中调用start()启动对应功能组件服务
```

```
        if (vendorComponent != null) {
            timeInitialization(
                    vendorComponent,
                    () -> mServices[mServices.length - 1] =
                            startAdditionalStartable(vendorComponent),
                    log,
                    metricsPrefix);
        }

        for (i = 0; i < mServices.length; i++) {
            if (mBootCompleteCache.isBootComplete()) {
                mServices[i].onBootCompleted();
            }

            mDumpManager.registerDumpable(mServices[i].getClass().getName(),
mServices[i]);
        }
        mSysUIComponent.getInitController().executePostInitTasks();
        log.traceEnd();

        mServicesStarted = true;
    }
```

后续在startStartable()方法中依次启动各组件。关于Dagger的使用方式较多，与本书主题关联不大，因此这里不再详细介绍。如果想进一步了解Android 13中CarSystemUI如何使用Dagger，可以查阅AOSP源码中的官方文档，此文档路径为：frameworks/base/ packages/SystemUI/docs/dagger.md。或者访问官方网站：https://developer.android.google.cn/training/dependency-injection/dagger-basics?hl=zh_cn。

在CarSystemUI的各个组件创建过程中，最重要的是其状态栏、导航栏这两个默认直接与用户交互的的系统UI。在实际工作中，对这两块UI的定制化修改较多，而这两块UI视图统一由CarSystemBar进行加载并显示。

```
public class CarSystemBar extends SystemUI implements CommandQueue.Callbacks {
    private ViewGroup mTopSystemBarWindow;         //顶部栏视图窗口
    private CarSystemBarView mTopSystemBarView;  //顶部栏视图内容
...
   public void start() {
        createSystemBar(result);
    }

    private void createSystemBar(RegisterStatusBarResult result) {
        buildNavBarWindows();               //初始化视图窗口
        buildNavBarContent();               //构建视图对象内容
        attachNavBarWindows();              //将视图对象添加到对应窗口中
    }
```

```
    //初始化视图窗口
    private void buildNavBarWindows() {
        mTopSystemBarWindow = mCarSystemBarController.getTopWindow();
    }

    //构建视图对象内容
    private void buildNavBarContent() {
        mTopSystemBarView =
mCarSystemBarController.getTopBar(isDeviceSetupForUser());
        if (mTopSystemBarView != null) {
            mSystemBarConfigs.insetSystemBar(SystemBarConfigs.TOP,
mTopSystemBarView);
            mHvacController.registerHvacViews(mTopSystemBarView);
            mTopSystemBarWindow.addView(mTopSystemBarView);
        }
    }

}
```

CarSystemBar在创建时便直接进行视图UI的构建，对应状态栏对象mTopSystemBarView所对应的布局文件为R.layout.car_top_system_bar，这正是CarSystemUI的状态栏布局文件。根据此段代码便可发现，状态栏是以Window.addView()的形式显示在系统界面上的，不只是状态栏，对应的导航栏及图标等视图都是通过addView的形式显示在系统界面上的，其流程与状态栏差别不大，这里不再赘述。而进行addView()的Window所持有的上下文对象是前文介绍的SystemUIService对象，由于此服务对象常驻且被系统保活，因此状态栏和导航栏等UI就能一直长久显示在系统UI之上。至此，便完成了整个CarSystemUI的初始化。

05

接下来，我们简要回顾一下SystemUIService的初始化流程，可以概括为以下两个步骤：

01 开机拉起的SystemUIService调用的startServicesIfNeeded()方法中通过Dagger获取预先创建的SystemUI功能组件，然后对它们进行排序、遍历。

02 遍历每个SystemUI功能组件的过程中，开始初始化各功能组件资源，CarSystemUI也是这时完成资源替换的，并通过CarSystemBar来将状态栏和导航栏显示在车机界面上。

5.4　CarSystemUI 叠加层

虽然可以通过修改Android源代码来自定义系统界面，但这种做法可能会使应用在未来Android更新时面临更多困难和复杂性。因此，从Android 10开始，Google引入了叠加层（Overlay）目录，允许用户在不修改源代码的情况下替换资源文件。在Android的构建系统中，叠加层机制能够在不遍历整个AOSP源代码树的情况下，以可控的方式替换文件，并清晰标识所有已修改的文件。

叠加层文件必须放置在PRODUCT_PACKAGE_OVERLAYS目录中，并且其目录结构必须与原始AOSP根目录结构完全一致。对于Android 10或更高版本，PRODUCT_PACKAGE_OVERLAYS的设置可以是：

```
PRODUCT_PACKAGE_OVERLAYS := packages/services/Car/car_product/overlay
```

Automotive系统界面使用的资源位于SystemUI和CarSystemUI包中，这意味着可以通过叠加层替换这些位置的资源来改变Automotive系统界面的外观。

若要替换文件，首先在指定的/overlay目录中复制要替换文件的目录结构，然后将替换后的文件放入相应的目录。例如，如果要替换：

```
packages/apps/Car/SystemUI/res/layout/super_status_bar.xml
```

可以在以下路径添加super_status_bar.xml的替换文件：

```
packages/services/Car/car_product/overlay/frameworks/base/packages/CarSystemU
I/res/layout/
```

如果要替换frameworks/base/packages/SystemUI/res/values/config.xml（位于SystemUI中，而不是CarSystemUI中），则应将config.xml的替换文件添加到以下路径之一：

```
packages/services/Car/car_product/overlay/frameworks/base/packages/CarSystemU
I/res/layout/
```

或者，如果替换文件是针对CarSystemUI，路径应为：

```
packages/services/Car/car_product/overlay/frameworks/base/packages/CarSystemU
I/res/layout/
```

Automotive 系统界面有3个导航栏，分别放置在屏幕的左侧、底部和右侧。通过config.xml中的以下配置可分别切换显示每个导航栏：

- config_enableLeftSystemBar
- config_enableBottomSystemBar
- config_enableRightSystemBar

这3个导航栏可以通过叠加相应的布局文件来自定义显示状态，可修改如下对应布局文件：

- car_left_system_bar.xml
- car_bottom_system_bar_unprovisioned.xml
- car_right_system_bar.xml

如果要完全自定义布局，需要注意自定义布局中必须在顶层包含com.android.systemui.car.systembar.CarSystemBarView视图（实际上就是个LinearLayout）。如果自定义的导航栏添加正确，则会通过CarSystemBar.createSystemBar()方法调用并显示在屏幕上。

状态栏位于特殊的窗口层中，该窗口层还包含“通知”面板、用户切换器、浮动通知等。这些组件的各种布局包含在super_status_bar.xml 中，也可通过上述方式修改。

在CarSystemUI中，还可通过修改packages/apps/Car/SystemUI/res/values/config.xml中的属性指向来对CarSystemUI进行简单修改。通过叠加层和config.xml配置文件的配合，可以满足大部分修改需求。

5.5　CarSystemUI 实战

在日常开发过程中，对SystemUI进行定制化开发是一种常见需求。特别是，经常需要对状态栏和通知栏进行定制化开发。在本次开发中，我们计划在状态栏平时正常显示时添加当前日期，从而实现在状态栏上显示日期的功能。

实现CarSystemUI的状态栏类为CarSystemBar，负责其时间显示功能的核心类是Clock.java，位于以下路径：

```
    frameworks/base/packages/SystemUI/src/com/android/systemui/statusbar/policy/
Clock.java
```

通过修改这个类，我们可以在其中添加日期显示组件，进而实现所需的定制化功能。

```
    public class Clock extends TextView implements
            DemoModeCommandReceiver,
            Tunable,
            CommandQueue.Callbacks,
            DarkReceiver, ConfigurationListener {

        public static final String CLOCK_SECONDS = "clock_seconds";
        private static final String CLOCK_SUPER_PARCELABLE =
"clock_super_parcelable";
        ...

        private final UserTracker.Callback mUserChangedCallback =
                new UserTracker.Callback() {
                    @Override
                    public void onUserChanged(int newUser, @NonNull Context userContext)
{
                        mCurrentUserId = newUser;
```

05

```
                updateClock();
            }
        };

    public Clock(Context context, AttributeSet attrs) {
        this(context, attrs, 0);
    }

    public Clock(Context context, AttributeSet attrs, int defStyle) {
        super(context, attrs, defStyle);
        mCommandQueue = Dependency.get(CommandQueue.class);
        TypedArray a = context.getTheme().obtainStyledAttributes(
                attrs,
                R.styleable.Clock,
                0, 0);
        try {
            mAmPmStyle = a.getInt(R.styleable.Clock_amPmStyle, AM_PM_STYLE_GONE);
            mNonAdaptedColor = getCurrentTextColor();
        } finally {
            a.recycle();
        }
        mBroadcastDispatcher = Dependency.get(BroadcastDispatcher.class);
        mUserTracker = Dependency.get(UserTracker.class);
    }
...
```

Clock是TextView的子类，在它的构造方法中，会初始化相关参数，用于定义Clock的相关功能的实现。在其监听的广播中刷新其页面绘制。对此，我们可以在updateClock()方法中增加日期获取等相关逻辑，以实现在状态栏布局中增加时间和日期的功能。

```
    private final BroadcastReceiver mIntentReceiver = new BroadcastReceiver() {
        @Override
        public void onReceive(Context context, Intent intent) {
            // 接受广播定时刷新时间
            Handler handler = getHandler();
            if (handler == null) return;

            ...
            handler.post(() -> updateClock()); //刷新事件并设置对应的text
        }
    };

    final void updateClock() {
        ...
        CharSequence smallTime = getSmallTime();
        //可见这里是在getSmallTime()中获取的字符串，因此修改此方法即可
```

```
        if (!TextUtils.equals(smallTime, getText())) {
            setText(smallTime);
        }
    }

  private final CharSequence getSmallTime() {
        ...
        long time = System.currentTimeMillis();
        Date date = new Date(time);
        SimpleDateFormat simpleDateFormat = new SimpleDateFormat("yyyy-MM-dd
HH:mm:ss");//这里可以根据自己的需要来设置对应格式
        String showStr = simpleDateFormat.format(date);
        if (mAmPmStyle != AM_PM_STYLE_NORMAL) {
            int magic1 = result.indexOf(MAGIC1);
            int magic2 = result.indexOf(MAGIC2);
            if (magic1 >= 0 && magic2 > magic1) {
                ...
                return showStr + " " +formatted;
            }
        }

        return showStr + " " + result;
        ...
  }
```

在getSmallTime()方法中，通过添加对应的日期文案，Clock将这个日期也添加到对应的显示文字中。修改完毕后，编译此模块，重启后即可看到对应的修改生效，如图5-3所示。

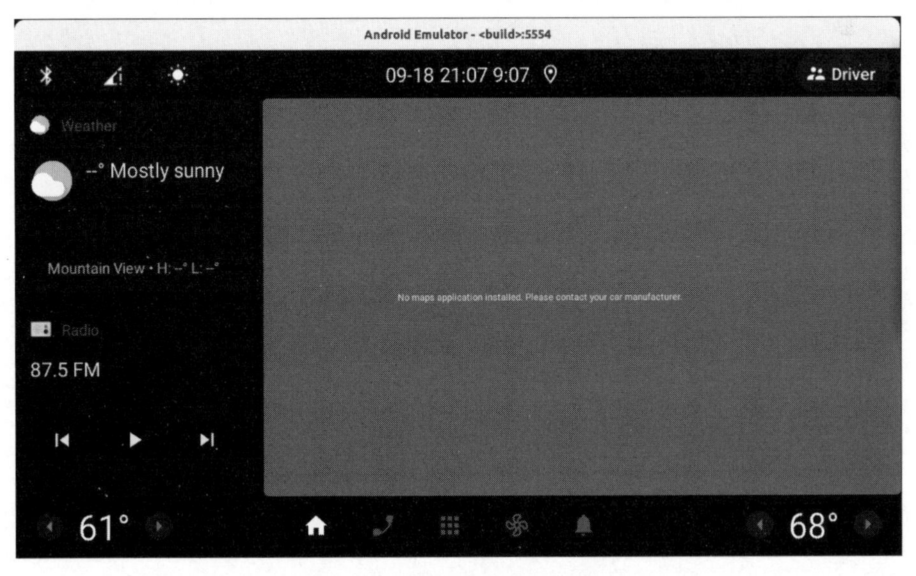

图 5-3　修改标题栏后的效果

5.6　本章小结

本章详细介绍了Android系统中的CarSystemUI模块，包括其代码架构、核心类和关键方法。总体而言，与手机端的SystemUI相比，CarSystemUI的功能架构更为简洁。

通过本章的学习，读者应能够掌握以下关键知识点。

（1）CarSystemUI的整体架构：了解其编译方式和代码执行流程。

（2）CarSystemUI的源码结构：识别其独特的工程特性，例如界面的持久性以及缺乏Activity等。

（3）定制化方法：学会通过修改叠加层或源码来实现定制，并特别注意由于界面持久性特点，在定制过程中耗时任务的处理方式。

第 6 章

AMS及进程启动

本章主要介绍Android系统中最关键的系统服务之一: ActivityManagerService（简称AMS）。AMS在我们的应用与系统交互中扮演着重要角色，负责处理包括但不限于应用程序生命周期管理和任务栈管理等多项任务。在车载系统开发中，与第三方应用的交互是不可避免的。深入了解AMS的特性，可以帮助我们通过系统日志分析第三方应用的行为，进而最大限度地减少它们对系统的影响。由于AMS涵盖了进程管理的诸多方面，其源码不仅流程复杂，而且代码量庞大。因此没有清晰的思路很容易在其中迷失。本章将通过代码解析的方式，详细探讨AMS服务的工作原理。

6.1 AMS 的启动过程

本节主要介绍AMS服务的启动过程。在Android系统中，系统服务的启动方式有两种：

（1）通过init.rc文件配置并加载。

（2）由SystemServer进程启动。

AMS和第7章的WMS服务都是由SystemServer进程启动的。在SystemServer()进程的startBootstrapServices()方法中，AMS是首批启动的服务之一。这一点可以从第2章关于启动流程的描述中得到验证，其中提到AMS服务同样是在startBootstrapService方法中被启动的。

源码位置：/frameworks/base/services/java/com/android/server/SystemServer.java。

```
private void startBootstrapServices(@NonNull TimingsTraceAndSlog t) {
  ...
```

```
    // 启动ActivityTaskManagerService服务(Android 10版本新增)
    ActivityTaskManagerService atm = mSystemServiceManager.startService(
      ActivityTaskManagerService.Lifecycle.class).getService();

    // ActivityManagerService服务启动
    mActivityManagerService = ActivityManagerService.Lifecycle.startService
(mSystemServiceManager, atm);

    // SystemServiceManager设置AMS的引用，供其他进程调用
mActivityManagerService.setSystemServiceManager(mSystemServiceManager);

    // 设置AMS的Apk安装器，确保后续能处理与应用程序安装相关任务
    mActivityManagerService.setInstaller(installer);

    // 设置全局锁，保证访问内部状态时的状态一致性
    mWindowManagerGlobalLock = atm.getGlobalLock();
    ...
    mActivityManagerService.initPowerManagement();
    ...
    // 注册一些系统服务、绑定进程信息等
    mActivityManagerService.setSystemProcess();
    ...
  }
```

可以看出，SystemServer启动AMS相关服务时主要执行以下3个步骤：

01 启动ActivityTaskManagerService（简称ATMS）。

02 启动AMS对应的生命周期，使用的参数为ATMS和systemservicemanager。

03 将installer注册到AMS中。

这段代码中的startService()是一个泛型方法，所有SystemService的子类都可以通过这个方法来启动服务。

具体的启动步骤就是Android中启动系统服务的标准流程：获取、注册以及onStart回调，其代码流程如下：

（1）获取服务的ClassName，并调用服务的Context构造函数：

```
public <T extends SystemService> T startService(Class<T> serviceClass) {
    try {

        // 第一步，获取服务的名称
        final String name = serviceClass.getName();
        ...

        final T service;
        try {
```

```
            // 通过反射调用serviceClass的方法来创建Lifecycle对象
            Constructor<T> constructor =
serviceClass.getConstructor(Context.class);
            service = constructor.newInstance(mContext);
        ...
        // 启动此服务
        startService(service);
        return service;
    } finally {
        ...
    }
}
```

（2）启动服务时将它注册到SystemServer中。注册完成后，立即调用该服务的onStart()方法。

```
public void startService(@NonNull final SystemService service) {
        // 避免重复启动
        String className = service.getClass().getName();
        if (mServiceClassnames.contains(className)) {
            Slog.i(TAG, "Not starting an already started service " + className);
            return;
        }
        mServiceClassnames.add(className);
        // 第二步，注册此服务
        mServices.add(service);

        long time = SystemClock.elapsedRealtime();
        try {
            // 第三步，调用该服务的onStart()方法，开启服务生命周期
            service.onStart();
        } catch (RuntimeException ex) {
            throw new RuntimeException("Failed to start service " +
service.getClass().getName()
                    + ": onStart threw an exception", ex);
        }
        // 计算并记录服务启动时间，判断是否启动超时
        warnIfTooLong(SystemClock.elapsedRealtime() - time, service, "onStart");
    }
```

在SystemServer类的startBootstrapServices()方法中，由ActivityManagerService.Lifecycle调用startService()方法来初始化AMS对象，这里通过其静态内部类Lifecycle来初始化AMS服务（并非直接对ATMS进行初始化）。因为静态内部类不依靠外部加载，初始化Lifecycle时，也完成了对ATMS的初始化。关于ATMS类是如何工作的，下一节将详细介绍。

06

6.2 ATMS的启动过程

ATMS是从Android 10开始引入的一个新的系统服务类。从Android 10起，与Activity调度管理相关的职责从AMS中分离出来，转移至ATMS。ATMS服务与AMS 一起在SystemServer中初始化。接下来，我们将详细探讨这一初始化过程。

源码位置：/frameworks/base/services/java/com/android/server/SystemServer.java。

```
ActivityTaskManagerService atm = mSystemServiceManager.startService(
    ActivityTaskManagerService.Lifecycle.class).getService();
```

在SystemServiceManager调用的startService()方法中，会通过ATMS的静态内部类Lifecycle的构造方法来初始化ATMS，然后通过ATMS.Lifecycle的onStart()方法来启动此服务。示例代码如下：

源码位置：frameworks/base/services/core/java/com/android/server/wm/ActivityTaskManagerService.java。

```
public static final class Lifecycle extends SystemService {
        private final ActivityTaskManagerService mService;

        public Lifecycle(Context context) {
            super(context);
            mService = new ActivityTaskManagerService(context);
        }
        ...
}
```

上述代码调用了ATMS的构造方法。接下来，我们来看ATMS的构造方法中的内容：

```
@VisibleForTesting(visibility = VisibleForTesting.Visibility.PACKAGE)
    public ActivityTaskManagerService(Context context) {
        mContext = context;
        mFactoryTest = FactoryTest.getMode();
        mSystemThread = ActivityThread.currentActivityThread();
        mUiContext = mSystemThread.getSystemUiContext();
        mLifecycleManager = new ClientLifecycleManager();
        mVisibleActivityProcessTracker = new
VisibleActivityProcessTracker(this);
        mInternal = new LocalService();
        GL_ES_VERSION = SystemProperties.getInt("ro.opengles.version",
GL_ES_VERSION_UNDEFINED);
        mWindowOrganizerController = new WindowOrganizerController(this);
        mTaskOrganizerController =
mWindowOrganizerController.mTaskOrganizerController;
```

```
        mTaskFragmentOrganizerController =
                mWindowOrganizerController.mTaskFragmentOrganizerController;
        mBackNavigationController = BackNavigationController.isEnabled()
                ? new BackNavigationController() : null;
    }
```

上述代码中，我们主要进行了一些参数的初始化工作。如6.1节所述，在SystemServer的初始化过程中，通过调用ATMS.Lifecycle中的startService()方法，最终会触发onStart()方法的执行。在onStart()方法内部，AMS服务被注册到ServiceManager中，同时还负责调用ATMS的start()方法来完成服务的启动流程。代码如下：

```
    public void onStart() {
        publishBinderService(Context.ACTIVITY_TASK_SERVICE, mService);
        mService.start();
    }
```

至此，我们已经完成了ATMS服务的启动流程。总结一下，这个过程会调用以下几个关键方法：

（1）ATMS的Context构造方法。

（2）ATMS的Lifecycle.onStart()方法。

最后，服务的启动由ATMS.Lifecycle类调用startService()方法完成。

6.3　ATMS 启动 AMS 的过程

与ATMS类似，AMS也是通过Lifecycle来启动的，而不是直接调用AMS的构造方法。在SystemServer中，AMS的启动代码如下：

```
mActivityManagerService = ActivityManagerService.Lifecycle.startService(
                        mSystemServiceManager, atm);
```

在这里，也注入ATMS对象atm。AMS.Lifecycle中的关键代码如下：

```
public static final class Lifecycle extends SystemService {
    private final ActivityManagerService mService;
    private static ActivityTaskManagerService sAtm;

    //被 SystemServiceManager的startService()方法调用
    public Lifecycle(Context context) {
        super(context);
        mService = new ActivityManagerService(context, sAtm);
    }

    public static ActivityManagerService startService(SystemServiceManager ssm,
```

```
ActivityTaskManagerService atm) {
            sAtm = atm;
            return ssm.startService(ActivityManagerService.Lifecycle.class).
getService();
        }

        public void onStart() {
            mService.start();                //调用AMS的start()方法
        }

        ...

        public ActivityManagerService getService() {
            return mService;
        }
    }
```

如前所述，ssm对象通过调用startService()方法来启动服务。这个方法首先会调用Lifecycle构造方法，该构造方法负责初始化AMS对象。随后，startService()方法最终会调用Lifecycle对象的onStart()方法。在onStart()方法内部，会进一步调用AMS的start()方法，以此来完成AMS的启动过程。通过这一系列步骤，AMS服务得以成功启动。

6.4　AMS 的初始化内容

在AMS的构造函数中，执行的是一系列初始化操作。

源码位置：frameworks/base/services/core/java/com/android/server/am/ActivityManagerService.java。

```
  public ActivityManagerService(Context systemContext,
ActivityTaskManagerService atm) {
      LockGuard.installLock(this, LockGuard.INDEX_ACTIVITY);
      mInjector = new Injector(systemContext);
      mContext = systemContext;

      mFactoryTest = FactoryTest.getMode();

      // 当前的ActivityThread 实例
      mSystemThread = ActivityThread.currentActivityThread();
      mUiContext = mSystemThread.getSystemUiContext();

      // 服务线程对象，主要用于多线程管理
      mHandlerThread = new ServiceThread(TAG,
              THREAD_PRIORITY_FOREGROUND, false /*allowIo*/);
      mHandlerThread.start();

      // 主线程（也是UI线程）
```

```
        mHandler = new MainHandler(mHandlerThread.getLooper());
        mUiHandler = mInjector.getUiHandler(this);

        // 进程启动的相关多线程管理
        mProcStartHandlerThread = new ServiceThread(TAG + ":procStart",
                THREAD_PRIORITY_FOREGROUND, false /* allowIo */);
        mProcStartHandlerThread.start();
        mProcStartHandler = new Handler(mProcStartHandlerThread.getLooper());

        // ActivityManager对应的常量类
        mConstants = new ActivityManagerConstants(mContext, this, mHandler);
        final ActiveUids activeUids = new ActiveUids(this, true /* postChangesToAtm
*/);
        mPlatformCompat = (PlatformCompat) ServiceManager.getService(
                Context.PLATFORM_COMPAT_SERVICE);
        mProcessList = mInjector.getProcessList(this);
        mProcessList.init(this, activeUids, mPlatformCompat);
        mAppProfiler = new AppProfiler(this,
BackgroundThread.getHandler().getLooper(),
                new LowMemDetector(this));
        mPhantomProcessList = new PhantomProcessList(this);
        mOomAdjuster = new OomAdjuster(this, mProcessList, activeUids);

        // 监听超时的广播等
        final BroadcastConstants foreConstants = new BroadcastConstants(
                Settings.Global.BROADCAST_FG_CONSTANTS);
        foreConstants.TIMEOUT = BROADCAST_FG_TIMEOUT;

        final BroadcastConstants backConstants = new BroadcastConstants(
                Settings.Global.BROADCAST_BG_CONSTANTS);
        backConstants.TIMEOUT = BROADCAST_BG_TIMEOUT;

        // Android 10新增的广播类型offload
        final BroadcastConstants offloadConstants = new BroadcastConstants(
                Settings.Global.BROADCAST_OFFLOAD_CONSTANTS);
        offloadConstants.TIMEOUT = BROADCAST_BG_TIMEOUT;
        // by default, no "slow" policy in this queue
        offloadConstants.SLOW_TIME = Integer.MAX_VALUE;

        mEnableOffloadQueue = SystemProperties.getBoolean(
                "persist.device_config.activity_manager_native_boot.
offload_queue_enabled", false);

        // 前台广播队列
        mFgBroadcastQueue = new BroadcastQueue(this, mHandler,
                "foreground", foreConstants, false);
        // 后台广播队列
        mBgBroadcastQueue = new BroadcastQueue(this, mHandler,
                "background", backConstants, true);
        //offload广播队列
```

```
        mOffloadBroadcastQueue = new BroadcastQueue(this, mHandler,
                "offload", offloadConstants, true);
        // 将三个广播队列封装进一个数组管理
        mBroadcastQueues[0] = mFgBroadcastQueue;
        mBroadcastQueues[1] = mBgBroadcastQueue;
        mBroadcastQueues[2] = mOffloadBroadcastQueue;

        mServices = new ActiveServices(this);                    //用于启动 Service
        mCpHelper = new ContentProviderHelper(this, true);   //存储 ContentProvider
        mPackageWatchdog = PackageWatchdog.getInstance(mUiContext);
        mAppErrors = new AppErrors(mUiContext, this, mPackageWatchdog);
        mUidObserverController = new UidObserverController(mUiHandler);

        final File systemDir = SystemServiceManager.ensureSystemDir();

        // 未来电池服务将会从AMS中移除
        mBatteryStatsService = new BatteryStatsService(systemContext, systemDir,
                BackgroundThread.get().getHandler());
        mBatteryStatsService.getActiveStatistics().readLocked();
        mBatteryStatsService.scheduleWriteToDisk();
        mOnBattery = DEBUG_POWER ? true
                : mBatteryStatsService.getActiveStatistics().getIsOnBattery();
        mBatteryStatsService.getActiveStatistics().setCallback(this);
        mOomAdjProfiler.batteryPowerChanged(mOnBattery);

        mProcessStats = new ProcessStatsService(this, new File(systemDir,
"procstats"));

        mAppOpsService = mInjector.getAppOpsService(new File(systemDir,
"appops.xml"), mHandler);

        mUgmInternal = LocalServices.getService(UriGrantsManagerInternal.class);

        // 创建用户控制对象
        mUserController = new UserController(this);

        mPendingIntentController = new PendingIntentController(
                mHandlerThread.getLooper(), mUserController, mConstants);

        mUseFifoUiScheduling = SystemProperties.getInt("sys.use_fifo_ui", 0) != 0;

        mTrackingAssociations = "1".equals(SystemProperties.get
("debug.track-associations"));
        mIntentFirewall = new IntentFirewall(new IntentFirewallInterface(),
mHandler);

        // 将AMS和ATMS相关联，并获取ActivityTaskManagerInternal对象
        mActivityTaskManager = atm;
        mActivityTaskManager.initialize(mIntentFirewall, mPendingIntentController,
                DisplayThread.get().getLooper());
        mAtmInternal =
LocalServices.getService(ActivityTaskManagerInternal.class);
```

```
    mHiddenApiBlacklist = new HiddenApiSettings(mHandler, mContext);

    // Android系统自带的性能监控进程
    Watchdog.getInstance().addMonitor(this);
    Watchdog.getInstance().addThread(mHandler);

    updateOomAdjLocked(OomAdjuster.OOM_ADJ_REASON_NONE);//内存回收方法
    try {
        Process.setThreadGroupAndCpuset(BackgroundThread.get().getThreadId(),
                Process.THREAD_GROUP_SYSTEM);
        Process.setThreadGroupAndCpuset(
                mOomAdjuster.mCachedAppOptimizer.mCachedAppOptimizerThread.
getThreadId(),
                Process.THREAD_GROUP_SYSTEM);
    } catch (Exception e) {
        Slog.w(TAG, "Setting background thread cpuset failed");
    }

    mInternal = new LocalService();
    mPendingStartActivityUids = new PendingStartActivityUids(mContext);
    mTraceErrorLogger = new TraceErrorLogger();
}
```

AMS初始化后，所调用的start()方法代码如下：

```
private void start() {
    // 把所有的应用进程全部移除
    removeAllProcessGroups();

    // 启动电池统计服务
    mBatteryStatsService.publish();

    // 启动运行时权限服务
    mAppOpsService.publish();

    // 创建本地服务，并将AMS添加到其中，用于外部通信
    LocalServices.addService(ActivityManagerInternal.class, mInternal);
    LocalManagerRegistry.addManager(ActivityManagerLocal.class,
            (ActivityManagerLocal) mInternal);

    mActivityTaskManager.onActivityManagerInternalAdded();
    mPendingIntentController.onActivityManagerInternalAdded();
    mAppProfiler.onActivityManagerInternalAdded();
}
```

至此，Android系统便完成了AMS的启动和初始化过程。在AMS的启动过程中，系统初始化了一系列服务，并将它们相互关联。这些设计旨在更高效地完成和监控进程的启动及调度工作。当用户在Android设备上打开任意一个应用程序时，就会触发AMS的进程启动和相关逻辑。可以说，运

行在系统中的AMS服务与用户的交互操作密切相关。在实际开发中，如果遇到启动黑屏、Activity页面闪烁等问题，AMS可以为我们提供一种从系统层面思考和解决问题的新角度。

6.5 AMS 的进程设置

在SystemServer的startBootstrapServices()方法中，有一个setSystemProcess()方法，该方法的代码如下：

```
    public void setSystemProcess() {
        try {
            // 使用ServiceManager 注册系统服务
            // activity
            ServiceManager.addService(Context.ACTIVITY_SERVICE, this, /*
allowIsolated= */ true,
                    DUMP_FLAG_PRIORITY_CRITICAL | DUMP_FLAG_PRIORITY_NORMAL |
DUMP_FLAG_PROTO);
            // procstats
            ServiceManager.addService(ProcessStats.SERVICE_NAME, mProcessStats);
            // meminfo
            ServiceManager.addService("meminfo", new MemBinder(this), /*
allowIsolated= */ false,
                    DUMP_FLAG_PRIORITY_HIGH);
            // gfxinfo
            ServiceManager.addService("gfxinfo", new GraphicsBinder(this));
            // dbinfo
            ServiceManager.addService("dbinfo", new DbBinder(this));
            mAppProfiler.setCpuInfoService();
            // permission
            ServiceManager.addService("permission", new
PermissionController(this));
            // processinfo
            ServiceManager.addService("processinfo", new ProcessInfoService(this));
            // cacheinfo
            ServiceManager.addService("cacheinfo", new CacheBinder(this));

            // 获取属性为android的应用
            ApplicationInfo info = mContext.getPackageManager().getApplicationInfo(
                    "android", STOCK_PM_FLAGS | MATCH_SYSTEM_ONLY);
            // 系统线程安装系统应用
            mSystemThread.installSystemApplicationInfo(info,
getClass().getClassLoader());

            synchronized (this) {
```

```
                // 使用一个新的进程记录对象来记录系统应用的相关信息
                ProcessRecord app = mProcessList.newProcessRecordLocked(info,
info.processName,
                        false,
                        0,
                        new HostingRecord("system"));
                app.setPersistent(true);
                app.setPid(MY_PID);
                app.mState.setMaxAdj(ProcessList.SYSTEM_ADJ);
                app.makeActive(mSystemThread.getApplicationThread(),
mProcessStats);
                addPidLocked(app);
                updateLruProcessLocked(app, false, null);
                updateOomAdjLocked(OomAdjuster.OOM_ADJ_REASON_NONE);
            }
        } catch (PackageManager.NameNotFoundException e) {
            throw new RuntimeException(
                    "Unable to find android system package", e);
        }

        //在AMS和包管理器启动并运行后，开始观察后台应用程序的操作
        mAppOpsService.startWatchingMode(AppOpsManager.OP_RUN_IN_BACKGROUND, null,
                new IAppOpsCallback.Stub() {
                    @Override public void opChanged(int op, int uid, String
packageName){
                        if (op == AppOpsManager.OP_RUN_IN_BACKGROUND && packageName !=
null) {
                            if (getAppOpsManager().checkOpNoThrow(op, uid,
packageName)
                                    != AppOpsManager.MODE_ALLOWED) {
                                runInBackgroundDisabled(uid);
                            }
                        }
                    }
                });
        final int[] cameraOp = {AppOpsManager.OP_CAMERA};
        mAppOpsService.startWatchingActive(cameraOp, new
IAppOpsActiveCallback.Stub() {
            @Override
            public void opActiveChanged(int op, int uid, String packageName, String
                    attributionTag,boolean active, @AttributionFlags int
                    attributionFlags, int attributionChainId) {
                cameraActiveChanged(uid, active);
            }
        });
    }
```

此方法为ServiceManager添加了许多子服务，具体说明如下。

- meminfo：内存管理服务。当系统内存不足时，会调用应用的低内存回调，以便我们释放内存。
- gfxinfo：提供图像信息的服务。
- dbinfo：与数据库相关的服务。
- permission：权限管理服务。
- processinfo：进程管理服务。
- cacheinfo：缓存管理服务。

总的来说，此方法的主要作用是将AMS、meminfo、dbinfo、CpuBinder、PermissionController等服务注册到ServiceManager中。ServiceManager提供了相应的接口，供系统级权限应用程序等服务调用或获取最新状态。至此，Android系统完成了AMS服务的启动。在AMS中，最重要的内容莫过于进程管理。接下来，让我们深入了解AMS中进程启动的流程。

6.6　进程的启动流程

在Android系统的运行过程中，AMS并不是运行在单独的进程中，而是与其他许多系统服务共同运行在SystemServer进程中，它的底层名是system_server。AMS的职责广泛，主要包括对应用程序进程的启动、调度和关闭等管理操作。应用程序进程的启动过程涉及调度等其他相关业务，因此理解应用程序进程的启动流程至关重要。

应用程序进程的启动流程始于用户在主屏幕上点击图标。当用户点击图标时，Launcher会通知AMS，随后AMS在startProcess方法中执行一系列初始化任务。以下是相关源码的示例：

源码位置：frameworks/base/services/core/java/com/android/server/am/ActivityManagerService.java。

```
    @Override
    public void startProcess(String processName, ApplicationInfo info, boolean
knownToBeDead,
            boolean isTop, String hostingType, Comp  onentName hostingName) {
        try {
            synchronized (ActivityManagerService.this) {
                // 如果该进程优先级较高，则设置一个标记，以便当该进程启动时，
                // 可以立即应用最高优先级，以避免CPU等系统资源被其他进程抢占
                startProcessLocked(processName, info, knownToBeDead, 0 /* intentFlags */,
                        new HostingRecord(hostingType, hostingName, isTop),
                        ZYGOTE_POLICY_FLAG_LATENCY_SENSITIVE, false /*
allowWhileBooting */,
```

```
                false /* isolated */);
        }
    }
}
```

在启动进程的过程中，存在一个名为isTop的参数，用于标识该进程是否位于任务栈的顶部。如果一个进程位于栈顶，它可能会在CPU调度时获得更多的优先权。为了深入了解这一机制，我们可以继续追踪到startProcessLocked方法中的相关逻辑。

```
    @GuardedBy("this")
    final ProcessRecord startProcessLocked(String processName,
            ApplicationInfo info, boolean knownToBeDead, int intentFlags,
            HostingRecord hostingRecord, int zygotePolicyFlags, boolean
allowWhileBooting,
            boolean isolated) {
        return mProcessList.startProcessLocked(processName, info, knownToBeDead,
intentFlags,
                hostingRecord, zygotePolicyFlags, allowWhileBooting, isolated, 0 /*
isolatedUid */,
                null /* ABI override */, null /* entryPoint */,
                null /* entryPointArgs */, null /* crashHandler */);
    }
```

可见，最终调用了ProcessList类中的startProcessLocked()方法。

06

ProcessList就是进程的列表，Android在启动进程和终止进程时，都需要修改该进程列表。为了避免并发操作导致的问题，修改进程列表时进行了加锁操作，相关源码如下：

源码位置：frameworks/base/services/core/java/com/android/server/am/ProcessList.java。

```
    boolean startProcessLocked(HostingRecord hostingRecord, String entryPoint,
ProcessRecord app,
            int uid, int[] gids, int runtimeFlags, int zygotePolicyFlags, int
mountExternal,
            String seInfo, String requiredAbi, String instructionSet,
            String invokeWith, long startTime) {
        ...
        //两种创建进程的方式，最后都是通过startProcess()来进行处理的
        if (mService.mConstants.FLAG_PROCESS_START_ASYNC) {
    if (DEBUG_PROCESSES) Slog.i(TAG_PROCESSES,
                    "Posting procStart msg for " + app.toShortString());
            mService.mProcStartHandler.post(() -> handleProcessStart(
                    app, entryPoint, gids, runtimeFlags, zygotePolicyFlags,
                    mountExternal,requiredAbi, instructionSet, invokeWith,
startSeq));
            return true;
```

```
        } else {
            try {
                final Process.ProcessStartResult startResult = startProcess
                        (hostingRecord,entryPoint, app, uid, gids,
                        runtimeFlags, zygotePolicyFlags, mountExternal, seInfo,
                        requiredAbi, instructionSet, invokeWith, startTime);
                handleProcessStartedLocked(app, startResult.pid,
startResult.usingWrapper,
                        startSeq, false);
            } ...
            return app.getPid() > 0;
        }
    }
```

在startProcessLocked()方法中，会根据一个参数FLAG_PROCESS_START_ASYNC来判断是同步还是异步创建进程。

无论是同步还是异步创建进程，最终都是通过startProcess()方法来实现的。startProcess()方法的关键代码如下：

```
    private Process.ProcessStartResult startProcess(HostingRecord hostingRecord,
            String entryPoint, ProcessRecord app, int uid, int[] gids,
            int runtimeFlags, int zygotePolicyFlags, int mountExternal, String seInfo,
            String requiredAbi, String instructionSet,String invokeWith,
             long startTime) {
            ...
        if (hostingRecord.usesWebviewZygote()) {
                startResult = startWebView(entryPoint, app.processName,
                        uid, uid, gids, runtimeFlags, mountExternal,
                        app.info.targetSdkVersion, seInfo, requiredAbi,
                        instructionSet, app.info.dataDir, null,
                        app.info.packageName,app.getDisabledCompatChanges(),
                       new String[]{PROC_START_SEQ_IDENT + app.getStartSeq()});
        } else if (hostingRecord.usesAppZygote()) {
            final AppZygote appZygote = createAppZygoteForProcessIfNeeded(app);

            startResult = appZygote.getProcess().start(entryPoint,
                    app.processName, uid, uid, gids, runtimeFlags, mountExternal,
                    app.info.targetSdkVersion, seInfo, requiredAbi, instructionSet,
                    app.info.dataDir, null, app.info.packageName,
                    /*zygotePolicyFlags=*/ ZYGOTE_POLICY_FLAG_EMPTY, isTopApp,
                    app.getDisabledCompatChanges(), pkgDataInfoMap,
allowlistedAppDataInfoMap,
                    false, false,
                    new String[]{PROC_START_SEQ_IDENT + app.getStartSeq()});
        } else {
            regularZygote = true;
```

```
        startResult = Process.start(entryPoint,
                app.processName, uid, uid, gids, runtimeFlags, mountExternal,
                app.info.targetSdkVersion, seInfo, requiredAbi, instructionSet,
                app.info.dataDir, invokeWith, app.info.packageName,
zygotePolicyFlags,
                isTopApp, app.getDisabledCompatChanges(), pkgDataInfoMap,
                allowlistedAppDataInfoMap, bindMountAppsData,
bindMountAppStorageDirs,
                new String[]{PROC_START_SEQ_IDENT + app.getStartSeq()});
    }
    ...
```

在启动进程的startProcess()方法中也是一样，无论是否使用AppZygote，最终都会调用Process类的start()方法。因此，在深入分析启动进程的过程时，关注Process类的start()方法内部实现即可。

源码位置：frameworks/base/core/java/android/os/Process.java。

```
    public static ProcessStartResult start(@NonNull final String processClass,
                                    @Nullable final String niceName,
                                    int uid, int gid, @Nullable int[] gids,
                                    int runtimeFlags,
                                    int mountExternal,
                                    int targetSdkVersion,
                                    @Nullable String seInfo,
                                    @NonNull String abi,
                                    @Nullable String instructionSet,
                                    @Nullable String appDataDir,
                                    @Nullable String invokeWith,
                                    @Nullable String packageName,
                                    int zygotePolicyFlags,
                                    boolean isTopApp,
                                    @Nullable long[] disabledCompatChanges,
                                    @Nullable Map<String, Pair<String, Long>>
                                            pkgDataInfoMap,
                                    @Nullable Map<String, Pair<String, Long>>
                                            whitelistedDataInfoMap,
                                    boolean bindMountAppsData,
                                    boolean bindMountAppStorageDirs,
                                    @Nullable String[] zygoteArgs) {
        return ZYGOTE_PROCESS.start(processClass, niceName, uid, gid, gids,
                runtimeFlags, mountExternal, targetSdkVersion, seInfo,
                abi, instructionSet, appDataDir, invokeWith, packageName,
                zygotePolicyFlags, isTopApp, disabledCompatChanges,
                pkgDataInfoMap, whitelistedDataInfoMap, bindMountAppsData,
                bindMountAppStorageDirs, zygoteArgs);
    }
```

06

这里调用的是ZygoteProcess类中的start()方法：

```
    public final Process.ProcessStartResult start(@NonNull final String
processClass,
                                                  final String niceName,
                                                  int uid, int gid, @Nullable int[] gids,
                                                  int runtimeFlags, int mountExternal,
                                                  int targetSdkVersion,
                                                  @Nullable String seInfo,
                                                  @NonNull String abi,
                                                  @Nullable String instructionSet,
                                                  @Nullable String appDataDir,
                                                  @Nullable String invokeWith,
                                                  @Nullable String packageName,
                                                  int zygotePolicyFlags,
                                                  boolean isTopApp,
                                                  @Nullable long[]
disabledCompatChanges,
                                                  @Nullable Map<String, Pair<String,
Long>>
                                                        pkgDataInfoMap,
                                                  @Nullable Map<String, Pair<String,
Long>>
                                                        allowlistedDataInfoList,
                                                  boolean bindMountAppsData,
                                                  boolean bindMountAppStorageDirs,
                                                  @Nullable String[] zygoteArgs) {
    ...
        try {
            return startViaZygote(processClass, niceName, uid, gid, gids,
                    runtimeFlags, mountExternal, targetSdkVersion, seInfo,
                    abi, instructionSet, appDataDir, invokeWith,
/*startChildZygote=*/ false,
                    packageName, zygotePolicyFlags, isTopApp,
disabledCompatChanges,
                    pkgDataInfoMap, allowlistedDataInfoList, bindMountAppsData,
                    bindMountAppStorageDirs, zygoteArgs);
        } catch (ZygoteStartFailedEx ex) {
            Log.e(LOG_TAG,
                    "Starting VM process through Zygote failed");
            throw new RuntimeException(
                    "Starting VM process through Zygote failed", ex);
        }
    }
```

我们继续跟踪startViaZygote()方法。

```
    ...
    private Process.ProcessStartResult startViaZygote(@NonNull final String
processClass,
                                                      @Nullable final String niceName,
                                                      final int uid, final int gid,
                                                      @Nullable final int[] gids,
                                                      int runtimeFlags, int mountExternal,
                                                      int targetSdkVersion,
                                                      @Nullable String seInfo,
                                                      @NonNull String abi,
                                                      @Nullable String instructionSet,
                                                      @Nullable String appDataDir,
                                                      @Nullable String invokeWith,
                                                      boolean startChildZygote,
                                                      @Nullable String packageName,
                                                      int zygotePolicyFlags,
                                                      boolean isTopApp,
                                                      @Nullable long[]
disabledCompatChanges,
                                                      @Nullable Map<String, Pair<String,
Long>>
                                                              pkgDataInfoMap,
                                                      @Nullable Map<String, Pair<String,
Long>>
                                                              allowlistedDataInfoList,
                                                      boolean bindMountAppsData,
                                                      boolean bindMountAppStorageDirs,
                                                      @Nullable String[] extraArgs)
                                                      throws ZygoteStartFailedEx {
        ArrayList<String> argsForZygote = new ArrayList<>();

        ...// 省略代码，argsForZygote参数的填充
        synchronized(mLock) {
            return zygoteSendArgsAndGetResult(openZygoteSocketIfNeeded(abi),
                                              zygotePolicyFlags,
                                              argsForZygote);
        }
    }
```

在startViaZygote()方法中，主要执行了两个关键步骤：

01 openZygoteSocketIfNeeded：负责在必要时打开与Zygote进程通信的Socket连接。

02 通过Socket发送请求至Zygote，以触发进程的创建。

分析到这里，我们继续跟踪openZygoteSocketIfNeeded()方法：

```
    private ZygoteState openZygoteSocketIfNeeded(String abi) throws
```

```
ZygoteStartFailedEx {
        try {
            attemptConnectionToPrimaryZygote();

            if (primaryZygoteState.matches(abi)) {
                return primaryZygoteState;
            }

            if (mZygoteSecondarySocketAddress != null) {
                // The primary zygote didn't match. Try the secondary.
                attemptConnectionToSecondaryZygote();

                if (secondaryZygoteState.matches(abi)) {
                    return secondaryZygoteState;
                }
            }
        } ...
    }
```

这里通过不同的API判断机型或设备属于32位还是64位，从而选择与不同的Zygote进程通信。attemptConnectionToSecondaryZygote()方法的实现如下：

```
    private void attemptConnectionToPrimaryZygote() throws IOException {
        if (secondaryZygoteState== null || primaryZygoteState.isClosed()) {
            //这里开始建立一个Socket连接
            secondaryZygoteState = ZygoteState.connect(mZygoteSocketAddress,
mUsapPoolSocketAddress);

            ...
        }
    }
```

让我们回到zygoteSendArgsAndGetResult()方法中：

```
    private Process.ProcessStartResult zygoteSendArgsAndGetResult(
            ZygoteState zygoteState, int zygotePolicyFlags, @NonNull ArrayList<String>
args)
            throws ZygoteStartFailedEx {


        String msgStr = args.size() + "\n" + String.join("\n", args) + "\n";

        //是否使用usap的启动模式创建进程
        if (shouldAttemptUsapLaunch(zygotePolicyFlags, args)) {
            try {
                return attemptUsapSendArgsAndGetResult(zygoteState, msgStr);
            }
        }
```

```
    // 正常的进程创建流程
    return attemptZygoteSendArgsAndGetResult(zygoteState, msgStr);
}
```

正常的进程创建流程attemptZygoteSendArgsAndGetResult()方法的实现如下：

```
private Process.ProcessStartResult attemptZygoteSendArgsAndGetResult(
        ZygoteState zygoteState, String msgStr) throws ZygoteStartFailedEx {
    try {
        final BufferedWriter zygoteWriter = zygoteState.mZygoteOutputWriter;
        final DataInputStream zygoteInputStream =
zygoteState.mZygoteInputStream;

        // 先通过Socket向Zygote写数据
        zygoteWriter.write(msgStr);
        zygoteWriter.flush();

        // 然后从Socket中读数据
        Process.ProcessStartResult result = new Process.ProcessStartResult();
        result.pid = zygoteInputStream.readInt();
        result.usingWrapper = zygoteInputStream.readBoolean();

        return result;
    } ...
}
```

06

在此方法中，通过zygoteState获取对应的Socket，然后向其中写入数据。经过第2章的学习，相信读者对ZygoteServer已经不陌生了。ZygoteServer对象是在Zygote进程创建时启动的，Zygote会通过runSelectLoop()方法开启一个无限循环来处理请求。

在这里，我们首先关注ZygoteServer的构造方法，在这个构造方法中，会创建一个Socket，然后在runSelectLoop()函数中监听这个Socket。

源码位置：frameworks/base/core/java/com/android/internal/os/ZygoteServer.java。

```
ZygoteServer(boolean isPrimaryZygote) {
    mUsapPoolEventFD = Zygote.getUsapPoolEventFD();

    if (isPrimaryZygote) {
            // 通过PRIMARY_SOCKET_NAME创建一个socket
            // PRIMARY_SOCKET_NAME的值就是"zygote"
        mZygoteSocket = Zygote.createManagedSocketFromInitSocket
(Zygote.PRIMARY_SOCKET_NAME);
        mUsapPoolSocket =
                Zygote.createManagedSocketFromInitSocket(
                        Zygote.USAP_POOL_PRIMARY_SOCKET_NAME);
```

```
    } else {
        mZygoteSocket =
Zygote.createManagedSocketFromInitSocket(Zygote.SECONDARY_SOCKET_NAME);
        mUsapPoolSocket =
                Zygote.createManagedSocketFromInitSocket(
                        Zygote.USAP_POOL_SECONDARY_SOCKET_NAME);
    }

    mUsapPoolSupported = true;
    fetchUsapPoolPolicyProps();
}
```

继续跟踪方法内的调用流程，可以看到runSelectLoop()的内部实现：

```
Runnable runSelectLoop(String abiList) {
    ArrayList<FileDescriptor> socketFDs = new ArrayList<>();
    ArrayList<ZygoteConnection> peers = new ArrayList<>();

    // 先取出Socket的文件描述符FD，索引是0
    socketFDs.add(mZygoteSocket.getFileDescriptor());
    peers.add(null);

    mUsapPoolRefillTriggerTimestamp = INVALID_TIMESTAMP;

    // 开始一个无限循环
    while (true) {
        // 刷新 Usap 池的参数
        fetchUsapPoolPolicyPropsWithMinInterval();
        mUsapPoolRefillAction = UsapPoolRefillAction.NONE;

        int[] usapPipeFDs = null;
        StructPollfd[] pollFDs;

        if (mUsapPoolEnabled) {
            usapPipeFDs = Zygote.getUsapPipeFDs();
            pollFDs = new StructPollfd[socketFDs.size() + 1 + usapPipeFDs.length];
        } else {
            pollFDs = new StructPollfd[socketFDs.size()];
        }

        // 先将socketFD 添加到 pollFDs中
        int pollIndex = 0;
        for (FileDescriptor socketFD : socketFDs) {
            pollFDs[pollIndex] = new StructPollfd();
            pollFDs[pollIndex].fd = socketFD;
            pollFDs[pollIndex].events = (short) POLLIN;
            ++pollIndex;
        }

        // 保存usap缓存池的数量
```

```
        final int usapPoolEventFDIndex = pollIndex;

        // 如果使用usap 缓存池，就将mUsapPoolEventFD添加到pollFDs中
        if (mUsapPoolEnabled) {
            pollFDs[pollIndex] = new StructPollfd();
            pollFDs[pollIndex].fd = mUsapPoolEventFD;
            pollFDs[pollIndex].events = (short) POLLIN;
            ++pollIndex;

            assert usapPipeFDs != null;
            for (int usapPipeFD : usapPipeFDs) {
                FileDescriptor managedFd = new FileDescriptor();
                managedFd.setInt$(usapPipeFD);

                pollFDs[pollIndex] = new StructPollfd();
                pollFDs[pollIndex].fd = managedFd;
                pollFDs[pollIndex].events = (short) POLLIN;
                ++pollIndex;
            }
        }

        int pollTimeoutMs;

        if (mUsapPoolRefillTriggerTimestamp == INVALID_TIMESTAMP) {
            pollTimeoutMs = -1;
        } else {
            long elapsedTimeMs = System.currentTimeMillis() -
mUsapPoolRefillTriggerTimestamp;

            if (elapsedTimeMs >= mUsapPoolRefillDelayMs) {
                // 判断延迟时间
                pollTimeoutMs = 0;
                mUsapPoolRefillTriggerTimestamp = INVALID_TIMESTAMP;
                mUsapPoolRefillAction = UsapPoolRefillAction.DELAYED;

            } else if (elapsedTimeMs <= 0) {
                // elapsedTimeMs小于0，就重置时间
                pollTimeoutMs = mUsapPoolRefillDelayMs;

            } else {
                pollTimeoutMs = (int) (mUsapPoolRefillDelayMs - elapsedTimeMs);
            }
        }

        int pollReturnValue;
        try {
            //调用Linux的poll()函数，开始阻塞
            pollReturnValue = Os.poll(pollFDs, pollTimeoutMs);
        } catch (ErrnoException ex) {
            throw new RuntimeException("poll failed", ex);
        }
```

```
        if (pollReturnValue == 0) {
            // 返回为0表示超时，或者FD没有准备好
            // 需要重新填充参数
            mUsapPoolRefillTriggerTimestamp = INVALID_TIMESTAMP;
            mUsapPoolRefillAction = UsapPoolRefillAction.DELAYED;

        } else {
            boolean usapPoolFDRead = false;

            // 开始反向处理文件描述符
            while (--pollIndex >= 0) {
                if ((pollFDs[pollIndex].revents & POLLIN) == 0) {
                    continue;
                }

                // 如果索引是0，就说明是Socket的FD
                if (pollIndex == 0) {
                    ZygoteConnection newPeer = acceptCommandPeer(abiList);
                    peers.add(newPeer);
                    socketFDs.add(newPeer.getFileDescriptor());
                } else if (pollIndex < usapPoolEventFDIndex) {
                    // 如果pollIndex小于usapPoolEventFDIndex,
                    // 就说明当初Socket消息来自Zygote Server
                    try {
                        ZygoteConnection connection = peers.get(pollIndex);
                        boolean multipleForksOK = !isUsapPoolEnabled()
                                && ZygoteHooks.isIndefiniteThreadSuspensionSafe();

                        //执行fork
                        final Runnable command =
                                connection.processCommand(this, multipleForksOK);

                        if (mIsForkChild) {
                            return command;
                        } else {
                            if (connection.isClosedByPeer()) {
                                connection.closeSocket();
                                peers.remove(pollIndex);
                                socketFDs.remove(pollIndex);
                            }
                        }
                    } catch (Exception e) {
                        if (!mIsForkChild) {
                            ZygoteConnection conn = peers.remove(pollIndex);
                            conn.closeSocket();

                            socketFDs.remove(pollIndex);
                        } else {
                            throw e;
```

```
                }
            } finally {
                mIsForkChild = false;
            }

        } else {
            // 否则就是pollIndex大于usapPoolEventFDIndex，说明当前使用USAP缓存池
            long messagePayload;

            try {
                byte[] buffer =
                    new byte[Zygote.USAP_MANAGEMENT_MESSAGE_BYTES];
                int readBytes =
                    Os.read(pollFDs[pollIndex].fd, buffer, 0, buffer.length);

                if (readBytes == Zygote.USAP_MANAGEMENT_MESSAGE_BYTES) {
                    DataInputStream inputStream =
                        new DataInputStream(new
ByteArrayInputStream(buffer));

                    messagePayload = inputStream.readLong();
                } else {
                    continue;
                }
            } catch (Exception ex) {
                continue;
            }

            if (pollIndex > usapPoolEventFDIndex) {
                Zygote.removeUsapTableEntry((int) messagePayload);
            }
            // 如果使用usap预先创建进程，则需要修改标志
            usapPoolFDRead = true;
        }
    }

    // ...
    if (usapPoolFDRead) {
        int usapPoolCount = Zygote.getUsapPoolCount();

        if (usapPoolCount < mUsapPoolSizeMin) {
            // Immediate refill
            mUsapPoolRefillAction = UsapPoolRefillAction.IMMEDIATE;
        } else if (mUsapPoolSizeMax - usapPoolCount >=
mUsapPoolRefillThreshold) {
            // Delayed refill
            mUsapPoolRefillTriggerTimestamp = System.currentTimeMillis();
        }
    }
}
```

```
                // 如果使用usap缓存池，那么 mUsapPoolRefillAction的值不会为NONE
                if (mUsapPoolRefillAction != UsapPoolRefillAction.NONE) {
                    int[] sessionSocketRawFDs =
                            socketFDs.subList(1, socketFDs.size())
                                    .stream()
                                    .mapToInt(FileDescriptor::getInt$)
                                    .toArray();

                    final boolean isPriorityRefill =
                            mUsapPoolRefillAction == UsapPoolRefillAction.IMMEDIATE;

                    final Runnable command =
                            fillUsapPool(sessionSocketRawFDs, isPriorityRefill);

                    if (command != null) {
                        return command;
                    } else if (isPriorityRefill) {
                        // Schedule a delayed refill to finish refilling the pool
                        mUsapPoolRefillTriggerTimestamp = System.currentTimeMillis();
                    }
                }
            }
        }
    }
```

在runSelectLoop()方法中，Zygote会启动进程创建的逻辑。Zygote在这里处理了以下两种情况。

- usap（预创建进程）：从Android 10开始的创建进程的优化策略。通过预先创建一批进程，当客户端请求创建进程时，可以直接从预创建的进程池中获取，从而提高效率。
- 标准进程创建：这是常规的进程创建逻辑，通过processCommand()函数调用系统的fork()方法来实现。

processCommand方法的实现如下：

```
Runnable processCommand(ZygoteServer zygoteServer, boolean multipleOK) {
    ZygoteArguments parsedArgs;

    try (ZygoteCommandBuffer argBuffer = new ZygoteCommandBuffer(mSocket)) {
        while (true) {
            ...

            if (parsedArgs.mInvokeWith != null || parsedArgs.mStartChildZygote
                    || !multipleOK || peer.getUid() != Process.SYSTEM_UID) {

                pid = Zygote.forkAndSpecialize(parsedArgs.mUid, parsedArgs.mGid,
                        parsedArgs.mGids, parsedArgs.mRuntimeFlags, rlimits,
                        parsedArgs.mMountExternal, parsedArgs.mSeInfo,
                        parsedArgs.mNiceName,
                        fdsToClose, fdsToIgnore, parsedArgs.mStartChildZygote,
```

```
                    parsedArgs.mInstructionSet, parsedArgs.mAppDataDir,
                    parsedArgs.mIsTopApp, parsedArgs.mPkgDataInfoList,
                    parsedArgs.mAllowlistedDataInfoList,
                    parsedArgs.mBindMountAppDataDirs,
                    parsedArgs.mBindMountAppStorageDirs);

            try {
                if (pid == 0) {
                    // 子进程
                    zygoteServer.setForkChild();

                    zygoteServer.closeServerSocket();
                    IoUtils.closeQuietly(serverPipeFd);
                    serverPipeFd = null;
                    // 处理子进程
                    return handleChildProc(parsedArgs, childPipeFd,
                            parsedArgs.mStartChildZygote);
                } else {
                    IoUtils.closeQuietly(childPipeFd);
                    childPipeFd = null;
                    handleParentProc(pid, serverPipeFd);
                    return null;
                }
            } finally {
                IoUtils.closeQuietly(childPipeFd);
                IoUtils.closeQuietly(serverPipeFd);
            }
        } ...
}
```

此方法最后调用Zygote中的forkAndSpecialize()方法开始创建进程。在forkAndSpecialize()中负责相关业务的代码如下：

```
    [frameworks/base/core/jni/com_android_internal_os_Zygote.cpp]

    static int forkAndSpecialize(int uid, int gid, int[] gids, int runtimeFlags,
            int[][] rlimits, int mountExternal, String seInfo, String niceName, int[]
fdsToClose,
            int[] fdsToIgnore, boolean startChildZygote, String instructionSet,
String appDataDir,
            boolean isTopApp, String[] pkgDataInfoList, String[]
allowlistedDataInfoList,
            boolean bindMountAppDataDirs, boolean bindMountAppStorageDirs) {
        ZygoteHooks.preFork();

        int pid = nativeForkAndSpecialize(
                uid, gid, gids, runtimeFlags, rlimits, mountExternal, seInfo, niceName,
```

```
fdsToClose,
            fdsToIgnore, startChildZygote, instructionSet, appDataDir, isTopApp,
            pkgDataInfoList, allowlistedDataInfoList, bindMountAppDataDirs,
            bindMountAppStorageDirs);
      ...
      return pid;
   }
```

整个方法调用链最终进入了JNI层，并在nativeForkAndSpecialize()方法中继续执行。

```
   static jint com_android_internal_os_Zygote_nativeForkAndSpecialize(
         JNIEnv* env, jclass, jint uid, jint gid, jintArray gids, jint runtime_flags,
         jobjectArray rlimits, jint mount_external, jstring se_info, jstring
nice_name,
         jintArray managed_fds_to_close, jintArray managed_fds_to_ignore, jboolean
is_child_zygote,
         jstring instruction_set, jstring app_data_dir, jboolean is_top_app,
         jobjectArray pkg_data_info_list, jobjectArray allowlisted_data_info_list,
         jboolean mount_data_dirs, jboolean mount_storage_dirs) {
      jlong capabilities = CalculateCapabilities(env, uid, gid, gids,
is_child_zygote);

      ... // 省略代码

      pid_t pid = zygote::ForkCommon(env, /* is_system_server= */ false,
                                     fds_to_close, fds_to_ignore, true);
         // 返回PID为0时是子进程
      if (pid == 0) {
         // 子进程的初始化逻辑
         SpecializeCommon(env, uid, gid, gids, runtime_flags, rlimits,
                  capabilities, capabilities, mount_external, se_info,
                  nice_name, false, is_child_zygote == JNI_TRUE,
                  instruction_set, app_data_dir, is_top_app == JNI_TRUE,
                  pkg_data_info_list,allowlisted_data_info_list,
                  mount_data_dirs == JNI_TRUE,mount_storage_dirs == JNI_TRUE);
      }
      return pid;
   }
```

继续跟踪，zygote::ForkCommon()方法的实现代码如下：

```
   // Utility routine to fork a process from the zygote
   NO_STACK_PROTECTOR
   pid_t zygote::ForkCommon(JNIEnv* env, bool is_system_server,
                     const std::vector<int>& fds_to_close,
                     const std::vector<int>& fds_to_ignore,
                     bool is_priority_fork,
```

```
                       bool purge) {
  ... // 省略代码

  pid_t pid = fork();

  if (pid == 0) {
    if (is_priority_fork) {
      setpriority(PRIO_PROCESS, 0, PROCESS_PRIORITY_MAX);
    } else {
      setpriority(PRIO_PROCESS, 0, PROCESS_PRIORITY_MIN);
    }

    ...
  return pid;
}
```

最后，经过一连串的调用链，通过Linux的fork()方法来创建进程。进程其实就是一个task_struct结构体，通过fork()创建进程本质上是复制内存中这个结构体的数据。然后分两次返回：在父进程中返回子进程的PID，在子进程中返回0。至此，整个进程创建的过程就完成了。

进程启动流程完成后，接下来我们需要了解进程是如何进行初始化的。在processCommand()方法中，一旦子进程启动，系统会调用handleChildProc()方法来执行子进程的初始化工作。

源码位置：frameworks/base/core/java/com/android/internal/os/ZygoteConnection. java。

```
private Runnable handleChildProc(ZygoteArguments parsedArgs,
        FileDescriptor pipeFd, boolean isZygote) {

    closeSocket();

    Zygote.setAppProcessName(parsedArgs, TAG);

    ...

    } else {
        if (!isZygote) {
            // isZygote是否在Zygote进程中，子进程为false
            return ZygoteInit.zygoteInit(parsedArgs.mTargetSdkVersion,
                    parsedArgs.mDisabledCompatChanges,
                    parsedArgs.mRemainingArgs, null /* classLoader */);
        } else {
            return ZygoteInit.childZygoteInit(
                    parsedArgs.mRemainingArgs  /* classLoader */);
        }
    }
}
```

继续关注ZygoteInit，在ZygoteInit中会进行三部分的初始化：

- RuntimeInit.commonInit
- ZygoteInit.nativeZygoteInit
- RuntimeInit.applicationInit

在RuntimeInit.commonInit中：

```
    protected static final void commonInit() {
        if (DEBUG) Slog.d(TAG, "Entered RuntimeInit!");

        /*
         * set handlers; these apply to all threads in the VM. Apps can replace
         * the default handler, but not the pre handler
         */
        LoggingHandler loggingHandler = new LoggingHandler();
        RuntimeHooks.setUncaughtExceptionPreHandler(loggingHandler);
        // 设置未捕获异常的处理
        Thread.setDefaultUncaughtExceptionHandler(new
KillApplicationHandler(loggingHandler));

        ...
    }
```

uncaughtException是指在应用程序中未被捕获的异常。系统默认处理这类未捕获异常的方式通常是终止并重启出现问题的进程。

```
    public void uncaughtException(Thread t, Throwable e) {
        try {
            ...
            //调用AMS的handleApplicationCrash
            ActivityManager.getService().handleApplicationCrash(
                    mApplicationObject, new ApplicationErrorReport.
ParcelableCrashInfo(e));
        } catch (Throwable t2) {
            ...
        } finally {
            // 终止进程
            Process.killProcess(Process.myPid());
            System.exit(10);
        }
    }
```

接下来，初始化ZygoteInit.nativeZygoteInit，执行对应的JNI方法。

源码位置：frameworks/base/core/jni/AndroidRuntime.cpp。

```
static void com_android_internal_os_ZygoteInit_nativeZygoteInit(JNIEnv* env,
jobject clazz)
{
    gCurRuntime->onZygoteInit();
}
```

这里的调用又回到了onZygoteInit()方法中：

源码位置：frameworks/base/cmds/app_process/app_main.cpp。

```
virtual void onZygoteInit()
{
    // ProcessState是进程单例对象，它会打开Binder驱动
    sp<ProcessState> proc = ProcessState::self();
    // 然后开启Binder线程，开始Binder通信
    proc->startThreadPool();
}
```

onZygoteInit实际上是启动Binder通信的过程。在Android系统中，不论是应用进程还是系统进程，都包含这个初始化逻辑。在这步之后，进程的Binder通信就可以使用了。

接下来，我们来看RuntimeInit.applicationInit()方法的内部实现：

源码位置：frameworks/base/core/java/com/android/internal/os/RuntimeInit.java。

```
protected static Runnable applicationInit(int targetSdkVersion, long[]
disabledCompatChanges,
        String[] argv, ClassLoader classLoader) {
    ...
    final Arguments args = new Arguments(argv);


    //调用进程的main()方法
    return findStaticMain(args.startClass, args.startArgs, classLoader);
}
```

findStaticMain()方法的内部实现如下：

```
protected static Runnable findStaticMain(String className, String[] argv,
        ClassLoader classLoader) {
    Class<?> cl;

    try {
        // 反射获取的ActivityThread类
        cl = Class.forName(className, true, classLoader);
    } ...

    Method m;
```

```
        try {
            //调用ActivityThread类的main()函数
            m = cl.getMethod("main", new Class[] { String[].class });
        } ...
    }
```

最后的applicationInit循环就是调用我们熟悉的ActivityThread的main()函数。

接下来，我们来看main()函数：

```
public static void main(String[] args) {
    Trace.traceBegin(Trace.TRACE_TAG_ACTIVITY_MANAGER, "ActivityThreadMain");
    ...
    Process.setArgV0("<pre-initialized>");
    //调用Looper的prepareMainLooper
    Looper.prepareMainLooper();
    ...
    // 创建ActivityThread对象，并调用attach()函数
    ActivityThread thread = new ActivityThread();
    thread.attach(false, startSeq);
    ...
    //调用Looper的loop()方法
    Looper.loop();
    throw new RuntimeException("Main thread loop unexpectedly exited");
}
```

在main()函数中，逻辑相对简单。首先，它调用attach()函数，这与我们之前讨论的进程管理中AMS的attachApplicationLocked()函数相对应。实际上，attach()函数的调用是这一系列调用链的一部分。接下来是Handler的三个基本操作：prepare、prepareX和loop。

Handler的原理后面再详细介绍，这里先来介绍一下attach()函数。虽然我们的进程是通过Zygote创建和启动的，并且在初始化过程中，Binder通信的相关准备工作已经完成，我们可以使用Binder进行通信，但此时还没有与AMS建立连接。那么，AMS如何管理这个刚刚创建的进程呢？

attach()函数正好可以建立这种连接。

```
@UnsupportedAppUsage
private void attach(boolean system, long startSeq) {
    sCurrentActivityThread = this;
    mConfigurationController = new ConfigurationController(this);
    mSystemThread = system;
    //是否为系统进程，现在是false
```

```
    if (!system) {
        android.ddm.DdmHandleAppName.setAppName("<pre-initialized>",
                                                UserHandle.myUserId());
        RuntimeInit.setApplicationObject(mAppThread.asBinder());

        // 获取AMS的Binder对象
        final IActivityManager mgr = ActivityManager.getService();
        try {
            //调用attachApplication()函数
            mgr.attachApplication(mAppThread, startSeq);
        } catch (RemoteException ex) {
            throw ex.rethrowFromSystemServer();
        }
        ...
```

这里传入了一个mAppThread对象，这个对象是ActivityThread的成员变量：

```
final ApplicationThread mAppThread = new ApplicationThread();
```

ApplicationThread类是定义在ActivityThread中的内部类：

```
private class ApplicationThread extends IApplicationThread.Stub {
    public final void bindApplication(String processName, ApplicationInfo
appInfo,
        ProviderInfoList providerList, ComponentName instrumentationName,
        ProfilerInfo profilerInfo, Bundle instrumentationArgs,
        IInstrumentationWatcher instrumentationWatcher,
        IUiAutomationConnection instrumentationUiConnection, int debugMode,
        boolean enableBinderTracking, boolean trackAllocation,
        boolean isRestrictedBackupMode, boolean persistent, Configuration config,
        CompatibilityInfo compatInfo, Map services, Bundle coreSettings,
        String buildSerial, AutofillOptions autofillOptions,
        ContentCaptureOptions contentCaptureOptions, long[]
disabledCompatChanges,
        SharedMemory serializedSystemFontMap) {
    if (services != null) {
        if (false) {
            // Test code to make sure the app could see the passed-in services
            for (Object oname : services.keySet()) {
                if (services.get(oname) == null) {
                    continue; // AM just passed in a null service.
                }
                String name = (String) oname;

                // See b/79378449 about the following exemption
                switch (name) {
                    case "package":
```

06

```
                case Context.WINDOW_SERVICE:
                    continue;
                }

                if (ServiceManager.getService(name) == null) {
                    Log.wtf(TAG, "Service " + name + " should be accessible by this
app");
                }
            }
        }

        // Setup the service cache in the ServiceManager
        ServiceManager.initServiceCache(services);
    }

    setCoreSettings(coreSettings);

    AppBindData data = new AppBindData();
    data.processName = processName;
    data.appInfo = appInfo;
    data.providers = providerList.getList();
    data.instrumentationName = instrumentationName;
    data.instrumentationArgs = instrumentationArgs;
    data.instrumentationWatcher = instrumentationWatcher;
    data.instrumentationUiAutomationConnection = instrumentationUiConnection;
    data.debugMode = debugMode;
    data.enableBinderTracking = enableBinderTracking;
    data.trackAllocation = trackAllocation;
    data.restrictedBackupMode = isRestrictedBackupMode;
    data.persistent = persistent;
    data.config = config;
    data.compatInfo = compatInfo;
    data.initProfilerInfo = profilerInfo;
    data.buildSerial = buildSerial;
    data.autofillOptions = autofillOptions;
    data.contentCaptureOptions = contentCaptureOptions;
    data.disabledCompatChanges = disabledCompatChanges;
    data.mSerializedSystemFontMap = serializedSystemFontMap;
    sendMessage(H.BIND_APPLICATION, data);
  }
  }
```

ApplicationThread包含多个方法（函数），其中bindApplication是一个相对重要的方法。接下来，我们将探讨与AMS建立连接的过程，这涉及attachApplication()方法。

```
  public final void attachApplication(IApplicationThread thread, long startSeq) {

    synchronized (this) {
```

```
        int callingPid = Binder.getCallingPid();
        final int callingUid = Binder.getCallingUid();
        final long origId = Binder.clearCallingIdentity();

        attachApplicationLocked(thread, callingPid, callingUid, startSeq);
        Binder.restoreCallingIdentity(origId);
    }
}
```

接下来，我们要讨论的是之前提到的 attachApplicationLocked()函数。在之前的AMS进程管理中，我们已经讨论过这个函数。现在，我们要关注的是函数中的一个特定部分：thread.bindApplication。

thread是一个ApplicationThread对象，它之前从ActivityThread传入。这个对象用于应用进程与AMS之间的通信。目前，AMS通过这个ApplicationThread的Binder对象调用了它的bindApplication()函数，并传递了一系列参数。这些参数是系统进程为应用进程分配的进程信息。

源码位置：frameworks/base/services/core/java/com/android/server/am/ActivityManagerService.java。

```
@GuardedBy("this")
private boolean attachApplicationLocked(@NonNull IApplicationThread thread,
        int pid, int callingUid, long startSeq) {

    // 根据pid获取对应进程记录、名称等信息
    // 同时注册该进程的死亡回调等信息
    ProcessRecord app;
    long startTime = SystemClock.uptimeMillis();
    long bindApplicationTimeMillis;
    if (pid != MY_PID && pid >= 0) {
        synchronized (mPidsSelfLocked) {
            // 从mPidsSelfLocked中取出指定进程的进程信息ProcessRecord
            app = mPidsSelfLocked.get(pid);
        }
    }


    //调用IApplicationThread的bindApplication
    if (app.getIsolatedEntryPoint() != null) {
        //这是一个独立的进程，它应该只调用一个入口点，而不是绑定到一个应用程序
        thread.runIsolatedEntryPoint(
                app.getIsolatedEntryPoint(), app.getIsolatedEntryPointArgs());
    } else if (instr2 != null) {
        //bindApplication方法最终会执行Application的onCreate方法，开始启动App进程
        thread.bindApplication(processName, appInfo, providerList,
                instr2.mClass,
                profilerInfo, instr2.mArguments,
                instr2.mWatcher,
```

```
                instr2.mUiAutomationConnection, testMode,
                mBinderTransactionTrackingEnabled, enableTrackAllocation,
                isRestrictedBackupMode || !normalMode, app.isPersistent(),
                new Configuration(app.getWindowProcessController().
getConfiguration()),
                app.getCompat(), getCommonServicesLocked(app.isolated),
                mCoreSettingsObserver.getCoreSettingsLocked(),
                buildSerial, autofillOptions, contentCaptureOptions,
                app.getDisabledCompatChanges(), serializedSystemFontMap);
        } else {
            thread.bindApplication(processName, appInfo, providerList, null,
                profilerInfo, null, null, null, testMode,
                mBinderTransactionTrackingEnabled, enableTrackAllocation,
                isRestrictedBackupMode || !normalMode, app.isPersistent(),
                new Configuration(app.getWindowProcessController().
getConfiguration()),
                app.getCompat(), getCommonServicesLocked(app.isolated),
                mCoreSettingsObserver.getCoreSettingsLocked(),
                buildSerial, autofillOptions, contentCaptureOptions,
                app.getDisabledCompatChanges(), serializedSystemFontMap);
        }
        // 记录App进程相关信息
        synchronized (mProcLock) {
            // IApplicationThread保存到进程信息中
            // 此时处在AMS进程中，所以会将IApplicationThread这个Binder对象保存到AMS中
            app.makeActive(thread, mProcessStats);
        }
        // 更新应用列表等信息
        updateLruProcessLocked(app, false, null);
    }
```

至此，AMS完成了进程的启动。关于进程启动的详细流程就介绍完毕了。

6.7 实战：AMS 拦截启动

Android 系统的开放性促进了其生态系统的繁荣，但也不可避免地导致了一些违规应用的出现，例如涉及赌博、虚假信息和诈骗广告的应用。这些违规应用不仅可能引导用户访问不良网站，有时还会在后台强制播放无法跳过的广告，这不仅影响了用户体验，还可能对驾驶安全构成威胁。此外，这些违规应用常常利用多个"马甲包"（即不同的包名）来不断"变换身份"，使得基于包名的常规筛选和禁止安装策略难以实时生效。因此，车机厂商通常会采用动态控制手段，屏蔽特定的页面或广告，以防止用户接触到这些违规内容。

为了实现对特定页面启动的拦截，可以设定一个模块在系统启动后向云端请求最新数据，并更新到本地数据库。这一业务流程与本章内容关系不大，因此不在此详细讨论。如果需要查询在车机上已打开的应用的当前页面所对应的包名和页面路径，可以使用以下命令：

```
adb shell dumpsys activity |findstr "mFocus"
```

通过本章的学习，你应该对AMS启动相关进程的流程有了一定的了解。要拦截特定页面的启动，需要找到AMS启动Activity的流程。AMS启动Activity的过程相对简单，可以分为以下3个步骤：

01 ActivityManagerService.startActivity()。

02 ActivityTaskManagerService.startActivity()。

03 ActivityTaskManagerService.startActivityAsUser()。

在ATMS的startActivityAsUser()方法中，参数非常明显，几乎可以实现完整的调用。因此，建议在这个方法中实现拦截逻辑。

```
    private int startActivityAsUser(IApplicationThread caller, String
callingPackage,
            @Nullable String callingFeatureId, Intent intent, String resolvedType,
            IBinder resultTo, String resultWho, int requestCode, int startFlags,
            ProfilerInfo profilerInfo, Bundle bOptions, int userId, boolean
validateIncomingUser) {
        assertPackageMatchesCallingUid(callingPackage);
        enforceNotIsolatedCaller("startActivityAsUser");
        ...
        // for disable google pop-up location alerts begin
        try{
        ActivityInfo aInfo = mTaskSupervisor.resolveActivity(intent, resolvedType,
               startFlags, profilerInfo, userId, Binder.getCallingUid());
       //新增代码：这里可以只判断包名，就直接屏蔽整个App包下的所有页面
        if (TARGET_PACKAGE.equals(callingPackage) &&
               TARGET_ACTIVITY.equals(aInfo.taskAffinity))) {
            Log.d(TAG, "Block Google location pop-ups");
            return ActivityManager.START_CANCELED;
        }
        }catch(Exception e){
               Log.d(TAG, "e.getMessage = " + e.getMessage());
        }
        // for disable google pop-up location alerts end


        userId = getActivityStartController().checkTargetUser(userId,
               validateIncomingUser, Binder.getCallingPid(),
               Binder.getCallingUid(), "startActivityAsUser");
               ...
    }
```

更改完成后，我们需要重新对源码进行编译（因为修改的是AMS，推荐整机编译）。编译结束后，再打开模拟器，我们会发现相关页面已经无法打开了（可下载随书附赠的广告App的APK文件，对该App进行测试）。

6.8 本章小结

本章详细介绍了Android系统中最关键的系统服务之一——AMS。在Android 10之前，AMS负责进程调度和管理等职责。从Android 10开始，引入了新的ATMS服务，分担了AMS的部分职责。ATMS专注于管理与Activity相关的任务，包括将Activity封装成Task进行处理。在AMS的基础上，ATMS进一步处理ActivityRecord，将其封装成Task，以便更有效地管理用户活动。这一过程通过ActivityManagerInternal（AMI）接口实现，该接口由AMS实现并添加到LocalServices中，形成一个键一值对（Key-Value Pair）组合，即AMI.class加上AMS内部类LocalService对象，实现了ATMS与AMS之间的通信和协作。这样，AMS可以更专注于进程管理，确保系统的稳定性和资源的有效利用。AMS和ATMS的共同协作确保了Android系统活动的有效管理和系统的稳定运行。

通过本章的学习，读者应能够掌握以下关键知识点：

（1）AMS和ATMS的启动过程。

（2）AMS的初始化内容。

（3）进程启动流程以及AMS在其中的作用和角色。

第 7 章

WMS窗口管理与服务

在Android系统中，所有的用户界面元素都被抽象为窗口概念。窗口是承载所有视图的载体。窗口无处不在：从开机后用户看到的状态栏、各个应用的界面，到弹出的Toast和PopupWindow等，都是窗口的表现形式。总的来说，窗口是屏幕上用于绘制各种用户界面元素并响应用户操作的矩形区域。然而，从不同角度来看，窗口的具体含义可能有所不同。

窗口管理服务（Window Manager Service，WMS）负责管理所有窗口。对于WMS而言，它管理的窗口实际上是View类的实例，而非Window类。WMS的职责包括维护这些View的Z轴顺序、显示区域，并将用户交互事件分派到相应的View中。Window类是对窗口交互的抽象，定义了一些窗口特有的行为，如返回键处理以及系统按钮（如Home、Back等）的响应。Window类所描述的窗口是通用窗口概念的一个子集，它在通用窗口的基础上进行了更高层次的抽象。例如，PopupWindow虽然是一个窗口，但其源码中并没有创建Window对象。而Dialog类则是通过PolicyManager.makeNewWindow(mContext)方法创建Window对象来管理的。当Dialog显示时，可以通过Back事件来关闭它，而PopupWindow则需要开发者自行处理关闭逻辑。

WMS的出现是为了有效管理这些窗口操作。Android中的WMS源码逻辑复杂，代码量庞大，没有清晰的思路很容易在其中迷失。本章将引导读者深入剖析WMS服务的源码。

7.1 功能介绍

WMS是Android系统中的核心服务之一，主要负责管理应用程序窗口的创建、移动、调整大小和显示等操作。

根据其作用，WMS的职责如图7-1所示。

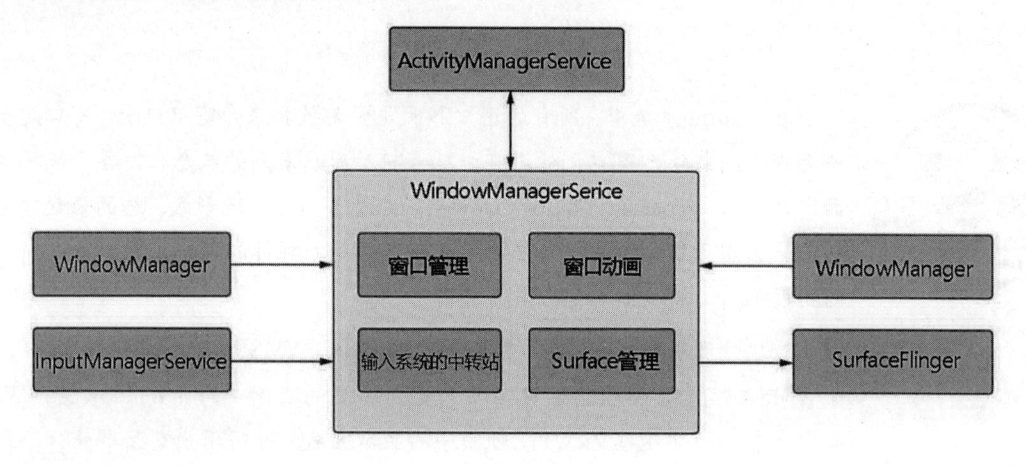

图 7-1 WMS 的职责

WMS是窗口的管理者，负责窗口的启动、添加和删除，同时负责管理窗口的大小。管理窗口的核心成员有DisplayContent、WindowToken和WindowState等。如图7-1所示，WMS的功能主要分为四大部分，分别是窗口管理、窗口动画、输入系统的中转站和Surface管理。

1. 窗口管理

WMS是Android系统中负责管理窗口的核心组件。它负责启动窗口、把窗口添加到显示列表、删除窗口、控制窗口的显示与隐藏等操作。WMS确保所有窗口按照正确的顺序显示在屏幕上，并且管理窗口的大小和布局。

WMS的核心成员包括DisplayContent、WindowToken和WindowState。当应用程序需要创建窗口时，WMS会接收到请求，并为新窗口分配一个唯一的标识符。WMS负责跟踪和管理系统中所有窗口的状态，包括它们的生命周期和可见性。当窗口不再需要时，WMS也会负责销毁这些窗口。

2. 窗口动画

在Android系统中，窗口间的切换可以通过窗口动画来增强视觉效果，从而提升用户体验。这些窗口动画由WMS的动画子系统负责管理，该子系统被称为WindowAnimator。

3. 输入系统的中转站

WMS负责管理窗口之间的交互事件。当用户通过触摸屏幕产生触摸事件时，WMS与InputManagerService（IMS）协同工作来处理这些事件。WMS负责确定哪个窗口最适合接收并处理触摸反馈信息，然后将这些事件路由到正确的窗口。这一过程确保了用户在屏幕上进行点击、滑动等操作时能够得到及时的反馈和交互体验。

4. Surface管理

窗口本身不负责绘制内容，因此它们需要一个Surface来进行绘制。WMS负责为每个窗口分配其所需的Surface，以便窗口能够展示其内容。

WMS的主要功能是管理窗口。从它的名称就可以看出，WMS与窗口相关的任务密切相关。理解窗口的基本概念是在深入学习WMS之前的关键步骤。在深入探究WMS之前，本章将引导读者一步一步构建窗口层级结构。首先，我们需要了解窗口（Window）的基本含义和作用。

7.2　Window 窗口介绍

Window是Android中表示窗口概念的抽象类，它作为所有用户界面视图的载体。无论是Activity、Dialog还是Toast，它们的视图都是构建在Window的基础上的。例如，要在桌面上显示一个悬浮窗口，就需要使用Window来实现。WindowManager是用于操作Window的接口，提供了添加、移除和更新窗口的方法。

在Android中，Window类的实现是通过PhoneWindow类来完成的。Activity中的DecorView和Dialog中的View都是在PhoneWindow的实例中创建的。因此，Window实际上直接管理着View的很多方面，包括事件分发机制。在Activity中，当接收到点击事件时，事件首先通过Window传递到DecorView，然后才会分发到具体的View上。在Activity.onCreate()方法中调用的setContentView()也是通过Window来设置视图的。需要注意的是，Window的属性和行为是由WindowManager来定义和控制的。

7.2.1　窗口使用

系统提供的窗口添加流程非常清晰。为了展示这一流程，我们可以创建一个新的Android应用工程，并在其中的Activity中添加以下代码：

```
TextView textView = TextView(this);
textView.setText("window test");
textView.setTextSize(66);
```

07

```
    textView.setTextColor(Color.BLACK)
    textView.setBackgroundColor(Color.WHITE);

    WindowManager.LayoutParams parent =
WindowManager.LayoutParams(WindowManager.LayoutParams.WRAP_CONTENT,
        WindowManager.LayoutParams.WRAP_CONTENT, 0, 0, PixelFormat.TRANSPARENT);
    parent.type = WindowManager.LayoutParams.TYPE_APPLICATION;
    parent.flags = WindowManager.LayoutParams.FLAG_NOT_TOUCH_MODAL; // (or
WindowManager.LayoutParams.FLAG_NOT_FOCUSABLE)
    parent.gravity = Gravity.END; // (or Gravity.BOTTOM)
    parent.y = 500;
    parent.x = 100;
    windowManager.addView(textView, parent);
```

上述代码添加了一个Window，位置在(100, 500)。在添加Window时，有几个属性是非常关键的，包括type和flags。

1. 窗口类型（type）

type参数定义了Window的类型，Window根据其类型被分为三个层级。在显示时，层级较高的Window会覆盖层级较低的Window。具体的类型如表7-1所示。

表 7-1 Window 的类型

Window 类型	层级范围	说 明
应用 Window	1 ~ 99	对应一个 Activity
子 Window	1000 ~ 1999	不能单独存在，需要附属在特定的 Window 中，例如常见的 PopWindow、Dialog 就是子 Window
系统 Window	2000 ~ 2999	需要声明权限才能创建的 Window。例如 Toast 和系统状态栏都是系统的 Window

应用Window的type参数定义如表7-2所示。

表 7-2 Window 的 type 参数定义

type 参数定义	作 用
FIRST_APPLICATION_WINDOW = 1	第一个普通应用窗口
TYPE_BASE_APPLICATION = 1	基础窗口，所有其他类型的应用窗口将出现在基础窗口上层
TYPE_APPLICATION = 2	普通应用窗口
TYPE_APPLICATION_STARTING = 3	应用程序启动时，先显示此窗口，当真正的窗口配置完成后，此窗口被关闭
TYPE_DRAWN_APPLICATION = 4	确保窗口管理器在显示应用程序之前等待这个窗口被绘制出来
LAST_APPLICATION_WINDOW = 99	最后一个应用窗口

所有Activity的默认窗口类型都是TYPE_APPLICATION，在进行窗口叠加时，会动态改变应用窗口的层级值，但对应层级值不会大于99。子Window的flag如表7-3所示。

表 7-3　子 Window 的 flag

type 参数定义	作　用
FIRST_SUB_WINDOW = 1000	第一个子窗口
TYPE_APPLICATION_PANEL = FIRST_SUB_WINDOW	应用窗口的子窗口，PopupWindow 的默认类型
TYPE_APPLICATION_MEDIA = FIRST_SUB_WINDOW + 1	用来显示 Media 的窗口
TYPE_APPLICATION_SUB_PANEL = FIRST_SUB_WINDOW + 2	TYPE_APPLICATION_PANEL 的子窗口
TYPE_APPLICATION_ATTACHED_DIALOG = FIRST_SUB_WINDOW + 3	OptionMenu、ContextMenu 的默认类型
TYPE_APPLICATION_MEDIA_OVERLAY = FIRST_SUB_WINDOW + 4	TYPE_APPLICATION_MEDIA 的重影窗口，显示在 TYPE_APPLICATION_MEDIA 和应用窗口之间
TYPE_APPLICATION_ABOVE_SUB_PANEL = FIRST_SUB_WINDOW + 5	上面的子面板在一个应用程序窗口和它的子面板窗口的顶部。显示在附加窗口和任何 TYPE_APPLICATION_SUB_PANEL 面板的顶部
LAST_SUB_WINDOW = 1999	最后一个子窗口

创建子窗口时，客户端可以指定窗口类型介于1000～1999，在进行窗口叠加时，会动态调整层级值。系统Window的type范围如表7-4所示。

表 7-4　系统 Window 的 type 范围

type 参数定义	意　义
FIRST_SYSTEM_WINDOW = 2000	第一个系统窗口
TYPE_STATUS_BAR = FIRST_SYSTEM_WINDOW	状态栏窗口
TYPE_SEARCH_BAR = FIRST_SYSTEM_WINDOW +1	搜索条窗口
TYPE_PHONE = FIRST_SYSTEM_WINDOW + 2	来电显示窗口
TYPE_SYSTEM_ALERT = FIRST_SYSTEM_WINDOW + 3	警告对话框
TYPE_KEYGUARD = FIRST_SYSTEM_WINDOW + 4	屏保
TYPE_TOAST = FIRST_SYSTEM_WINDOW + 5	Toast 对应的窗口

（续表）

type 参数定义	意　义
TYPE_SYSTEM_OVERLAY = FIRST_SYSTEM_WINDOW + 6	系统覆盖窗口，需要显示在所有窗口之上
TYPE_PRIORITY_PHONE = FIRST_SYSTEM_WINDOW + 7	在屏幕保护下的来电显示窗口
TYPE_SYSTEM_DIALOG = FIRST_SYSTEM_WINDOW + 8	滑动状态条后出现的窗口
TYPE_KEYGUARD_DIALOG = FIRST_SYSTEM_WINDOW + 9	屏保弹出的对话框
TYPE_SYSTEM_ERROR = FIRST_SYSTEM_WINDOW + 10	系统错误窗口
TYPE_INPUT_METHOD = FIRST_SYSTEM_WINDOW + 11	输入法窗口
TYPE_INPUT_METHOD_DIALOG = FIRST_SYSTEM_WINDOW + 12	输入法中备选框对应的窗口
TYPE_WALLPAPER = FIRST_SYSTEM_WINDOW + 13	墙纸对应的窗口
TYPE_STATUS_BAR_PANEL = FIRST_SYSTEM_WINDOW + 14	滑动状态条后出现的窗口
TYPE_SECURE_SYSTEM_OVERLAY = FIRST_SYSTEM_WINDOW + 15	安全系统覆盖窗口，显示在所有窗口之上
TYPE_DRAG = FIRST_SYSTEM_WINDOW + 16	拖动伪窗口。只有一个拖动层（最多），它被放置在所有其他窗口的顶部
TYPE_STATUS_BAR_SUB_PANEL = FIRST_SYSTEM_WINDOW + 17	从状态栏上方拉出的面板（下拉卷帘）
TYPE_POINTER = FIRST_SYSTEM_WINDOW + 18	触摸点
TYPE_NAVIGATION_BAR = FIRST_SYSTEM_WINDOW + 19	导航栏
TYPE_VOLUME_OVERLAY = FIRST_SYSTEM_WINDOW + 20	当用户更改系统音量时显示的音量级别叠加层或对话框
TYPE_BOOT_PROGRESS = FIRST_SYSTEM_WINDOW + 21	启动进度对话框，位于世界上所有内容的顶部
TYPE_INPUT_CONSUMER = FIRST_SYSTEM_WINDOW + 22	当 SystemUI 栏被隐藏时，使用输入事件的窗口类型

（续表）

type 参数定义	意　义
TYPE_NAVIGATION_BAR_PANEL = FIRST_SYSTEM_WINDOW + 24	导航栏面板（当导航栏与状态栏不同时）
TYPE_DISPLAY_OVERLAY = FIRST_SYSTEM_WINDOW + 26	显示叠加窗口。用于模拟辅助显示设备
TYPE_MAGNIFICATION_OVERLAY = FIRST_SYSTEM_WINDOW + 27	放大叠加窗口。当启用可访问性放大功能时，用于突出显示的放大部分
TYPE_PRIVATE_PRESENTATION = FIRST_SYSTEM_WINDOW + 30	在私有虚拟显示之上的显示窗口。显示在私有虚拟显示层之上。
TYPE_VOICE_INTERACTION = FIRST_SYSTEM_WINDOW + 31	语音交互层的窗口
TYPE_ACCESSIBILITY_OVERLAY = FIRST_SYSTEM_WINDOW + 32	通过连接 android.accessibityservice.Accessibility-Service 覆盖的窗口。用于辅助功能，通常具有 only 标志
TYPE_VOICE_INTERACTION_STARTING = FIRST_SYSTEM_WINDOW + 33	语音交互层起始窗口
TYPE_DOCK_DIVIDER = FIRST_SYSTEM_WINDOW + 34	用于显示调整停靠堆栈大小的句柄。该窗口属于系统进程
TYPE_QS_DIALOG = FIRST_SYSTEM_WINDOW + 35	类似于 TYPE_APPLICATION_ATTACHED_DIALOG，但由快速设置磁贴使用
TYPE_SCREENSHOT = FIRST_SYSTEM_WINDOW + 36	显示在屏幕的正上方。该层保留截图动画、区域选择和 UI
TYPE_PRESENTATION = FIRST_SYSTEM_WINDOW + 37	用于在外部显示器上显示的窗口
TYPE_APPLICATION_OVERLAY = FIRST_SYSTEM_WINDOW + 38	8.0 版本新增，系统正式统一开发者使用悬浮窗的类型
TYPE_ACCESSIBILITY_MAGNIFICATION_OVERLAY = FIRST_SYSTEM_WINDOW + 39	用于在其他窗口上方添加辅助功能窗口放大。把窗口放在叠加窗口中，以提供放大功能
TYPE_NOTIFICATION_SHADE = FIRST_SYSTEM_WINDOW + 40	通知阴影和键盘保护层。只能有一个状态栏窗口实例，它被放置在屏幕的顶部，所有其他窗口都向下移动，所以它们在通知阴影窗口下面
TYPE_STATUS_BAR_ADDITIONAL = FIRST_SYSTEM_WINDOW + 41	用于在屏幕的非常规部分（即屏幕的左侧或底部）显示状态栏
LAST_SYSTEM_WINDOW = 2999	最后一个系统窗口

还有一个特殊的窗口类型INVALID_WINDOW_TYPE，其值为-1。这个值是内部使用的，当没有其他合适的窗口类型可用时，系统会使用它作为占位符。

2. 窗口标志（flags）

Window的flag属性用于指定窗口的行为特征，可以同时设置多个flag来控制窗口的显示特性。常用的flag如表7-5所示。

表 7-5　常用的 flag

type 参数定义	作　用
FLAG_ALLOW_LOCK_WHILE_SCREEN_ON = 0x00000001	只要该窗口对用户可见，允许锁屏在屏幕打开时激活
FLAG_DIM_BEHIND = 0x00000002	此窗口后面的所有内容都将变暗
FLAG_BLUR_BEHIND = 0x00000004	启用窗口后的模糊效果
FLAG_NOT_FOCUSABLE = 0x00000008	表示 Window 不需要获取焦点，也不需要各种输入事件。此标记同时启用 FLAG_NOT_TOUCH_MODAL，最终事件会直接传递给下层具有焦点的 Window
FLAG_NOT_TOUCHABLE = 0x00000010	窗口永远不能接收触摸事件
FLAG_NOT_TOUCH_MODAL = 0x00000020	将 Window 区域以外的单击事件传递给底层的 Window，Window 内的单击事件自己处理，一般都要开启此事件，否则其他 Window 无法收到单击事件
@Deprecated FLAG_TOUCHABLE_WHEN_WAKING = 0x00000040	设置后，如果点击屏幕时设备处于休眠状态，将接收第一个触摸事件。通常第一个触摸事件被系统消耗，因为用户无法看到屏幕内容
FLAG_KEEP_SCREEN_ON= 0x00000080	只要这个窗口对用户是可见的，就保持设备的屏幕打开和明亮
FLAG_LAYOUT_IN_SCREEN = 0x00000100	将窗口放置在整个屏幕中，忽略父窗口的任何约束
FLAG_LAYOUT_NO_LIMITS = 0x00000200	允许窗口扩展到屏幕之外
@Deprecated FLAG_FULLSCREEN = 0x00000400	在显示此窗口时隐藏所有屏幕装饰（如状态栏）
@Deprecated FLAG_FORCE_NOT_FULLSCREEN = 0x00000800	覆盖 FLAG_FULLSCREEN 并强制显示屏幕装饰（如状态栏）
@Deprecated FLAG_DITHER = 0x00001000	在将此窗口合成到屏幕时打开抖动

（续表）

type 参数定义	作　用
FLAG_SECURE = 0x00002000	将窗口的内容视为安全的，防止其出现在屏幕截图中或在非安全的显示器上查看
FLAG_SCALED = 0x00004000	一种特殊模式，其中的布局参数用于在表面合成到屏幕时执行缩放
FLAG_IGNORE_CHEEK_PRESSES = 0x00008000	用于当用户将屏幕对着脸时使用的窗口，它将过滤事件流以防止意外按压
@Deprecated FLAG_LAYOUT_INSET_DECOR = 0x00010000	只能与 FLAG_LAYOUT_IN_SCREEN 结合使用。当在屏幕上请求布局时，你的窗口可能出现在屏幕装饰（如状态栏）的顶部或后面
FLAG_ALT_FOCUSABLE_IM = 0x00020000	设置时，反转窗口的输入法聚焦性
FLAG_WATCH_OUTSIDE_TOUCH = 0x00040000	如果设置 FLAG_NOT_TOUCH_MODAL，可以设置该标志来接收 MotionEvent.ACTION_OUTSIDE，用于发生在窗口之外的触摸
FLAG_SHOW_WHEN_LOCKED = 0x00080000	当屏幕被锁定时，显示窗口的特殊标志。这将使应用程序窗口优先于密钥保护或任何其他锁屏幕
FLAG_SHOW_WALLPAPER = 0x00100000	要求系统壁纸显示在你的窗口后面。窗口表面必须是半透明的，这样才能真正看到背后的壁纸
@Deprecated FLAG_TURN_SCREEN_ON = 0x00200000	当设置为添加窗口或使窗口可见时，一旦窗口显示，系统将弹出电源管理器的用户活动（就好像用户已经唤醒设备一样）来打开屏幕
@Deprecated FLAG_DISMISS_KEYGUARD = 0x00400000	当设置窗口时，只有当它不是一个安全锁 keyguard 时，才会导致 keyguard 被解除
FLAG_SPLIT_TOUCH = 0x00800000	当设置时，窗口将接受超出其边界的触摸事件，并将其发送到其他支持拆分触摸的窗口
FLAG_HARDWARE_ACCELERATED = 0x01000000	指示该窗口是否应进行硬件加速
@Deprecated FLAG_LAYOUT_IN_OVERSCAN = 0x02000000	允许窗口内容扩展到屏幕的扫描区域，如果有的话。窗口仍然应该正确定位其内容，以考虑过扫描区域
@Deprecated FLAG_TRANSLUCENT_STATUS = 0x04000000	（Android 11 开始已弃用）请求一个半透明的状态栏，提供最小的系统后台背景保护
@Deprecated FLAG_TRANSLUCENT_NAVIGATION = 0x08000000	（Android 11 开始已弃用）请求一个半透明的导航栏，提供最小的系统后台背景保护

（续表）

type参数定义	作　用
FLAG_LOCAL_FOCUS_MODE = 0x10000000	本地焦点模式。该模式下的窗口可以使用setLocalFocus (boolean, boolean)独立于窗口管理器控制焦点
FLAG_SLIPPERY = 0x20000000	允许触摸在手势中间从窗口滑到相邻的窗口，而不是在手势的持续时间内被捕获
@Deprecated FLAG_LAYOUT_ATTACHED_IN_DECOR = 0x40000000	（Android 11开始已弃用）当请求带有附属窗口的布局时，附属窗口可能与父窗口的屏幕装饰重叠，例如导航栏
FLAG_DRAWS_SYSTEM_BAR_BACKGROUNDS = 0x80000000	表示该窗口负责绘制系统栏的背景。如果设置了此标志，系统栏将使用透明背景绘制，并且该窗口中的相应区域将使用getStatusBarColor()和getNavigationBarColor()中指定的填充颜色

7.2.2 Window的添加过程

在Android系统中，View不能单独存在，必须依附在Window上面，因此有视图的地方就有Window。这些视图包含Activity、Dialog、Toast、PopupWindow等。

1. Activity的窗口创建过程

如在第6章中分析的结论，在启动一个新的Activity时，最终都会调用ActivityThread.performLaunchActivity()方法来完成整个启动过程。在这里通过类加载器创建Activity的实例对象，并调用它的attach()方法为它关联所需的环境变量等。

下面我们通过源码来分析Activity的窗口创建过程。

源码位置：/frameworks/base/core/java/android/app/ActivityThread.java。

```
 private Activity performLaunchActivity(ActivityClientRecord r, Intent
customIntent) {
     ...
     try {
         ...
         if (activity != null) {
             ...
             appContext.setOuterContext(activity);
             activity.attach(appContext, this, getInstrumentation(), r.token,
                     r.ident, app, r.intent, r.activityInfo, title, r.parent,
                     r.embeddedID, r.lastNonConfigurationInstances, config,
                     r.referrer, r.voiceInteractor, window, r.configCallback,
                     r.assistToken);
```

```
            ...
        }
        ...
    }
    ...
    return activity;
}
```

在Activity的attach()方法中，系统会创建其所属的Window并设置回调接口。由于Activity实现了Window的Callback接口，因此当Window接收到外接的状态改变时，会回调给Activity。Callback接口中的方法有很多，其中一些是我们非常熟悉的，例如dispatchTouchEvent、onAttachedToWdindow等。

源码位置：/frameworks/base/core/java/android/app/Activity.java。

```
final void attach(Context context, ActivityThread aThread, Instrumentation instr,
        IBinder token, int ident, Application application, Intent intent,
        ActivityInfo info, CharSequence title, Activity parent, String id,
        NonConfigurationInstances lastNonConfigurationInstances,
        Configuration config, String referrer,
        IVoiceInteractor voiceInteractor, Window window,
        ActivityConfigCallback activityConfigCallback,
        IBinder assistToken, IBinder shareableActivityToken) {
    attachBaseContext(context);

    mFragments.attachHost(null /*parent*/);
    // 创建PhoneWindow
    mWindow = new PhoneWindow(this, window, activityConfigCallback);
    mWindow.setWindowControllerCallback(mWindowControllerCallback);
    // 设置Window的回调
    mWindow.setCallback(this);
    mWindow.setOnWindowDismissedCallback(this);
    mWindow.getLayoutInflater().setPrivateFactory(this);
    if (info.softInputMode !=
WindowManager.LayoutParams.SOFT_INPUT_STATE_UNSPECIFIED) {
        mWindow.setSoftInputMode(info.softInputMode);
    }
    ...
}
```

在Activity在attach()方法中，创建了Window并设置了callback（回调接口）。而Activity的布局是通过setContentView()方法提供的，因此可以通过此方法跟踪窗口添加流程。

```
private Window mWindow;

public void setContentView(@LayoutRes int layoutResID) {
    getWindow().setContentView(layoutResID);
    initWindowDecorActionBar();
```

```
    }

    public Window getWindow() {
        return mWindow;
    }
```

这里调用的是Window对象的setContentView()方法。这个mWindow对象就是Activity类中的attach()方法创建的PhoneWindow对象。接下来，让我们熟悉一下PhoneWindow类。

源码位置：/frameworks/base/core/java/com/android/internal/policy/PhoneWindow.java。

```
    @Override
    public void setContentView(int layoutResID) {
        // Note: FEATURE_CONTENT_TRANSITIONS may be set in the process of installing
the window
        // decor, when theme attributes and the like are crystalized. Do not check
the feature
        // before this happens.
        if (mContentParent == null) {
            // 1.创建DecorView
            installDecor();
        } else if (!hasFeature(FEATURE_CONTENT_TRANSITIONS)) {
            mContentParent.removeAllViews();
        }

        if (hasFeature(FEATURE_CONTENT_TRANSITIONS)) {
            final Scene newScene = Scene.getSceneForLayout(mContentParent,
layoutResID, getContext());
            transitionTo(newScene);
        } else {
            // 2.添加Activity的布局文件
            mLayoutInflater.inflate(layoutResID, mContentParent);
        }
        mContentParent.requestApplyInsets();
        final Callback cb = getCallback();
        if (cb != null && !isDestroyed()) {
            // 3.activity布局文件已经被添加到decorView的mParentView中，回调接口通知
            cb.onContentChanged();
        }
        mContentParentExplicitlySet = true;
    }
```

在setContentView()方法中，如果没有DecorView，就创建它。一般来说，DecorView内部包含标题栏和内容栏，但这些组件会随着主题的改变而发生改变。尽管如此，内容栏始终存在，并且具有固定的ID Content，完整的ID是android.R.id.content。当DecorView初始化完成时，Activity的布局

文件被加载到DecorView对象的mParentView中，但此时DecorView还没有被WindowManager正式添加到Window中。接下来，我们回到创建DecorView的方法中：

```
    private void installDecor() {
        mForceDecorInstall = false;
        if (mDecor == null) {
            mDecor = generateDecor(-1);
            mDecor.setDescendantFocusability(ViewGroup.FOCUS_AFTER_DESCENDANTS);
            mDecor.setIsRootNamespace(true);
            if (!mInvalidatePanelMenuPosted && mInvalidatePanelMenuFeatures != 0) {
                mDecor.postOnAnimation(mInvalidatePanelMenuRunnable);
            }
         } else {
            mDecor.setWindow(this);
        }
        if (mContentParent == null) {
            mContentParent = generateLayout(mDecor);

            // 如果合适的话，设置UI的装饰部分忽略fitsSystemWindows
            mDecor.makeFrameworkOptionalFitsSystemWindows();

            final DecorContentParent decorContentParent = (DecorContentParent)
mDecor.findViewById(R.id.decor_content_parent);
            ...
        }
    }
```

这里通过generateDecor方法创建了DecorView，然后调用generateLayout()方法把具体的布局文件加载到DecorView中。

```
    protected DecorView generateDecor(int featureId) {
        // 系统进程没有应用程序上下文，我们使用当前可用的上下文。否则，我们使用应用程序上下文，
        // 这样可以不依赖于Activity
        Context context;
        if (mUseDecorContext) {
            Context applicationContext = getContext().getApplicationContext();
            if (applicationContext == null) {
                context = getContext();
            } else {
                context = new DecorContext(applicationContext, this);
                if (mTheme != -1) {
                    context.setTheme(mTheme);
                }
            }
        } else {
            context = getContext();
        }
```

```
    return new DecorView(context, featureId, this, getAttributes());
}
```

generateLayout()方法的实现如下：

```
protected ViewGroup generateLayout(DecorView decor) {
    //应用当前主题的数据
    TypedArray a = getWindowStyle();
    mIsFloating = a.getBoolean(R.styleable.Window_windowIsFloating, false);
    ...
    WindowManager.LayoutParams params = getAttributes();
    // 高端设备上的非浮动窗口必须在系统栏下方放置装饰，因此必须了解这些装饰的可见性变化
    if (!mIsFloating) {
        ...
    }

    ...
    // 其余的只有在没有嵌入该窗口的情况下才能完成；否则，这些值将从容器继承
    if (getContainer() == null) {
        ...
    }

    // Inflate the window decor
    int layoutResource;
    int features = getLocalFeatures();
    ...
    mDecor.startChanging();
    mDecor.onResourcesLoaded(mLayoutInflater, layoutResource);

    ViewGroup contentParent = (ViewGroup)findViewById(ID_ANDROID_CONTENT);

    ...
    mDecor.finishChanging();

    return contentParent;
}
```

这里要加载的布局和系统版本以及定义的主题有关。加载完成后，返回mContentParent对象，即内容区域的View。

在ActivityThread的handleResumeActivity()方法中，会调用activity的onResume()方法，将DecorView添加到Window中。

```
    @Override
    public void handleResumeActivity(ActivityClientRecord r, boolean
finalStateRequest, boolean isForward, String reason) {
        // 如果在进入后台时此界面处于gc阶段要被回收，则跳过此界面
        unscheduleGcIdler();
```

```
        mSomeActivitiesChanged = true;

        ...
        //调用此ctivity的onResume()方法
        final Activity a = r.activity;

        final int forwardBit = isForward ?
WindowManager.LayoutParams.SOFT_INPUT_IS_FORWARD_NAVIGATION : 0;

        // 如果窗口没有添加到WindowManager中，并且当前Activity没有销毁，也没有启动另一个
Activity，那么继续添加窗口
        boolean willBeVisible = !a.mStartedActivity;
        if (!willBeVisible) {
            willBeVisible =
ActivityClient.getInstance().willActivityBeVisible(a.getActivityToken());
        }
        if (r.window == null && !a.mFinished && willBeVisible) {
            r.window = r.activity.getWindow();
            View decor = r.window.getDecorView();
            decor.setVisibility(View.INVISIBLE);
            ViewManager wm = a.getWindowManager();
            WindowManager.LayoutParams l = r.window.getAttributes();
            a.mDecor = decor;
            l.type = WindowManager.LayoutParams.TYPE_BASE_APPLICATION;
            l.softInputMode |= forwardBit;
            if (r.mPreserveWindow) {
                a.mWindowAdded = true;
                r.mPreserveWindow = false;
                // 通常ViewRoot设置回调活动addView-> viewrootimpl#setView
                // 如果我们要重用装饰视图，必须通知视图根，回调可能已经更改
                ViewRootImpl impl = decor.getViewRootImpl();
                if (impl != null) {
                    impl.notifyChildRebuilt();
                }
            }
            if (a.mVisibleFromClient) {
                if (!a.mWindowAdded) {
                    a.mWindowAdded = true;
                    wm.addView(decor, l);
                } else {
                    // 活动将获得LayoutParams更改的回调
                    a.onWindowAttributesChanged(l);
                }
            }

            // 如果窗口已经添加，但在恢复过程中，我们启动了另一个活动，那么窗口还没有变为可见
        } else if (!willBeVisible) {
            r.hideForNow = true;
```

07

```
        }

        // 把周围的内容都清理掉
        cleanUpPendingRemoveWindows(r, false /* force */);

        // 如果窗口已经添加且可见
        if (!r.activity.mFinished && willBeVisible && r.activity.mDecor != null
&& !r.hideForNow) {
            ViewRootImpl impl = r.window.getDecorView().getViewRootImpl();
            WindowManager.LayoutParams l = impl != null ? impl.mWindowAttributes :
r.window.getAttributes();
            if ((l.softInputMode &
WindowManager.LayoutParams.SOFT_INPUT_IS_FORWARD_NAVIGATION) != forwardBit) {
                l.softInputMode = (l.softInputMode &
(~WindowManager.LayoutParams.SOFT_INPUT_IS_FORWARD_NAVIGATION)) | forwardBit;
                if (r.activity.mVisibleFromClient) {
                    ViewManager wm = a.getWindowManager();
                    View decor = r.window.getDecorView();
                    wm.updateViewLayout(decor, l);
                }
            }
            r.activity.mVisibleFromServer = true;
            mNumVisibleActivities++;
            if (r.activity.mVisibleFromClient) {
                r.activity.makeVisible();
            }
        }

        r.nextIdle = mNewActivities;
        mNewActivities = r;
        Looper.myQueue().addIdleHandler(new Idler());
    }
```

至此，完成了Activity界面中窗口的添加过程。

2. Dialog的窗口创建过程

Dialog的窗口创建过程和Activity的窗口创建过程类似，它是在Dialog的构造方法中完成的。它的构造方法如下。

源码位置：/frameworks/base/core/java/android/app/Dialog.java。

```
    private final WindowManager mWindowManager;

    Dialog(@UiContext @NonNull Context context, @StyleRes int themeResId, boolean
createContextThemeWrapper) {

        ...
        // 获取WindowManager
```

```
        mWindowManager = (WindowManager)
context.getSystemService(Context.WINDOW_SERVICE);
        // 创建Window
        final Window w = new PhoneWindow(mContext);
        mWindow = w;
        // 设置 Callback
        w.setCallback(this);
        w.setOnWindowDismissedCallback(this);
        w.setOnWindowSwipeDismissedCallback(() -> {
            if (mCancelable) {
                cancel();
            }
        });
        w.setWindowManager(mWindowManager, null, null);
        w.setGravity(Gravity.CENTER);

        mListenersHandler = new ListenersHandler(this);
    }
```

这里初始化的mWindow对象同样是Dialog的setContentView()方法中的窗口对象：

```
    public void setContentView(@LayoutRes int layoutResID) {
        mWindow.setContentView(layoutResID);
    }
```

同样地，Dialog在这里初始化DecorView，并将Dialog的视图添加到DecorView中。这个过程与Activity类似，都是通过Window对象来添加指定的布局文件。最终，Dialog展示时调用的方法为show()：


```
    public void show() {
        ...
        mDecor = mWindow.getDecorView();
        ...
        mWindowManager.addView(mDecor, l);
        ...
        //发送回调消息
        sendShowMessage();
    }
```

将DecorView添加到Window中进行显示，便完成了Dialog添加窗口的过程。当Dialog关闭时，它会通过WindowManager移除DecorView，调用WindowManager的removeViewImmediate()方法。

3. Toast的窗口创建过程

Toast的窗口类型是TYPE_TOAST，属于系统类型。Toast有自己的token，不受Activity控制。

Toast提供了show和cancel方法，分别用于显示和隐藏Toast，它们的内部实现是通过一个跨进程通信（Inter-Process Communication，IPC）完成的。

源码位置：/frameworks/base/core/java/android/widget/Toast.java。

```
    public void show() {
        ...
        INotificationManager service = getService();
        String pkg = mContext.getOpPackageName();
        TN tn = mTN;
        tn.mNextView = mNextView;
        final int displayId = mContext.getDisplayId();
        try {
            if (Compatibility.isChangeEnabled(CHANGE_TEXT_TOASTS_IN_THE_SYSTEM)) {
                if (mNextView != null) {
                    // It's a custom toast
                    service.enqueueToast(pkg, mToken, tn, mDuration, displayId);
                } else {
                    // It's a text toast
                    ITransientNotificationCallback callback = new
CallbackBinder(mCallbacks, mHandler);
                    service.enqueueTextToast(pkg, mToken, mText, mDuration, displayId,
callback);
                }
            } else {
                service.enqueueToast(pkg, mToken, tn, mDuration, displayId);
            }
        } catch (RemoteException e) {
            // Empty
        }
    }

    public void cancel() {
        if (Compatibility.isChangeEnabled(CHANGE_TEXT_TOASTS_IN_THE_SYSTEM) &&
mNextView == null) {
            try {
                getService().cancelToast(mContext.getOpPackageName(), mToken);
            } catch (RemoteException e) {
                // Empty
            }
        } else {
            mTN.cancel();
        }
    }

    static private INotificationManager getService() {
```

```
        if (sService != null) {
            return sService;
        }
        sService = INotificationManager.Stub.asInterface(ServiceManager.
getService(Context.NOTIFICATION_SERVICE));
        return sService;
    }
```

Toast的显示和隐藏都需要通过NMS（Notification Manager Service）来实现。由于NMS运行在系统进程中，因此Toast通过跨进程的调用方式来显示和隐藏。在实现了INotificationManager这个AIDL接口后，Toast在显示过程中调用了NMS中的enqueueToast()方法。而NMS中的enqueueToast()方法有5个传入参数，分别为当前应用的包名、token、callback远程服务回调、显示时长以及显示的ID。

```
    static final int MAX_PACKAGE_TOASTS = 5;
    @Override
    public void enqueueToast(String pkg, IBinder token, ITransientNotification
callback, int duration, int displayId) {
        enqueueToast(pkg, token, null, callback, duration, displayId, null);
    }

    private void enqueueToast(String pkg, IBinder token, @Nullable CharSequence text,
@Nullable ITransientNotification callback, int duration, int displayId, @Nullable
ITransientNotificationCallback textCallback) {
        ...
        synchronized (mToastQueue) {
            int callingPid = Binder.getCallingPid();
            final long callingId = Binder.clearCallingIdentity();
            try {
                ToastRecord record;
                int index = indexOfToastLocked(pkg, token);
                // 如果队列中有，就更新它，而不是重新排在末尾
                if (index >= 0) {
                    record = mToastQueue.get(index);
                    record.update(duration);
                } else {
                    // 限制任何给定包可以排队的Toast数量
                    // 防止DOS攻击和处理泄露
                    int count = 0;
                    final int N = mToastQueue.size();
                    for (int i = 0; i < N; i++) {
                        final ToastRecord r = mToastQueue.get(i);
                        //对于同一个应用，taost不能在同一时间超过5个
                        if (r.pkg.equals(pkg)) {
                            count++;
```

07

```
                    if (count >= MAX_PACKAGE_TOASTS) {
                        return;
                    }
                }
            }

            Binder windowToken = new Binder();
            mWindowManagerInternal.addWindowToken(windowToken, TYPE_TOAST,
displayId, null /* options */);
            // 创建对应的ToastRecord
            record = getToastRecord(callingUid, callingPid, pkg, isSystemToast,
token, text, callback, duration, windowToken, displayId, textCallback);
            mToastQueue.add(record);
            index = mToastQueue.size() - 1;
            keepProcessAliveForToastIfNeededLocked(callingPid);
        }
        // 索引为0，代表当前toast
        // 如果回调失败，则在列表中删除此对象
        if (index == 0) {
            showNextToastLocked(false);
        }
    } finally {
        Binder.restoreCallingIdentity(callingId);
    }
  }
}
```

在此，我们对Toast的数量进行判断。如果数量超过5，程序将直接退出。接着，创建一个ToastRecord对象，并调用getToastRecord()方法。如果判断结果表明只有一个Toast正在等待显示，就调用showNextToastLocked()方法进行显示。如果还有多个Toast正在等待显示，则需要处理这种情况。getToastRecord()方法的内部实现如下：

```
  private ToastRecord getToastRecord(int uid, int pid, String packageName, boolean
isSystemToast, IBinder token, @Nullable CharSequence text, @Nullable
ITransientNotification callback, int duration, Binder windowToken, int displayId,
@Nullable ITransientNotificationCallback textCallback) {
      if (callback == null) {
          return new TextToastRecord(this, mStatusBar, uid, pid, packageName,
isSystemToast, token, text, duration, windowToken, displayId, textCallback);
      } else {
          return new CustomToastRecord(this, uid, pid, packageName, isSystemToast,
token, callback, duration, windowToken, displayId);
      }
  }
```

可见，最终只会返回两种Toast类型：TextToastRecord和CustomToastRecord。由于callback传入

的参数不为null，因此最后返回的是CustomToastRecord。接下来继续观察showNextToastLocked()方法：

```
    void showNextToastLocked(boolean lastToastWasTextRecord) {
        if (mIsCurrentToastShown) {
            // 防止多次调用
            return;
        }
        ToastRecord record = mToastQueue.get(0);
        while (record != null) {
            ...
            if (tryShowToast(record, rateLimitingEnabled, isWithinQuota,
isPackageInForeground)) {
                scheduleDurationReachedLocked(record, lastToastWasTextRecord);
                mIsCurrentToastShown = true;
                if (rateLimitingEnabled && !isPackageInForeground) {
                    mToastRateLimiter.noteEvent(userId, record.pkg, TOAST_QUOTA_TAG);
                }
                return;
            }
            int index = mToastQueue.indexOf(record);
            if (index >= 0) {
                mToastQueue.remove(index);
            }
            //是否还有剩余的Toast需要显示
            record = (mToastQueue.size() > 0) ? mToastQueue.get(0) : null;
        }
    }

    private boolean tryShowToast(ToastRecord record, boolean rateLimitingEnabled,
boolean isWithinQuota, boolean isPackageInForeground) {
        ...
        return record.show();
    }
```

最终调用的record.show()方法实际上是CustomToastRecord中的show()方法。

源码位置：/frameworks/base/services/core/java/com/android/server/notification/toast/CustomToastRecord.java。

```
    @Override
    public boolean show() {
        try {
```

```
            callback.show(windowToken);
            return true;
        } catch (RemoteException e) {
            mNotificationManager.keepProcessAliveForToastIfNeeded(pid);
            return false;
        }
    }
```

CustomToastRecord 中的 show() 方法调用的是 callback 的 show() 方法，其中 callback 是 CustomToastRecord创建时传入的TN对象。因此，这里实际上调用的是TN类的show()方法。

TN类的代码如下：

```
    private final ToastPresenter mPresenter;

    private static class TN extends ITransientNotification.Stub {

        TN(Context context, String packageName, Binder token, List<Callback>
callbacks, @Nullable Looper looper) {
            mPresenter = new ToastPresenter(context, accessibilityManager,
getService(), packageName);

            mHandler = new Handler(looper, null) {
                @Override
                public void handleMessage(Message msg) {
                    switch (msg.what) {
                        case SHOW: {
                            IBinder token = (IBinder) msg.obj;
                            handleShow(token);
                            break;
                        }
                        ...
                    }
                }
            };
        }

        public void show(IBinder windowToken) {
            mHandler.obtainMessage(SHOW, windowToken).sendToTarget();
        }

        public void handleShow(IBinder windowToken) {

            ...
            if (mView != mNextView) {
                // 如有必要，删除旧视图
                handleHide();
                mView = mNextView;
```

```
            mPresenter.show(mView, mToken, windowToken, mDuration, mGravity, mX,
mY, mHorizontalMargin, mVerticalMargin, new CallbackBinder(getCallbacks(),
mHandler));
            }
        }
    }
```

这里通过Handler切换线程，调用ToastPresenter进行处理。

源码位置：/frameworks/base/core/java/android/widget/ToastPresenter.java。

```
    public void show(View view, IBinder token, IBinder windowToken, int duration,
int gravity, int xOffset, int yOffset, float horizontalMargin, float verticalMargin,
@Nullable ITransientNotificationCallback callback) {
        show(view, token, windowToken, duration, gravity, xOffset, yOffset,
horizontalMargin, verticalMargin, callback, false /* removeWindowAnimations */);
    }

    public void show(View view, IBinder token, IBinder windowToken, int duration,
int gravity,int xOffset, int yOffset, float horizontalMargin, float
verticalMargin,@Nullable ITransientNotificationCallback callback, boolean
removeWindowAnimations) {
        ...
        addToastView();
        trySendAccessibilityEvent(mView, mPackageName);
        if (callback != null) {
            try {
                // 回调
                callback.onToastShown();
            } catch (RemoteException e) {
            }
        }
    }

    private void addToastView() {
        if (mView.getParent() != null) {
            mWindowManager.removeView(mView);
        }
        try {
            // 将Toast视图添加到Window中
            mWindowManager.addView(mView, mParams);
        } catch (WindowManager.BadTokenException e) {
            return;
        }
    }
```

此处通过WindowManager将View直接添加到了Window中，并未创建PhoneWindow和DecorView，这与Activity和Dialog的处理方式有所不同。通过上述对Activity、Dialog和Toast这些最

常用窗口类型的添加过程进行介绍，我们对窗口添加的过程有了全面的了解。我们可以清晰地看到，在添加窗口的整个过程中，每一个Window都与一个View和一个ViewRootImpl相关联。Window是一个抽象的概念，代表窗口，但它本身并不是实际存在的；它有时以View的形式体现。WindowManager是我们与Window交互的接口，而Window的具体实现位于WindowManagerService中。WindowManager与WindowManagerService之间的交互是通过跨进程通信实现的，这最终是在ViewRootImpl中完成的。

7.2.3　ViewRootImpl 的作用

ViewRootImpl是View系统中的最高层级，属于所有View的根（但ViewRootImp不是View），维护了整个视图结构，并作为输入事件的分发器和绘图管道的输入端点，承担着输入事件分发、窗口管理、视图绘制和系统事件响应等关键角色。对于Android应用程序而言，ViewRootImpl是视图系统的核心，在应用程序中占据着非常重要的角色。其主要功能如下。

- 输入事件分发：ViewRootImpl是视图系统中的输入事件分发器，负责将系统接收到的输入事件传递给正确的视图，并将视图的响应传递回来。
- 窗口管理：ViewRootImpl负责管理应用程序窗口的创建和布局，包括窗口的位置、大小、背景、动画等属性。
- 视图绘制：ViewRootImpl作为绘图管道的输入端点，负责对应用程序的视图结构进行布局和绘制。
- 系统事件的响应：ViewRootImpl对一些系统级别的事件（如屏幕旋转、窗口关闭等）进行响应，并进行必要的窗口管理和视图重新布局操作。

ViewRootImpl作为视图层次结构的根节点，负责处理视图绘制、事件分发和窗口管理等逻辑操作。同时，ViewRootImpl在内部持有View绘图系统的核心类Surface与SurfaceHolder，并与SurfaceFlinger进行交互。在视图绘制过程中，ViewRootImpl向Surface进行渲染，并将结果反馈给SurfaceFlinger，由SurfaceFlinger进行显示。

在Android界面上，所有的元素都是由View构成的，界面上的每一个像素点也是由View绘制的。Window只是一个抽象的概念，可以把界面抽象为一个窗口对象，也可以抽象为一个View。如上节所述，Activity中有Window对象，一个Window对象对应着一个View（DecorView），ViewRootImpl就是对这个View进行操作的，每个Activity窗口都会绑定一个ViewRootImpl实例。在WindowManagerGlobal中存储着ViewRootImpl和View实例的映射关系（顺序存储）。接下来，我们从源码来分析ViewRootImpl的工作流程。

源码位置：/frameworks/base/core/java/android/view/WindowManagerGlobal.java。

```
public final class WindowManagerGlobal {
```

```
    ...
    // 所有Window对象中的View
    private final ArrayList<View> mViews = new ArrayList<View>();
    // 所有Window对象中的View所对应的ViewRootImpl
    private final ArrayList<ViewRootImpl> mRoots = new ArrayList<ViewRootImpl>();
    // 所有Window对象中的View所对应的布局参数
    private final ArrayList<WindowManager.LayoutParams> mParams = new
ArrayList<WindowManager.LayoutParams>();
    ...
}
```

而真正对界面上这些窗口进行统一管理的是WindowManager。WindowManager继承自ViewManager，从ViewManager这个类名来看，它主要用于管理View类的实例。

源码位置：/frameworks/base/core/java/android/view/WindowManager.java。

```
public final class WindowManagerImpl implements WindowManager {
    private final WindowManagerGlobal mGlobal = WindowManagerGlobal.
getInstance();

    @Override
    public void addView(@NonNull View view, @NonNull ViewGroup.LayoutParams
params) {
        applyDefaultToken(params);
        mGlobal.addView(view, params, mDisplay, mParentWindow);
    }

    @Override
    public void updateViewLayout(@NonNull View view, @NonNull
ViewGroup.LayoutParams params) {
        applyDefaultToken(params);
        mGlobal.updateViewLayout(view, params);
    }

    @Override
    public void removeView(View view) {
        mGlobal.removeView(view, false);
    }
    ...
}
```

关于WindowManager对View的增、删、改的能力，来源于其父类ViewManager接口。ViewManager中的代码定义如下：

源码位置：/frameworks/base/core/java/android/view/ViewManager.java。

```
public interface ViewManager{
    // 添加View
```

```
    public void addView(View view, ViewGroup.LayoutParams params);
    // 更新View
    public void updateViewLayout(View view, ViewGroup.LayoutParams params);
    // 移除View
    public void removeView(View view);
}
```

从ViewManager接口中提供的添加、更新和删除View的方法，可以看出WindowManager对View的所有控制能力。WindowManagerImpl是WindowManager的具体实现类。WindowManagerImpl的内部方法实现主要由代理类WindowManagerGlobal完成，而WindowManagerGlobal是一个单例对象，这意味着在一个应用程序进程中，只有一个WindowManagerGlobal实例负责控制和管理所有页面的View。

总的来说，在Activity启动后，会创建一个Window对象。通过setContentView()方法设置的View最终会被添加到Window对象的DecorView中，即每个Window对应一个View。这个View由ViewRootImpl进行操作。

WindowManager通过addView操作添加一个Window（也可以理解为一个View），随后会创建一个ViewRootImpl对象来操作这个View，最终将View渲染到屏幕上的窗口中。

在Activity的生命周期中，当onResume()方法执行完成后，会获取Window中的DecorView，并通过WindowManager将DecorView添加到窗口上。在这个过程中，会创建ViewRootImpl对象，由ViewRootImpl完成测量、绘制等操作。

源码位置：/frameworks/base/core/java/android/app/ActivityThread.java。

```
@Override
public void handleResumeActivity(ActivityClientRecord r, boolean
finalStateRequest,  boolean isForward, String reason) {

    ...
    //调用Activity的onResume()方法
    final Activity a = r.activity;
    ...
    if (r.window == null && !a.mFinished && willBeVisible) {
        r.window = r.activity.getWindow();
        View decor = r.window.getDecorView();
        decor.setVisibility(View.INVISIBLE);
        ViewManager wm = a.getWindowManager();
        WindowManager.LayoutParams l = r.window.getAttributes();
        a.mDecor = decor;
        // 设置窗口类型为应用类型
        l.type = WindowManager.LayoutParams.TYPE_BASE_APPLICATION;
        l.softInputMode |= forwardBit;
        ...
        if (a.mVisibleFromClient) {
```

```
            if (!a.mWindowAdded) {
                a.mWindowAdded = true;
                // 把décor添加到Window中
                wm.addView(decor, l);
            } else {
                a.onWindowAttributesChanged(l);
            }
        }

        // 如果窗口已经添加，但在恢复过程中我们启动了另一个活动，那么窗口还没有变为可见
    } else if (!willBeVisible) {
        r.hideForNow = true;
    }
    ...
}
```

这里涉及的WindowManagerGlobal代码如下：

```
    private final WindowManagerGlobal mGlobal = WindowManagerGlobal.getInstance();

    public void addView(@NonNull View view, @NonNull ViewGroup.LayoutParams params) {
        applyDefaultToken(params);
        mGlobal.addView(view, params, mContext.getDisplayNoVerify(), mParentWindow,
mContext.getUserId());
    }
```

最终可以看到，WindowManagerImpl没有直接实现Window执行添加操作，而是将这项工作交给WindowManagerGlobal来处理。

```
    private final ArrayList<View> mViews = new ArrayList<View>();
    private final ArrayList<ViewRootImpl> mRoots = new ArrayList<ViewRootImpl>();
    private final ArrayList<WindowManager.LayoutParams> mParams = new
ArrayList<WindowManager.LayoutParams>();

    public void addView(View view, ViewGroup.LayoutParams params, Display display,
Window parentWindow) {
        // 检测参数是否合法
        if (view == null) {
            throw new IllegalArgumentException("view must not be null");
        }
        if (display == null) {
            throw new IllegalArgumentException("display must not be null");
        }
        if (!(params instanceof WindowManager.LayoutParams)) {
            throw new IllegalArgumentException("Params must be
WindowManager.LayoutParams");
        }
```

07

```
        final WindowManager.LayoutParams wparams = (WindowManager.LayoutParams)
params;
        if (parentWindow != null) {
            parentWindow.adjustLayoutParamsForSubWindow(wparams);
        } else {
            ...
        }

        ViewRootImpl root;
        View panelParentView = null;

        synchronized (mLock) {
            ...
            // 创建ViewRootImpl，并赋值给root
            root = new ViewRootImpl(view.getContext(), display);

            // 设置View的params
            view.setLayoutParams(wparams);

            //创建ViewRootImpl后，将view、root和wparams对象添加到mViews、mRoots、
            //mParams列表中
            mViews.add(view);           //mViews是该窗口中的视图集合
            mRoots.add(root);           //mRoots是该窗口中的节点集合
            mParams.add(wparams);       //mParams是包含布局参数的集合

            try {
                //再调用ViewRootImpl来更新界面并完成Window的添加过程
                root.setView(view, wparams, panelParentView);
            } catch (RuntimeException e) {
                // BadTokenException or InvalidDisplayException, clean up.
                if (index >= 0) {
                    removeViewLocked(index, true);
                }
                throw e;
            }
        }
    }
```

在WindowManagerGlobal的addView()方法中创建了ViewRootImpl，然后将view、ViewRootImpl和View的布局参数params添加到对应的列表中。最后，调用ViewRootImpl来更新界面和完成Window的添加。

7.2.4 View 的操作

View是Android中所有视图组件的基类。在应用程序的开发过程中，View是最常使用的类之一。除四大组件外，与View相关的交互也非常频繁。随着系统的多次迭代更新，View类的代码量已经接近3万行。在应用开发中，所有布局组件以及自定义视图组件都继承自View。对于自定义视图，

开发者通常会继承View类并重写其关键方法，以控制视图的绘制和行为。

1. onMeasure

- MeasureSpec.EXACTLY表示精确尺寸。当为控件的layout_width或layout_height指定具体数值，或者使用MATCH_PARENT时，表明控件的大小已经确定，即为精确尺寸。
- MeasureSpec.AT_MOST表示最大尺寸。当控件的layout_width或layout_height被设置为WRAP_CONTENT时，控件的大小会根据其子视图或内容进行调整。在这种情况下，控件的尺寸不应超过父视图所允许的最大尺寸。因此，模式（mode）为AT_MOST，其中size指定了父视图允许的最大尺寸。
- MeasureSpec.UNSPECIFIED表示未指定尺寸。这种情况较为少见，通常发生在父控件为AdapterView时，通过measure方法传入的测量模式。在这种情况下，子视图可以决定其自己的尺寸，而不受父视图尺寸的限制。

2. onLayout()

onLayout()方法是ViewGroup中用于子视图布局的关键方法。要放置子视图，开发者需要重写此方法，获取子视图的实例，并调用每个子视图的layout()方法来确定它们的位置和大小。在实际开发中，onLayout()方法通常与onMeasure()方法结合使用，后者负责测量视图的大小。

layout()方法是View类中用于确定视图位置的方法。当调用此方法时，需要传入定义视图矩形空间的4个值：左上角的left和top值，以及右下角的right和bottom值。这些值定义了视图在父视图或布局中的具体位置。

3. onDraw()

在onDraw()方法中，我们主要使用Canvas对象提供的多种绘制方法来渲染图形、文字、图片等元素，这些方法包括drawRect()、drawCircle()、drawBitmap()等。此外，通过配置Paint对象的属性，比如颜色和线条宽度，我们可以控制绘制元素的外观样式。

在ViewRootImpl中，通过调用一系列方法来管理和操作View对象。这些方法负责View的测量、布局以及绘制流程。

源码位置：/frameworks/base/core/java/android/view/ViewRootImpl.java。

```
    final IWindowSession mWindowSession;

    public void setView(View view, WindowManager.LayoutParams attrs, View
panelParentView) {
        setView(view, attrs, panelParentView, UserHandle.myUserId());
    }
```

```
public void setView(View view, WindowManager.LayoutParams attrs, View
panelParentView, int userId) {
    synchronized (this) {
        if (mView == null) {
            mView = view;
            ...
            // 请求布局，执行View的绘制方法
            requestLayout();
            ...
            try {
                mOrigWindowType = mWindowAttributes.type;
                mAttachInfo.mRecomputeGlobalAttributes = true;
                collectViewAttributes();
                adjustLayoutParamsForCompatibility(mWindowAttributes);
                controlInsetsForCompatibility(mWindowAttributes);
                // 将Window添加到屏幕上
                // addToDisplay是一次跨进程通信的过程，通知WMS添加Window
                res = mWindowSession.addToDisplayAsUser(mWindow, mWindowAttributes,
                        getHostVisibility(), mDisplay.getDisplayId(), userId,
                        mInsetsController.getRequestedVisibility(), inputChannel,
                        mTempInsets, mTempControls);
                if (mTranslator != null) {
                    mTranslator.translateInsetsStateInScreenToAppWindow
(mTempInsets);
                    mTranslator.translateSourceControlsInScreenToAppWindow
(mTempControls);
                }
            }
            ...
            setFrame(mTmpFrames.frame);
            ...
            // 设置当前View的Parent
            view.assignParent(this);
            ...
        }
    }
}
```

在setView()方法中，调用了requestLayout来绘制View。requestLayout的实现如下：

```
// 请求布局
@Override
public void requestLayout() {
    if (!mHandlingLayoutInLayoutRequest) {
        checkThread();
```

```
        mLayoutRequested = true;
        scheduleTraversals();            //这里主要调用scheduleTraversals请求布局
    }
}

// 检测当前线程，如果不是主线程，则直接抛出异常
void checkThread() {
    if (mThread != Thread.currentThread()) {
        throw new CalledFromWrongThreadException(
            "Only the original thread that created a view hierarchy can touch its
views.");
    }
}

final TraversalRunnable mTraversalRunnable = new TraversalRunnable();

void scheduleTraversals() {
    if (!mTraversalScheduled) {
        mTraversalScheduled = true;
        mTraversalBarrier = mHandler.getLooper().getQueue().postSyncBarrier();
        mChoreographer.postCallback(Choreographer.CALLBACK_TRAVERSAL,
mTraversalRunnable, null);
        notifyRendererOfFramePending();
        pokeDrawLockIfNeeded();
    }
}

final class TraversalRunnable implements Runnable {
    @Override
    public void run() {
        doTraversal();
    }
}
```

通过TraversalRunnable调用了doTraversal()方法：

```
void doTraversal() {
    if (mTraversalScheduled) {
        mTraversalScheduled = false;
        mHandler.getLooper().getQueue().removeSyncBarrier(mTraversalBarrier);

        if (mProfile) {
            Debug.startMethodTracing("ViewAncestor");
        }

        performTraversals();

        if (mProfile) {
            Debug.stopMethodTracing();
```

```
            mProfile = false;
        }
    }
}
```

最终执行了performTraversals()方法。在该方法中会调用View的measure()、layout()、draw()方法。

```
private void performTraversals() {
    // cache mView since it is used so much below...
    final View host = mView;

    ...
    // 想要展示 Window的宽和高
    int desiredWindowWidth;
    int desiredWindowHeight;

  ...
    // 第一次执行
    if (mFirst) {
        ...
          // 将窗口信息附加到View上
        host.dispatchAttachedToWindow(mAttachInfo, 0);
        ...
    } else {
        desiredWindowWidth = frame.width();
        desiredWindowHeight = frame.height();
        if (desiredWindowWidth != mWidth || desiredWindowHeight != mHeight) {
            mFullRedrawNeeded = true;
            mLayoutRequested = true;
            windowSizeMayChange = true;
        }
    }

    ...
    // 开始进行布局准备
    boolean windowShouldResize = layoutRequested && windowSizeMayChange &&
((mWidth != host.getMeasuredWidth() || mHeight != host.getMeasuredHeight()) ||
(lp.width == ViewGroup.LayoutParams.WRAP_CONTENT && frame.width() <
desiredWindowWidth && frame.width() != mWidth) || (lp.height ==
ViewGroup.LayoutParams.WRAP_CONTENT && frame.height() < desiredWindowHeight &&
frame.height() != mHeight));
    windowShouldResize |= mDragResizing && mResizeMode == RESIZE_MODE_FREEFORM;
    // 如果Activity刚刚重新启动，需要强制调用WindowManager
    windowShouldResize |= mActivityRelaunched;
    // 判断是否仍然需要计算、重置
    final boolean computesInternalInsets = mAttachInfo.mTreeObserver.
hasComputeInternalInsetsListeners() ||
mAttachInfo.mHasNonEmptyGivenInternalInsets;
```

```
        ...
        if (mFirst || windowShouldResize || insetsChanged || viewVisibilityChanged
|| params != null || mForceNextWindowRelayout) {
            mForceNextWindowRelayout = false;

            ...
            if (!mStopped || wasReportNextDraw) {
                boolean focusChangedDueToTouchMode = ensureTouchModeLocally
((relayoutResult&WindowManagerGlobal.RELAYOUT_RES_IN_TOUCH_MODE) != 0);
                if (focusChangedDueToTouchMode || mWidth != host.getMeasuredWidth()
|| mHeight != host.getMeasuredHeight() || contentInsetsChanged ||
updatedConfiguration) {
                    int childWidthMeasureSpec = getRootMeasureSpec(mWidth, lp.width);
                    int childHeightMeasureSpec = getRootMeasureSpec(mHeight,
lp.height);

                    // 1.测量View大小
                    performMeasure(childWidthMeasureSpec, childHeightMeasureSpec);

                    ...
                    if (measureAgain) {
                        // 继续测量View的大小
                        performMeasure(childWidthMeasureSpec, childHeightMeasureSpec);
                    }

                    layoutRequested = true;
                }
            }
        }
        ...
        final boolean didLayout = layoutRequested && (!mStopped || mReportNextDraw);
        boolean triggerGlobalLayoutListener = didLayout ||
mAttachInfo.mRecomputeGlobalAttributes;
        if (didLayout) {
            // 2.对View进行布局
            performLayout(lp, mWidth, mHeight);
            ...
        }

        ...
        boolean cancelDraw = mAttachInfo.mTreeObserver.dispatchOnPreDraw()
|| !isViewVisible;
        if (!cancelDraw) {
            ...
              // 3.对View进行绘制
            performDraw();
        } else {
            if (isViewVisible) {
```

```
            // 对 View 重新布局和绘制
            scheduleTraversals();
        } else {
            if (mPendingTransitions != null && mPendingTransitions.size() > 0) {
                for (int i = 0; i < mPendingTransitions.size(); ++i) {
                    mPendingTransitions.get(i).endChangingAnimations();
                }
                mPendingTransitions.clear();
            }
        }
    }
    ...
    mIsInTraversal = false;
}
```

类似于View的三个核心过程——onMeasure()、onLayout()和onDraw()，ViewRootImpl类也提供了相应的方法来管理和协调View的测量、布局和绘制过程。

（1）ViewRootImpl调用performMeasure()方法执行Window对应View的测量。

```
    private void performMeasure(int childWidthMeasureSpec, int
childHeightMeasureSpec) {
        if (mView == null) {
            return;
        }
        Trace.traceBegin(Trace.TRACE_TAG_VIEW, "measure");
        try {
            mView.measure(childWidthMeasureSpec, childHeightMeasureSpec);
        } finally {
            Trace.traceEnd(Trace.TRACE_TAG_VIEW);
        }
    }
```

在performMeasure()方法中执行View的measure()方法，在这里会计算View的约束相关信息，然后调用其onMeasure()方法。

（2）ViewRootImpl调用performLayout()方法执行Window对应View的布局。

```
    private void performLayout(WindowManager.LayoutParams lp, int
desiredWindowWidth, int desiredWindowHeight) {
        mScrollMayChange = true;
        mInLayout = true;
        ...
        Trace.traceBegin(Trace.TRACE_TAG_VIEW, "layout");
        try {
            //调用layout()方法进行布局
```

```
        host.layout(0, 0, host.getMeasuredWidth(), host.getMeasuredHeight());

        mInLayout = false;
        int numViewsRequestingLayout = mLayoutRequesters.size();
        if (numViewsRequestingLayout > 0) {

            ArrayList<View> validLayoutRequesters = getValidLayoutRequesters
(mLayoutRequesters, false);
            if (validLayoutRequesters != null) {

                mHandlingLayoutInLayoutRequest = true;

                // 处理新的布局请求，然后测量和布局
                int numValidRequests = validLayoutRequesters.size();
                for (int i = 0; i < numValidRequests; ++i) {
                    final View view = validLayoutRequesters.get(i);
                    // 请求对该View进行布局，该操作会导致此View被重新测量、布局和绘制
                    view.requestLayout();
                }
                measureHierarchy(host, lp, mView.getContext().getResources(),
                                desiredWindowWidth, desiredWindowHeight);
                mInLayout = true;
                host.layout(0, 0, host.getMeasuredWidth(), host.getMeasuredHeight());

                mHandlingLayoutInLayoutRequest = false;

                // 再次检查有效的请求，这次不检查/清除布局标志，因为在第二次传递期间发生的请
求会被忽略
                validLayoutRequesters = getValidLayoutRequesters(mLayoutRequesters,
true);

                if (validLayoutRequesters != null) {
                    final ArrayList<View> finalRequesters = validLayoutRequesters;
                    // 将二次传递请求发送到下一帧
                    getRunQueue().post(new Runnable() {
                        @Override
                        public void run() {
                            int numValidRequests = finalRequesters.size();
                            for (int i = 0; i < numValidRequests; ++i) {
                                final View view = finalRequesters.get(i);
                                // 请求对该View进行布局，该操作会导致此View被重新测量、
                                // 布局和绘制
                                view.requestLayout();
                            }
                        }
                    });
                }
            }

        }
    } finally {
```

07

```
            Trace.traceEnd(Trace.TRACE_TAG_VIEW);
        }
        mInLayout = false;
    }
```

在Layout布局期间，也有可能会对View调用requestLayout()方法，从而触发重新测量、布局和绘制。

（3）ViewRootImpl通过调用performDraw()方法执行Window对应View的绘制。

```
    private void performDraw() {
        if (mAttachInfo.mDisplayState == Display.STATE_OFF && !mReportNextDraw) {
            return;
        } else if (mView == null) {
            return;
        }

        final boolean fullRedrawNeeded = mFullRedrawNeeded || mReportNextDraw ||
mNextDrawUseBlastSync;
        mFullRedrawNeeded = false;

        mIsDrawing = true;
        Trace.traceBegin(Trace.TRACE_TAG_VIEW, "draw");

        boolean usingAsyncReport = addFrameCompleteCallbackIfNeeded();
        addFrameCallbackIfNeeded();

        try {
            //绘制
            boolean canUseAsync = draw(fullRedrawNeeded);
            if (usingAsyncReport && !canUseAsync) {
                mAttachInfo.mThreadedRenderer.setFrameCompleteCallback(null);
                usingAsyncReport = false;
            }
        } finally {
            mIsDrawing = false;
            Trace.traceEnd(Trace.TRACE_TAG_VIEW);
        }
        ...
    }
```

这里的绘制方法调用了draw()方法。

```
    private boolean draw(boolean fullRedrawNeeded) {
        ...
        // 通知View上注册的绘制事件
        mAttachInfo.mTreeObserver.dispatchOnDraw();

        ...
```

```
    boolean useAsyncReport = false;
    if (!dirty.isEmpty() || mIsAnimating || accessibilityFocusDirty ||
mNextDrawUseBlastSync) {
        if (isHardwareEnabled()) {
            ...
             //调用Window对应View的invalidate()方法
            mAttachInfo.mThreadedRenderer.draw(mView, mAttachInfo, this);
        } else {
            ...
             //绘制View
            if (!drawSoftware(surface, mAttachInfo, xOffset, yOffset,
scalingRequired, dirty, surfaceInsets)) {
                return false;
            }
        }
    }

    if (animating) {
        mFullRedrawNeeded = true;
        scheduleTraversals();
    }
    return useAsyncReport;
}
```

这里绘制View分两种情况：一种是调用mAttachInfo.mThreadedRenderer.draw()方法；另一种是调用drawSoftware()方法。先来看一下调用mAttachInfo.mThreadedRenderer.draw()方法的内部实现。

源码位置：/frameworks/base/core/java/android/view/ThreadedRenderer.java。


```
void draw(View view, AttachInfo attachInfo, DrawCallbacks callbacks) {
    ...
    int syncResult = syncAndDrawFrame(frameInfo);     //①
    ...
    if ((syncResult & SYNC_REDRAW_REQUESTED) != 0) {
        attachInfo.mViewRootImpl.invalidate();        //②
    }
}
```

这里通过①syncAndDrawFrame()方法绘制View。再调用②ViewRootImpl.invalidate方法重新绘制了视图。

```
void invalidate() {
    mDirty.set(0, 0, mWidth, mHeight);
    if (!mWillDrawSoon) {
        scheduleTraversals();
    }
}
```

当调用invalidate()方法时，ViewRootImpl会将视图的标记位设置为无效，表示视图需要重新绘制。

再来看drawSoftware()方法。

```
    private boolean drawSoftware(Surface surface, AttachInfo attachInfo, int xoff,
int yoff, boolean scalingRequired, Rect dirty, Rect surfaceInsets) {

        // 使用渲染器绘制
        final Canvas canvas;
        ...
        try {
            ...
            canvas = mSurface.lockCanvas(dirty);
            ...
            canvas.setDensity(mDensity);
        }
        ...
        try {
            ...
            // View绘制
            mView.draw(canvas);

            drawAccessibilityFocusedDrawableIfNeeded(canvas);
        } finally {
            ...
        }
        return true;
    }
```

至此，便完成了ViewRootImpl对View的操作。

7.3 Window 的管理

7.3.1 窗口类型与层级

Android系统通过对窗口层级来直接约束窗口的type显示。不同类型的窗口显示在不同的层级上。例如，在使用Android手机时，我们会发现状态栏和导航栏的窗口层级高于应用的窗口。在各个应用中，我们可以下拉状态栏的通知列表，也可以点击导航栏的三个导航图标来返回到页面上一级。如果长按关机键，对应的关机页面会显示在所有的页面之上，这些页面的显示优先级由窗口类型控制。在智能车载系统中，我们会发现倒车影像一旦出来就会显示在最上层，说明它的窗口等级高于各应用、状态栏和导航栏。这一切窗口类型的显示，都是由窗口层级的逻辑来控制的。

本小节将探讨Android系统中各窗口的类型。在Android 13中，WMS（窗口管理服务）仍然扮演着窗口管理的关键角色，并提供了大量相关类来支持窗口的创建、显示和布局等功能。

以下是Android 13中一些与WMS相关的重要类的介绍。

1. WindowManager

源码位置：/frameworks/base/core/java/android/view/WindowManager.java。

WindowManager类是WMS的入口点，它提供了一组用于管理窗口的方法和接口。例如，可以使用WindowManager类来添加、移除和更新窗口，以及设置窗口的属性和布局等。

2. LayoutParams

源码位置：/frameworks/base/core/java/android/view/WindowManager.java。

LayoutParams是用于定义窗口属性的类，也是WindowManager的内部类。通过设置WindowManager.LayoutParams的属性，如宽高、位置、动画效果等，可以影响窗口的外观和行为。

3. WindowManagerGlobal

源码位置：/frameworks/base/core/java/android/view/WindowManagerGlobal.java。

WindowManagerGlobal类是WMS的核心类之一，负责全局的窗口管理操作。该类实现了窗口的添加、更新、删除等基本操作，并维护了窗口的列表和状态信息。

4. WindowState

源码位置：/frameworks/base/services/core/java/com/android/server/wm/WindowState.java。

WindowState类代表一个窗口的状态，包括窗口的位置、大小、显示状态等信息。WMS通过WindowState来管理窗口的层级关系、显示顺序和布局等。

5. DisplayContent

源码位置：/frameworks/base/services/core/java/com/android/server/wm/DisplayContent.java。

DisplayContent类代表一个物理显示设备（如屏幕）的内容，包含该设备上所有窗口的信息。WMS 通过DisplayContent来管理不同显示设备上的窗口，并处理多个显示设备之间的窗口显示和切换等操作。

6. ActivityRecord

源码位置：frameworks/base/services/core/java/com/android/server/wm/ActivityRecord.java。

ActivityRecord是应用层Activity组件在AMS中的代表，每一个在应用中启动的Activity，在AMS中都有一个ActivityRecord实例来与之对应。

7. WindowToken

源码位置：/frameworks/base/services/core/java/com/android/server/wm/WindowToken.java。

WindowToken表示应用程序的窗口令牌，用于标识和管理应用程序的窗口。WMS利用AppWindowToken来管理应用程序的窗口状态、显示顺序和堆叠顺序等。

在Android 11之前，AppWindowToken类继承了WindowToken，实现了WindowToken的版本管理，专门用于显示窗口的特定应用程序或实际活动。而到Android 11之后，取消了AppWindowToken类，由ActivityRecord类继承WindowToken并实现相应功能。读者对于ActivityRecord类应该比较熟悉，ActivityRecord类是应用层Activity组件在AMS中的代表，每一个在应用中启动的Activity，在AMS中都有一个ActivityRecord实例来与之对应。

8. WindowContainer

源码位置：/frameworks/base/services/core/java/com/android/server/wm/WindowContainer.java。

WindowContainer是窗口的容器，用于组织和管理窗口。它可以代表一个独立的窗口或一组相关窗口，例如Activity、Dialog等。

这些类一起构成了Android 13中WMS的核心部分，通过它们实现了窗口的创建、显示和布局等功能。使用这些类和接口可以有效地管理和控制应用程序的窗口。

为了更好地管理窗口，Android窗口根据其作用和属性分为以下三种类型：

- 应用窗口，比如Activity、Dialog。
- 子窗口，比如PopupWindow，必须依附于一个父窗口。
- 系统窗口，比如Toast、系统状态栏、导航栏等。

在Android系统中，App窗口的Z-Ordered等级最低，也就是在系统中的显示层级最低，其次是子Window，层级最高的是系统Window。层级高的Window会覆盖层级低的Window。要让窗口覆盖显示，只需确保它的层级比上一个窗口高。这三种窗口对应不同的WindowToken，每个应用组件（Activity、InputMethod、Wallpaper等，每个组件对应一个WindowToken）都需要通过WindowToken向WMS申请添加窗口，WMS根据窗口的WindowToken进行分类组织，相同WindowToken的窗口紧密联系。应用组件在新建窗口时必须提供WindowToken表明窗口的身份类型。系统窗口会隐式声明WindowToken，同时WMS会在addWindow()中进行鉴权。

我们先来了解一下窗口层级相关类，即WindowContainer类。该类的官方定义如下：

```
WindowContainer
/**
 * Defines common functionality for classes that can hold windows directly or
through their
 * children in a hierarchy form
 * The test class is {@link WindowContainerTests} which must be kept up-to-date
and ran anytime
 * changes are made to this class
 */
```

WindowContainer类定义了能够直接或间接以层级结构形式持有窗口的类的通用功能。这个类是一个容器，用于管理窗口的组织和行为。官方注释指出，此类为可以持有窗口的类或其子类提供公共方法和属性。任何直接或间接持有窗口的容器类，如果作为WindowState的容器，都应继承自WindowContainer或其子类。

以下是一些直接或间接继承自WindowContainer的类示例：RootWindowContainer、DisplayContent、DisplayArea、DisplayArea.Tokens、TaskDisplayArea、Task、ActivityRecord、WindowToken和WindowState。这些类通过继承WindowContainer来实现对窗口的管理和操作。

```
/**
 * Defines common functionality for classes that can hold windows directly or
through their
 * children in a hierarchy form.
 * The test class is {@link WindowContainerTests} which must be kept up-to-date
and ran anytime
 * changes are made to this class
 */
class WindowContainer<E extends WindowContainer> extends
ConfigurationContainer<E>
        implements Comparable<WindowContainer>, Animatable,
SurfaceFreezer.Freezable,
        InsetsControlTarget {
    ...
    /**
     * The parent of this window container
     * For removing or setting new parent {@link #setParent} should be used, because
it also
     * performs configuration updates based on new parent's settings.
     */
    private WindowContainer<WindowContainer> mParent = null;
    ...
    // List of children for this window container. List is in z-order as the children
    // appear on screen with the top-most window container at the tail of the list
```

```
    protected final WindowList<E> mChildren = new WindowList<E>()
    ...
}
```

在WindowContainer中有两个重要的参数：mParent和mChildren。其中一个代表父节点，另一个代表子节点，而且子节点的列表顺序代表Z轴的层级显示顺序，列表排序越靠后，Z轴层级越高。这两者的区别如下：

- mParent是WindowContainer类型成员变量，保存的是当前WindowContainer的父容器的引用。
- mChildren是WindowList类型的成员变量，保存的则是当前WindowContainer持有的所有子容器，并且列表的顺序就是子容器出现在屏幕上的顺序，最顶层的子容器位于队尾。

使用adb shell dumpsys activity containers命令可以查看当前容器的层级信息。

当然，整个窗口逻辑不是由单一的WindowContainer完成的，它有很多子类。其重要类的关系如图7-2所示。

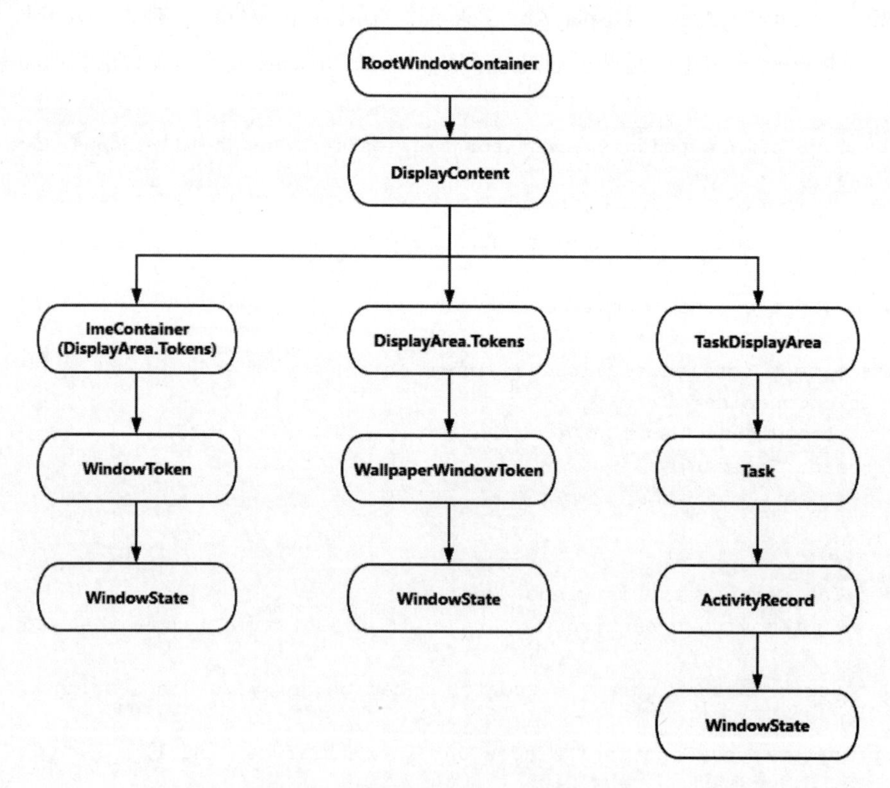

图 7-2　窗口重要类的关系

- RootWindowContainer：根窗口容器，窗口树的根节点。通过这个容器可以遍历并查找窗口树中的所有窗口。它的子类是DisplayContent。

- DisplayContent: 对应显示屏幕，Android是支持多屏幕的，所以可能存在多个DisplayContent对象。图7-2只画了一个对象的结构，其他对象的结构和该对象的结构类似。
- DisplayArea：该类对应显示在屏幕下面，代表一组窗口合集，具有多个子类，如Tokens、TaskDisplayArea等。
- TaskDisplayArea：DisplayContent的子类，对应窗口层次的第2层。第2层作为应用层，定义为int APPLICATION_LAYER = 2。
  TaskDisplayArea的子类是Task，其实它的子类类型也可以是TaskDisplayArea。而Task的子类可以是ActivityRecord，也可以是Task。
- Tokens：代表专门包含WindowTokens的容器，它的子类是WindowToken，而WindowToken的子类则为WindowState对象。WindowState对应一个窗口。
- ImeContainer：输入法窗口的容器，它的子类类型是WindowToken。WindowToken的子类类型是WindowState，WindowState类型对应输入法窗口。
- Task：任务，它的子类可以是Task，也可以是ActivityRecord。
- ActivityRecord：对应应用进程中的Activity。ActivityRecord继承自WindowToken，它的子类类型为WindowState。
- WindowState：在WMS窗口体系中，一个WindowState对象就代表一个窗口，它继承自WindowContainer，这就说明WindowState同样可以作为其他窗口的父容器，例如常见的PopupWindow。

接下来，我们将会对各个类的工作原理和使用方法进行详细介绍。

7.3.2 WindowState

WindowState的容器总共有3个，分别是WindowToken、WallpaperWindowToken和ActivityRecord。

07

1. WindowToken

```
class WindowToken extends WindowContainer<WindowState> {...}
```

WindowToken类是窗口管理器中一组相关窗口的容器。通常情况下，它用于显示窗口的“活动”句柄，如AppWindowToken。对于嵌套窗口，会为父类窗口创建一个WindowToken来管理其子窗口。总体来说，WindowToken用于管理WindowState。

2. WallpaperWindowToken

```
class WallpaperWindowToken extends WindowToken {...}
```

WallpaperWindowToken类继承自WindowToken类，用来存放和壁纸（Wallpaper）相关的窗口。

3. ActivityRecord

```
public final class ActivityRecord extends WindowToken implements
WindowManagerService.AppFreezeListener {...}
```

ActivityRecord是WindowToken的子类，在WMS中，一个ActivityRecord对象就代表一个Activity对象。

一般来说，一个窗口的父容器不是WindowToken就是ActivityRecord。

- 父容器为WindowToken的情况：App（含系统应用）主动调用添加窗口方法来添加窗口，如StatusBar、浮窗等，即非Activity窗口。
- 父容器为ActivityRecord的情况：系统侧调用添加窗口方法来添加窗口，如在桌面上启动一个应用等，即Activity窗口。

WMS根据窗口的类型和属性，为窗口分配了不同的层级，以控制它们在屏幕上的显示顺序，具有较高层级的窗口会显示在较低层级的窗口之上。例如，系统级窗口通常显示在应用程序窗口之上，而状态栏则显示在最顶层。

从层级角度来看，可以将窗口划分为以下3种：

- App之上的窗口，父容器为WindowToken，如StatusBar和NavigationBar。
- App窗口，父容器为ActivityRecord，如Launcher。
- App之下的窗口，父容器为WallpaperWindowToken，如ImageWallpaper。

7.3.3 WindowToken

DisplayArea中的内部类Tokens常用于容纳非App类型窗口，通常作为WindowToken的容器来构建窗口层级。

```
    /**
     * DisplayArea that contains WindowTokens, and orders them according to their
type
     */
 public static class Tokens extends DisplayArea<WindowToken> {...}
```

Tokens在这里扮演的是一个容器类的角色，用于容纳WindowToken对象并根据它们的类型进行排序。

```
class Task extends TaskFragment {...}
```

同样在此扮演容器类角色的是Task类，代表一个任务，可以包含一组执行特定任务的Activity。Task继承自TaskFragment，它的子类可以是Task，也可以是ActivityRecord。具有相同任务相似性的Activity通常被组织在同一个Task中，同时Task还可以包含其他Task。

这些Activity可以来自同一个应用，也可以来自不同的应用，它们之间不一定需要有关联。当我们打开最近任务的视图时，屏幕上展示的就是一个个任务（Task）。

```
class TaskFragment extends WindowContainer<WindowContainer> {...}
```

TaskFragment继承自WindowContainer，它是一个基础容器，设计用来包含Activity对象或其他TaskFragment实例。TaskFragment还负责管理其内部Activity的生命周期，并控制它们的可见性。

在层级结构中，TaskFragment与诸如Activity嵌入（Activity Embedding）和平行视界（Parallel Views）等场景密切相关。在平行视界的分屏模式下，两个Activity可以同时在屏幕上显示。这种多Activity显示的能力不是由Task自身提供的，而是由TaskFragment实现的。TaskFragment位于Task和Activity之间，划分了Task在屏幕上的显示区域，使得两个Activity能够在平行视界中同时展示。

7.3.4 DisplayArea

```
public class DisplayArea<T extends WindowContainer> extends WindowContainer<T>
{...}
```

DisplayArea代表屏幕的显示区域，该显示区域是从Z轴的角度来看的。在DisplayContent下，窗口容器集合表示一块显示区域，而DisplayContent继承自DisplayArea。Android目前设计为37层窗口层级，可以说每一层都是一个DisplayArea对象。

DisplayAreas可以包含嵌套的DisplayArea，它有3种类型，以确保窗口具有正确的Z顺序：

- BELOW_TASKS：只能包含位于任务下方的BELLOW_TASK显示区域和WindowToken。
- ABOVE_TASKS：只能包含位于任务上方的ABOVE_TASK显示区域和WindowToken。
- ANY：可以包含任何类型的DisplayArea，以及任何类型的WindowToken或Task容器。

DisplayArea有3个直接子类：TaskDisplayArea、DisplayArea.Tokens和DisplayArea.Tokens。

7.3.5 TaskDisplayArea

```
final class TaskDisplayArea extends DisplayArea<WindowContainer> {...}
```

TaskDisplayArea代表屏幕上一块专门用来存放App窗口的区域。它的子类可以是Task或TaskDisplayArea（别名DefaultTaskDisplay）。

TaskDisplayArea是DisplayContent的子类，对应Android窗口层次的第2层，即应用层。

也可以说代表屏幕上的一个包含App类型的WindowContainer区域。它的子节点是Task或TaskDisplayArea。

其实现位于frameworks/base/services/core/java/com/android/server/wm/DisplayAreaPolicy.java中：

```
    public DisplayAreaPolicy instantiate(WindowManagerService wmService,
                DisplayContent content, RootDisplayArea root,
                DisplayArea.Tokens imeContainer) {
    ...
          Inject.ResultOne<TaskDisplayArea> result = new Inject.ResultOne<>(new
TaskDisplayArea(content, wmService,
                    "DefaultTaskDisplayArea", FEATURE_DEFAULT_TASK_CONTAINER));
    public static class Tokens extends DisplayArea<WindowToken> {...}
```

Tokens是继承自DisplayArea的DisplayArea内部类，代表专门包含WindowTokens的容器。

7.3.6 ImeContainer

```
    private static class ImeContainer extends DisplayArea.Tokens {...}
```

ImeContainer继承自DisplayArea.Tokens，是DisplayContent.java的内部类，同样是一个WindowToken容器，专属于输入法窗口。

7.3.7 DisplayArea.Dimmable

```
    static class Dimmable extends DisplayArea<DisplayArea> {...}
```

DisplayArea的子类，并且是其内部类，同时也是DisplayContent的父类，带模糊效果。模糊图层可以插入在以该Dimmable对象为根节点的层级结构中任意两个图层之间。

```
    class RootDisplayArea extends DisplayArea.Dimmable {...}
```

DisplayArea.Dimmable的唯一子类，可以作为整个逻辑显示的根节点。

7.3.8 DisplayContent

```
    class DisplayContent extends RootDisplayArea implements
WindowManagerPolicy.DisplayContentInfo {...}
```

用来管理一个逻辑屏上的所有窗口，有几个屏幕就会有几个DisplayContent对象，每一个DisplayContent对应一个唯一的displayId。

7.3.9 DisplayAreaGroup

```
    class DisplayAreaGroup extends RootDisplayArea {...}
```

DisplayAreaGroup和DisplayContent都是RootDisplayArea的直接子类，代表屏幕上部分区域对应的DisplayArea层级结构的根节点。接下来我们进一步分析WMS中窗口的添加流程。

1. 为窗口层级树添加Feature

在DisplayContent的构造方法中启动了窗口层级树的构建。这里创建了新的DisplayContent实例，将其自身添加到根窗口容器并进行初始化。

```
    /**
     * Create new {@link DisplayContent} instance, add itself to the root window
     * container and initialize direct children
     * @param display May not be null
     * @param root {@link RootWindowContainer}
     */
    DisplayContent(Display display, RootWindowContainer root) {
        super(root.mWindowManager, "DisplayContent", FEATURE_ROOT);
    ...
        //设置surface图层
        configureSurfaces(pendingTransaction);
    ...
    }
     private void configureSurfaces(Transaction transaction) {
        //构建一个SurfaceControl
        final SurfaceControl.Builder b = mWmService.makeSurfaceBuilder(mSession)
                .setOpaque(true)
                .setContainerLayer()
                .setCallsite("DisplayContent");
        // 设置第一块屏幕的 name 属性
        mSurfaceControl = b.setName(getName()).setContainerLayer().build();

        // 设置窗口策略并构建显示区域层次结构
        if (mDisplayAreaPolicy == null) {
            mDisplayAreaPolicy = mWmService.getDisplayAreaPolicyProvider().
instantiate(
                    mWmService, this /* content */, this /* root */,
                    mImeWindowsContainer);
        }
        // 设置窗口相关事务
        transaction
                .setLayer(mSurfaceControl, 0)
                .setLayerStack(mSurfaceControl, mDisplayId)
                .show(mSurfaceControl)
                .setLayer(mOverlayLayer, Integer.MAX_VALUE)
                .show(mOverlayLayer);
  }
```

07

这里的关键方法是getDisplayAreaPolicyProvider().instantiate()，其内部实现如下：

```
        @Override
        public DisplayAreaPolicy instantiate(WindowManagerService wmService,
                DisplayContent content, RootDisplayArea root,
                DisplayArea.Tokens imeContainer) {
            // 注释①
            final TaskDisplayArea defaultTaskDisplayArea = new
TaskDisplayArea(content, wmService,
                    "DefaultTaskDisplayArea", FEATURE_DEFAULT_TASK_CONTAINER);
            final List<TaskDisplayArea> tdaList = new ArrayList<>();
            tdaList.add(defaultTaskDisplayArea);

            // Define the features that will be supported under the root of the
whole logical
            // display. The policy will build the DisplayArea hierarchy based on
this.
            // 通过RootDisplayArea开始构建层级树
            final HierarchyBuilder rootHierarchy = new HierarchyBuilder(root);

            // 设置输入法容器
              rootHierarchy.setImeContainer(imeContainer).
setTaskDisplayAreas(tdaList);


            if (content.isTrusted()) {
                // 注释②
                configureTrustedHierarchyBuilder(rootHierarchy, wmService,
content);
            }

            // Instantiate the policy with the hierarchy defined above. This will
            // create and attach all the necessary DisplayAreas to the root
            // 注释③
            return new DisplayAreaPolicyBuilder().setRootHierarchy
(rootHierarchy).build(wmService);
        }
```

此方法在DisplayContent的构造函数中调用。构造函数的最后两个参数中，root代表根容器对象，而imeContainer代表输入法容器对象。这里的imeContainer对象在DisplayContent初始化时就传进来了，然后通过setImeContainer()方法将其设置给HierarchyBuilder。

在这里，注释①处创建了一个名为DefaultTaskDisplayArea的对象作为应用窗口的默认容器（其对应的Feature是FEATURE_DEFAULT_TASK_CONTAINER），并将其添加到列表中。注释②处负责配置层级结构所支持的特征（Feature，或称为特性）。只有在注释③处，才开始实际构建层级树。

我们继续跟踪注释②处的方法，其内容如下：

```
    private void configureTrustedHierarchyBuilder(HierarchyBuilder
rootHierarchy,
            WindowManagerService wmService, DisplayContent content) {
        // WindowedMagnification should be on the top so that there is only
        // one surface to be magnified
        rootHierarchy.addFeature(new Feature.Builder(wmService.mPolicy,
                "WindowedMagnification", FEATURE_WINDOWED_MAGNIFICATION)
                .upTo(TYPE_ACCESSIBILITY_MAGNIFICATION_OVERLAY)
                .except(TYPE_ACCESSIBILITY_MAGNIFICATION_OVERLAY)
                // Make the DA dimmable so that the magnify window also mirrors
                // the dim layer
                .setNewDisplayAreaSupplier(DisplayArea.Dimmable::new)
                .build());
        if (content.isDefaultDisplay) {
            // 判断条件是默认屏幕
            // 如果系统只有一块屏幕，则此处为true
            rootHierarchy.addFeature(new Feature.Builder(wmService.mPolicy,
                    "HideDisplayCutout", FEATURE_HIDE_DISPLAY_CUTOUT)
                    .all()
                    .except(TYPE_NAVIGATION_BAR, TYPE_NAVIGATION_BAR_PANEL,
                            TYPE_STATUS_BAR, TYPE_NOTIFICATION_SHADE)
                    .build())
                    .addFeature(new Feature.Builder(wmService.mPolicy,
                            "OneHanded", FEATURE_ONE_HANDED)
                            .all()
                            .except(TYPE_NAVIGATION_BAR,
                                    TYPE_NAVIGATION_BAR_PANEL,
                                    TYPE_SECURE_SYSTEM_OVERLAY)
                            .build());
        }
        rootHierarchy
                .addFeature(new Feature.Builder(wmService.mPolicy,
                        "FullscreenMagnification",
                        FEATURE_FULLSCREEN_MAGNIFICATION)
                        .all()
                        .except(TYPE_ACCESSIBILITY_MAGNIFICATION_OVERLAY,
                                TYPE_INPUT_METHOD, TYPE_INPUT_METHOD_DIALOG,
                                TYPE_MAGNIFICATION_OVERLAY,TYPE_NAVIGATION_BAR,
                                 TYPE_NAVIGATION_BAR_PANEL)
                        .build())
                .addFeature(new Feature.Builder(wmService.mPolicy,
                        "ImePlaceholder", FEATURE_IME_PLACEHOLDER)
```

```
                        .and(TYPE_INPUT_METHOD, TYPE_INPUT_METHOD_DIALOG)
                        .build());
    }
```

在层级树的构建过程中，共执行了5次关于Feature的添加操作。被添加的Feature对象依次为WindowedMagnification、HideDisplayCutout、OneHanded、FullscreenMagnification和ImePlaceholder。

为了更深入地理解addFeature方法的工作原理，下面来查看Feature类的具体实现。

```
        /**
         * Feature 仅用于 DisplayArea 层级构建
         */
        static class Feature {
            private final String mName;
            private final int mId;
            private final boolean[] mWindowLayers;
            private final NewDisplayAreaSupplier mNewDisplayAreaSupplier;

            private Feature(String name, int id, boolean[] windowLayers,
                    NewDisplayAreaSupplier newDisplayAreaSupplier) {
                mName = name;                        //注释①
                mId = id;                            //注释②
                mWindowLayers = windowLayers;//这个DisplayArea可以包含哪些层级对应的窗口
                mNewDisplayAreaSupplier = newDisplayAreaSupplier;
            }
         Feature build() {
                    if (mExcludeRoundedCorner) {
                        // Always put the rounded corner layer to the top most layer.
                        mLayers[mPolicy.getMaxWindowLayer()] = false;
                    }
                    return new Feature(mName, mId, mLayers.clone(),
mNewDisplayAreaSupplier);
                }
```

注释①处为Feature的名称，如WindowedMagnification、HideDisplayCutout，后续DisplayArea层级结构建立起来后，每个DisplayArea的name属性就是当前DisplayArea对应的Feature中的name属性。注释②处为Feature的ID，如FEATURE_WINDOWED_MAGNIFICATION、FEATURE_HIDE_DISPLAY_CUTOUT等，添加的5个Feature对应的ID如下：

源码位置：/frameworks/base/services/core/java/com/android/window/DisplayAreaOrganizer.java。

```
        /**
         * Display area that can be magnified in
         * @link Settings.Secure.ACCESSIBILITY_MAGNIFICATION_MODE_WINDOW}...
         */
```

```
        public static final int FEATURE_WINDOWED_MAGNIFICATION = FEATURE_SYSTEM_FIRST
+ 4;

        /**
         * Display area for hiding display cutout feature
         * @hide
         */
        public static final int FEATURE_HIDE_DISPLAY_CUTOUT = FEATURE_SYSTEM_FIRST +
6;

        /**
         * Display area for one handed feature
         */
        public static final int FEATURE_ONE_HANDED = FEATURE_SYSTEM_FIRST + 3;

        /**
         * Display area that can be magnified in
         * @link Settings.Secure.ACCESSIBILITY_MAGNIFICATION_MODE_FULLSCREEN}...
         */
        public static final int FEATURE_FULLSCREEN_MAGNIFICATION =
FEATURE_SYSTEM_FIRST + 5;

        /**
         * Display area that the IME container can be placed in. Should be enabled
on every root
         * hierarchy if IME container may be reparented to that hierarchy when the
IME target changed
         * @hide
         */
        public static final int FEATURE_IME_PLACEHOLDER = FEATURE_SYSTEM_FIRST + 7;
```

通过其ID可以看出，Feature代表的是DisplayArea的一个特征，可以根据Feature来对不同的DisplayArea进行划分。

在这里，关键是其Feature内部定义的Builder类及其build()方法：

```
    static class Builder {
            private final WindowManagerPolicy mPolicy;
            private final String mName;
            private final int mId;
            private final boolean[] mLayers;
            private NewDisplayAreaSupplier mNewDisplayAreaSupplier =
DisplayArea::new;
            private boolean mExcludeRoundedCorner = true;

            /**
             * Builds a new feature that applies to a set of window types as specified
             * by the builder methods
             *
```

```
         * <p>The set of types is updated iteratively in the order of the method
invocations
         * For example, {@code all().except(TYPE_STATUS_BAR)} expresses that
         * a feature should apply to all types except TYPE_STATUS_BAR
         *
         * <p>The builder starts out with the feature not applying to any types
         *
         * @param name the name of the feature
         * @param id of the feature. {@see Feature#getId}
         */
        Builder(WindowManagerPolicy policy, String name, int id) {
            mPolicy = policy;
            mName = name;
            mId = id;
            mLayers = new boolean[mPolicy.getMaxWindowLayer() + 1];
        }
        ...
        Feature build() {
            if (mExcludeRoundedCorner) {
                // Always put the rounded corner layer to the top most layer.
                mLayers[mPolicy.getMaxWindowLayer()] = false;
            }
            return new Feature(mName, mId, mLayers.clone(),
mNewDisplayAreaSupplier);
        }
```

此处通过一套适用于具体窗口类型的构建方法来构建新Feature。mPolicy.getMaxWindowLayer()的返回值（即窗口最大层数）为36：

```
    /**
     * 返回窗口最大层数，36
     */
    default int getMaxWindowLayer() {
        return 36;
    }
```

在代码中，最大窗口层级被设定为36。在builder()方法中，new boolean[mPolicy.getMaxWindowLayer() + 1] 表示将创建一个长度为37的布尔数组，即mLayers = new boolean[37]，这代表窗口层级区间为[0, 36]。在build()方法中，mLayers[mPolicy.getMaxWindowLayer()] = false; 即mLayers[36] = false，意味着在构建时，第36层被设置为false。这里的mExcludeRoundedCorner变量始终保持true值，没有被修改。可以说在Android视图中，最大层级为36的规则是在这里设定的。

最终返回的对象是new Feature(mName, mId, mLayers.clone(), mNewDisplayAreaSupplier)。这里的mLayers对应Feature中的mWindowLayers。mLayers.clone()是将Feature.mWindowLayer的值复制给Feature.Builder.mLayer。

Feature中的all()、and()、except()方法在构建层级树的过程中也起到关键作用。

```
    //注释①
    Builder all() {
        Arrays.fill(mLayers, true);
        return this;
    }
    //注释②
    Builder and(int... types) {
        for (int i = 0; i < types.length; i++) {
            int type = types[i];
            set(type, true);
        }
        return this;
    }
    //注释③
    Builder except(int... types) {
        for (int i = 0; i < types.length; i++) {
            int type = types[i];
            set(type, false);
        }
        return this;
    }
    //注释④
    Builder upTo(int typeInclusive) {
        // 根据传入的type计算到图层
        final int max = layerFromType(typeInclusive, false);
        for (int i = 0; i < max; i++) {
            mLayers[i] = true;
        }
        set(typeInclusive, true);
        return this;

}
    private void set(int type, boolean value) {
        mLayers[layerFromType(type, true)] = value;
        ...
    }
    private int layerFromType(int type, boolean internalWindows) {
        return mPolicy.getWindowLayerFromTypeLw(type, internalWindows);
    }
}
```

代码说明如下。

- 注释①all()：此方法将mLayers数组中的所有元素设置为true，意味着所有类型的窗口都被设置为可用。

- 注释②and()：此方法先将传入的窗口类型转换为对应的层级值，然后在mLayers数组中找到与该层级值对应的元素，并将其设置为true。这表示DisplayArea可以包含传入窗口类型对应的窗口，即添加了传入类型的窗口。
- 注释③except()：此方法先将传入的窗口类型转换为对应的层级值，然后在mLayers数组中找到与该层级值对应的元素，并将其设置为false。这表示DisplayArea不再包含传入窗口类型对应的窗口，即不添加传入类型的窗口。
- 注释④upTo()：此方法先将传入的窗口类型转换为对应的层级值，然后将mLayers数组中从开始到该层级值对应的元素（包括该元素本身）的所有元素设置为true。这表示当前DisplayArea可以包含所有传入窗口类型层级值及以下的窗口类型，即添加了从[0, typeInclusive]区间内的所有类型窗口。

总结一下，这些方法的作用就是限定对应层级窗口是否要添加。限定完添加的窗口后，最终都会调用layerFromType()，该方法的实现如下：

```
        private int layerFromType(int type, boolean internalWindows) {
            return mPolicy.getWindowLayerFromTypeLw(type, internalWindows);
        }
```

这些方法最终调用了WindowManagerPolicy.getWindowLayerFromTypeLw()方法：

```
    /**
     * Returns the layer assignment for the window type. Allows you to control
     * how different kinds of windows are ordered on-screen
     *
     * @param type The type of window being assigned
     * @param canAddInternalSystemWindow If the owner window associated with the
     * type we are evaluating can add internal system windows. I.e they have
     * {@link Manifest.permission#INTERNAL_SYSTEM_WINDOW}. If true, alert
     * window types {@link android.view.WindowManager.LayoutParams
       #isSystemAlertWindowType(int)}
     *       can be assigned layers greater than the layer for
     *       {@link android.view.WindowManager.LayoutParams
             #TYPE_APPLICATION_OVERLAY} Else,
     *       their layers would be lesser
     * @return int An arbitrary integer used to order windows, with lower numbers
     * below higher ones
     */
    default int getWindowLayerFromTypeLw(int type, boolean
canAddInternalSystemWindow) {
        return getWindowLayerFromTypeLw(type, canAddInternalSystemWindow,
                false /* roundedCornerOverlay */);
    }

    /**
```

```
     * Returns the layer assignment for the window type. Allows you to control
     * how different kinds of windows are ordered on-screen
     *
     * @param type The type of window being assigned
     * @param canAddInternalSystemWindow If the owner window associated with the
     *       type we are evaluating can add internal system windows. I.e they have
     *       {@link Manifest.permission#INTERNAL_SYSTEM_WINDOW}. If true, alert
     *       window types {@link android.view.WindowManager.LayoutParams
#isSystemAlertWindowType(int)}
     *       can be assigned layers greater than the layer for
     *       {@link android.view.WindowManager.LayoutParams
#TYPE_APPLICATION_OVERLAY} Else, their
     *       layers would be lesser
     * @param roundedCornerOverlay {#code true} to indicate that the owner window
     *        is rounded corner overlay
     * @return int An arbitrary integer used to order windows, with lower numbers
     *        below higher ones
     */
    default int getWindowLayerFromTypeLw(int type, boolean
canAddInternalSystemWindow,
            boolean roundedCornerOverlay) {
        // Always put the rounded corner layer to the top most
        if (roundedCornerOverlay && canAddInternalSystemWindow) {
            return getMaxWindowLayer();
        }
        if (type >= FIRST_APPLICATION_WINDOW && type <= LAST_APPLICATION_WINDOW) {
            return APPLICATION_LAYER;
        }

        switch (type) {
            case TYPE_WALLPAPER:
                // wallpaper is at the bottom, though the window manager may move it
                return  1;
            case TYPE_PRESENTATION:
            case TYPE_PRIVATE_PRESENTATION:
            case TYPE_DOCK_DIVIDER:
            case TYPE_QS_DIALOG:
            case TYPE_PHONE:
                return  3;
            case TYPE_SEARCH_BAR:
                return  4;
            case TYPE_INPUT_CONSUMER:
                return  5;
            case TYPE_SYSTEM_DIALOG:
                return  6;
            case TYPE_TOAST:
                // toasts and the plugged-in battery thing
```

07

```
            return 7;
        case TYPE_PRIORITY_PHONE:
            // SIM errors and unlock. Not sure if this really should be in a
            // high layer return 8;
        case TYPE_SYSTEM_ALERT:
            // like the ANR / app crashed dialogs
            // Type is deprecated for non-system apps. For system apps, this
            // type should be in a higher layer than TYPE_APPLICATION_OVERLAY
            return canAddInternalSystemWindow ? 12 : 9;
        case TYPE_APPLICATION_OVERLAY: return 11;
        case TYPE_INPUT_METHOD:
            // on-screen keyboards and other such input method user
            // interfaces go here return 13;
        case TYPE_INPUT_METHOD_DIALOG:
            // on-screen keyboards and other such input method user
            // interfaces go here
            return 14;
        case TYPE_STATUS_BAR:
            return 15;
        case TYPE_STATUS_BAR_ADDITIONAL:
            return 16;
        case TYPE_NOTIFICATION_SHADE:
            return 17;
        case TYPE_STATUS_BAR_SUB_PANEL:
            return 18;
        case TYPE_KEYGUARD_DIALOG:
            return 19;
        case TYPE_VOICE_INTERACTION_STARTING:
            return 20;
        case TYPE_VOICE_INTERACTION:
            // voice interaction layer should show above the lock screen
            return 21;
        case TYPE_VOLUME_OVERLAY:
            // the on-screen volume indicator and controller shown when the user
            // changes the device volume
            return 22;
        case TYPE_SYSTEM_OVERLAY:
            // the on-screen volume indicator and controller shown when the user
            // changes the device volume
            return canAddInternalSystemWindow ? 23 : 10;
        case TYPE_NAVIGATION_BAR:
            // the navigation bar, if available, shows atop most things
            return 24;
        case TYPE_NAVIGATION_BAR_PANEL:
            // some panels (e.g. search) need to show on top of the navigation bar
            return 25;
```

```
    case TYPE_SCREENSHOT:
        // screenshot selection layer shouldn't go above system error, but
        // it should cover navigation bars at the very least
        return  26;
    case TYPE_SYSTEM_ERROR:
        // system-level error dialogs
        return  canAddInternalSystemWindow ? 27 : 9;
    case TYPE_MAGNIFICATION_OVERLAY:
        // used to highlight the magnified portion of a display
        return  28;
    case TYPE_DISPLAY_OVERLAY:
        // used to simulate secondary display devices
        return  29;
    case TYPE_DRAG:
        // the drag layer: input for drag-and-drop is associated with this
        // window, which sits above all other focusable windows
        return  30;
    case TYPE_ACCESSIBILITY_OVERLAY:
        // overlay put by accessibility services to intercept user interaction
        return  31;
    case TYPE_ACCESSIBILITY_MAGNIFICATION_OVERLAY:
        return 32;
    case TYPE_SECURE_SYSTEM_OVERLAY:
        return  33;
    case TYPE_BOOT_PROGRESS:
        return  34;
    case TYPE_POINTER:
        // the (mouse) pointer layer
        return  35;
    default:
        Slog.e("WindowManager", "Unknown window type: " + type);
        return 3;
    }
}
```

此方法返回给定窗口类型对应的层级值，通过这些层级值可以控制不同类型的窗口在屏幕上的显示层次。

此方法有三个参数，分别说明如下。

- type：要分配的窗口的类型。
- canAddInternalSystemWindow：是否允许添加内部系统窗口。
- roundedCornerOverlay：持有者窗口是否应用圆角覆盖效果。

最终的返回值是一个整数（int类型），它代表了特定窗口类型对应的层级值。这个层级值用于确定窗口的排序，其中层级值较低的窗口类型会显示在层级值较高的窗口类型之下。这种机制用于控制不同类型窗口在屏幕上的显示顺序和层次结构。

2. 构建DisplayArea层级结构

在DisplayAreaPolicy.DefaultProvider中：

```
    static final class DefaultProvider implements DisplayAreaPolicy.Provider {
        @Override
        public DisplayAreaPolicy instantiate(WindowManagerService wmService,
                DisplayContent content, RootDisplayArea root,
                DisplayArea.Tokens imeContainer) {
            ...
            return new DisplayAreaPolicyBuilder().
setRootHierarchy(rootHierarchy).build(wmService);
        }
```

所返回的对象为new DisplayAreaPolicyBuilder().setRootHierarchy(rootHierarchy). build(wmService)。在这里，setRootHierarchy()方法所传入的参数为前面创建的rootHierarchy对象。

源码位置：/frameworks/base/services/core/java/com/android/server/wm/DisplayAreaPolicyBuilder.java。

```
    DisplayAreaPolicyBuilder setRootHierarchy(HierarchyBuilder
rootHierarchyBuilder) {
        mRootHierarchyBuilder = rootHierarchyBuilder;
        return this;
    }
```

HierachyBuilder是用于产生DisplayArea树的类，传入TaskDisplayArea集合、imeContainer和DisplayArea等，然后调用builder方法就会产生对应的DisplayArea树。这里把前面创建的HierarchyBuilder对象rootHierarchy保存到DisplayAreaPolicyBuilder中，保存为mRootHierarchyBuilder对象。随后build(wmService)构建DisplayArea层级结构：

```
    Result build(WindowManagerService wmService) {
        validate();

        // Attach DA group roots to screen hierarchy before adding windows to
        // group hierarchies
        // 注释①
        mRootHierarchyBuilder.build(mDisplayAreaGroupHierarchyBuilders);
        List<RootDisplayArea> displayAreaGroupRoots = new ArrayList<>(
                mDisplayAreaGroupHierarchyBuilders.size());
        for (int i = 0; i < mDisplayAreaGroupHierarchyBuilders.size(); i++) {
            HierarchyBuilder hierarchyBuilder =
mDisplayAreaGroupHierarchyBuilders.get(i);
```

```
            hierarchyBuilder.build();
            displayAreaGroupRoots.add(hierarchyBuilder.mRoot);
        }
        // Use the default function if it is not specified otherwise
        if (mSelectRootForWindowFunc == null) {
            mSelectRootForWindowFunc = new DefaultSelectRootForWindowFunction(
                    mRootHierarchyBuilder.mRoot, displayAreaGroupRoots);
        }
        return new Result(wmService, mRootHierarchyBuilder.mRoot,
displayAreaGroupRoots,
                mSelectRootForWindowFunc, mSelectTaskDisplayAreaFunc);
    }
```

此处注释①调用HierarchyBuilder.build来生成DisplayArea层级结构，并传入mDisplayAreaGroupHierarchyBuilders对象。

```
    /** Builds the {@link DisplayArea} hierarchy below root */
    private void build() {
        build(null /* displayAreaGroupHierarchyBuilders */);
    }

    /**
     * Builds the {@link DisplayArea} hierarchy below root. And adds the roots
     * of those {@link HierarchyBuilder} as children
     */
    private void build(@Nullable List<HierarchyBuilder>
displayAreaGroupHierarchyBuilders) {
        //1.设置窗口层级、循环遍历Feature等
        final WindowManagerPolicy policy = mRoot.mWmService.mPolicy;
        final int maxWindowLayerCount = policy.getMaxWindowLayer() + 1;
        final DisplayArea.Tokens[] displayAreaForLayer =
                new DisplayArea.Tokens[maxWindowLayerCount];
        final Map<Feature, List<DisplayArea<WindowContainer>>> featureAreas =
                new ArrayMap<>(mFeatures.size());
        for (int i = 0; i < mFeatures.size(); i++) {
            featureAreas.put(mFeatures.get(i), new ArrayList<>());
        }

        // This method constructs the layer hierarchy with the following properties:
        // (1) Every feature maps to a set of DisplayAreas
        // (2) After adding a window, for every feature the window's type belongs
        //     to, it is a descendant of one of the corresponding DisplayAreas of
        //     the feature
        // (3) Z-order is maintained, i.e. if z-range(area) denotes the set of layers
        //     of windows within a DisplayArea:
        //      for every pair of DisplayArea siblings (a,b), where a is below b,
        //       it holds that
```

```
        //     max(z-range(a)) <= min(z-range(b))
        //
        // The algorithm below iteratively creates such a hierarchy:
        //  - Initially, all windows are attached to the root.
        //  - For each feature we create a set of DisplayAreas, by looping over
        //  the layers
        //  - if the feature does apply to the current layer, we need to find
        //     a DisplayArea for it to satisfy (2)
        //  - we can re-use the previous layer's area if:
        //     the current feature also applies to the previous layer,
        //     (to satisfy (3)) and the last feature that applied to the previous
        //     layer is the same as the last feature that applied to the current
        //     layer (to satisfy (2))
        //   - otherwise we create a new DisplayArea below the last feature that
        //     applied to the current layer
        PendingArea[] areaForLayer = new PendingArea[maxWindowLayerCount];
        final PendingArea root = new PendingArea(null, 0, null);
        Arrays.fill(areaForLayer, root);

        // Create DisplayAreas to cover all defined features
        //2.遍历Features集合，根据之前添加的不同的Features特性构建显示区域
        final int size = mFeatures.size();
        for (int i = 0; i < size; i++) {
            // Traverse the features with the order they are defined, so that the
            // early defined feature will be on the top in the hierarchy
            final Feature feature = mFeatures.get(i);
            PendingArea featureArea = null;
            for (int layer = 0; layer < maxWindowLayerCount; layer++) {
                if (feature.mWindowLayers[layer]) {
                    //This feature will be applied to this window layer
                    //We need to find a DisplayArea for it:
                    // We can reuse the existing one if it was created for this feature
                    //for the previous layer AND the last feature that applied to
                    //the previous layer is the same as the feature that applied to
                    //the current layer (so they are ok to share the same
                    //parent DisplayArea)
                    if (featureArea == null || featureArea.mParent !=
areaForLayer[layer]) {
                        //No suitable DisplayArea:
                        //Create a new one under the previous area (as parent) for
                        //this layer
                        featureArea = new PendingArea(feature, layer,
areaForLayer[layer]);
                        areaForLayer[layer].mChildren.add(featureArea);
                    }
                    areaForLayer[layer] = featureArea;
                } else {
```

```
                //This feature won't be applied to this window layer. If it needs
                //to be applied to the next layer, we will need to create a
                //new DisplayArea for that
                featureArea = null;
            }
        }
    }
    //3.给每个Layer对象创建Token节点
    PendingArea leafArea = null;
    int leafType = LEAF_TYPE_TOKENS;
    for (int layer = 0; layer < maxWindowLayerCount; layer++) {//遍历每层Layer
        int type = typeOfLayer(policy, layer);          //根据层级获取type类型
        //判断是否要创建新的leafArea对象
        if (leafArea == null || leafArea.mParent != areaForLayer[layer]
                || type != leafType) {
            // Create a new Tokens for this layer
            leafArea = new PendingArea(null /* feature */, layer,
areaForLayer[layer]);    //创建新的leafArea对象
            areaForLayer[layer].mChildren.add(leafArea);
            leafType = type;
            //类型为LEAF_TYPE_TASK_CONTAINERS时进行单独处理
            if (leafType == LEAF_TYPE_TASK_CONTAINERS) {
                // We use the passed in TaskDisplayAreas for task container
                // type of layer
                // Skip creating Tokens even if there is no TDA
                addTaskDisplayAreasToApplicationLayer(areaForLayer[layer]);
                addDisplayAreaGroupsToApplicationLayer(areaForLayer[layer],
                        displayAreaGroupHierarchyBuilders);
                leafArea.mSkipTokens = true;

            //leafArea 类型为LEAF_TYPE_IME_CONTAINERS进行单独处理
            } else if (leafType == LEAF_TYPE_IME_CONTAINERS) {
                // We use the passed in ImeContainer for ime container type
                // of layer
                // Skip creating Tokens even if there is no ime container
                leafArea.mExisting = mImeContainer;
                leafArea.mSkipTokens = true;
            }
        }
        leafArea.mMaxLayer = layer;                          //设置leafArea最大层级
    }
    //由PendingArea计算MaxLayer
    root.computeMaxLayer();

    //4.开始进行DisplayArea层级构建
    root.instantiateChildren(mRoot, displayAreaForLayer, 0, featureAreas);

    //5.保存含有窗口信息的mFeatures数组等
```

```
        mRoot.onHierarchyBuilt(mFeatures, displayAreaForLayer, featureAreas);
    }
```

在build()中，总共进行了5步操作，分别说明如下。

1）设置窗口层级、循环遍历 Feature 等参数

- maxWindowLayerCount：初始化的maxWindowLayerCount值为37。
- featureAreas：创建featureAreas的ArrayMap集合，后面循环遍历每个Feature创建对应的ArrayList。

这里遍历的各Feature参数的主要作用如表7-7所示。

表 7-7　每个 Feature 参数的主要作用

序　号	Key:mFeatures.get(i)遍历的标记位	主要作用
0	WindowedMagnification	用于窗口部分区域放大，无障碍服务中有一个窗口放大的功能对应这个窗口
1	HideDisplayCutout	用于隐藏刘海屏区域
2	OneHanded	用于单手模式
3	FullscreenMagnification	用于全屏放大场景，无障碍服务中有一个全屏放大的功能对应这个窗口
4	ImePlaceholder	专属输入法的窗口

2）遍历 Features 集合，根据之前添加的不同 Features 特性构建显示区域

```
            final int size = mFeatures.size();
            for (int i = 0; i < size; i++) {           //5个Feature会进行5次循环
                //遍历取出每个Feature对象
                final Feature feature = mFeatures.get(i);
                PendingArea featureArea = null;
                //这里maxWindowLayerCount是37，也就是遍历了所有层级
                for (int layer = 0; layer < maxWindowLayerCount; layer++) {
                    //筛选出当前Feature的Layer设置为true的层级
                    if (feature.mWindowLayers[layer]) {
                       //非当前节点，也非当前子节点时
                        if (featureArea == null || featureArea.mParent !=
areaForLayer[layer]) {
                            featureArea = new PendingArea(feature, layer,
areaForLayer[layer]);       //feature设置为areaForLayer[layer]的mParent属性
                           //areaForLayer[layer]认featureArea为孩子
                            areaForLayer[layer].mChildren.add(featureArea);
                        }
                        //将areaForLayer[layer]设置为当前的featureArea
                        areaForLayer[layer] = featureArea;
```

```
                } else {

                    featureArea = null;
                }
            }
        }
```

在这里循环遍历mFeatures对象，也就是遍历mFeatures中的5个Feature特性。

- 遍历WindowedMagnification的Feature时，第0～31层为true，即mWindowLayers[0]～mWindowLayers[31]为true。
- 遍历HideDisplayCutout的Feature时，第0～14、16、18～23、26～35层为true，即mWindowLayers[0]～mWindowLayers[14]、mWindowLayers[16]、mWindowLayers[18]～mWindowLayers[23]、mWindowLayers[26]～mWindowLayers[35]为true。其树形结构如图7-3所示。

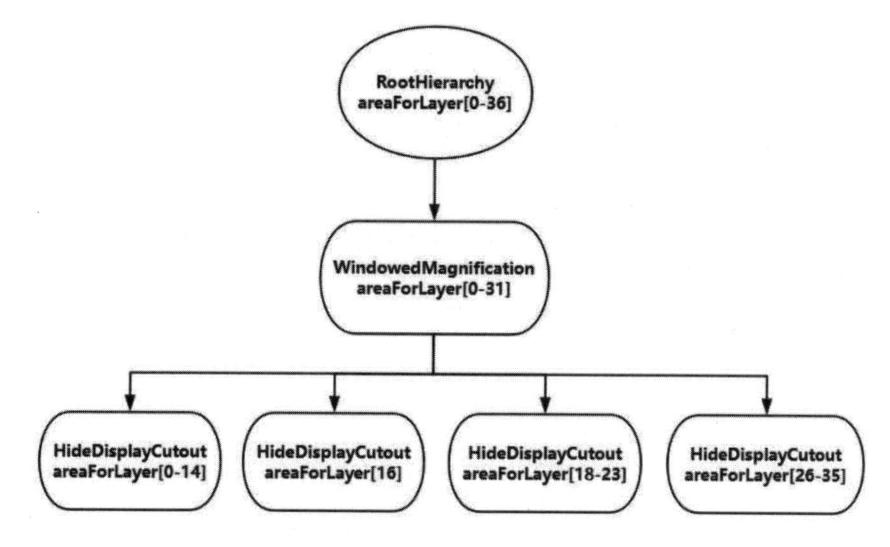

图 7-3 HideDisplayCutout 遍历树形图

- 遍历OneHanded的Feature时，第0～23、26～32、34～35层为true，即mWindowLayers[0]～mWindowLayers[23]、mWindowLayers[26]～mWindowLayers[32]、mWindowLayers[34]～mWindowLayers[35]为true。其树形图结构如图7-4所示。
- 遍历FullscreenMagnification的Feature时，第0～12、15～23、26～27、29～31、33～35层为true，即mWindowLayers[0]～mWindowLayers[12]、mWindowLayers[15]～mWindowLayers[23]、mWindowLayers[26]～mWindowLayers[27]、mWindowLayers[29]～mWindowLayers[31]、mWindowLayers[33]～mWindowLayers[35]为true。

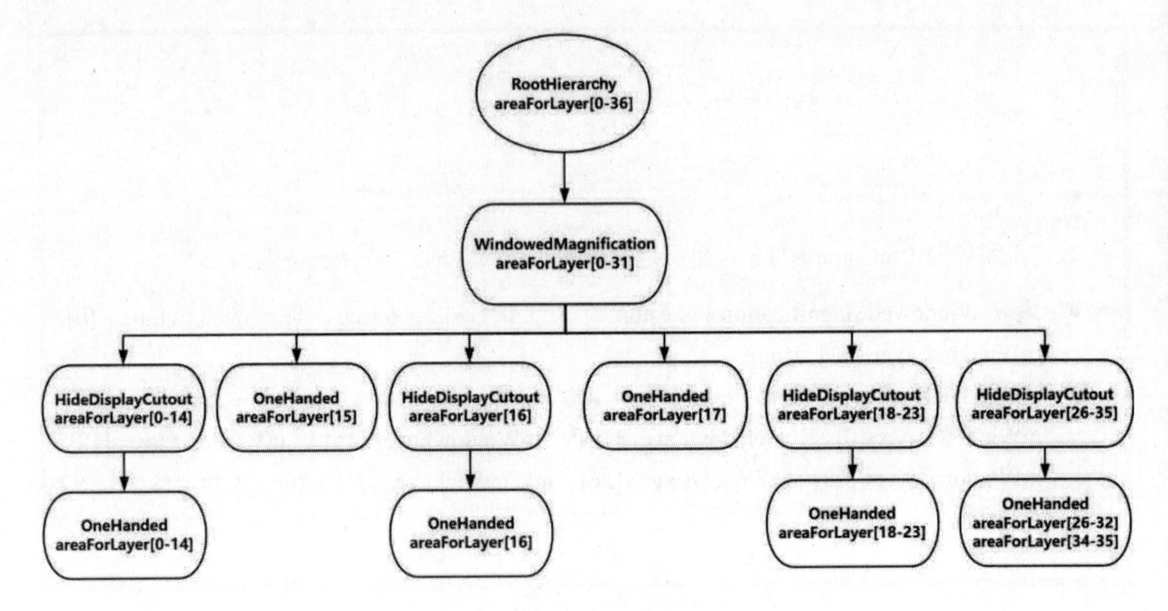

图 7-4　OneHanded 遍历树形图

- 遍历ImePlaceholder时，第13～14层为true，即mWindowLayers[13]～mWindowLayers[14]为true。
  - 当Feature为根节点ROOT时，mChildren是WindowedMagnification。
  - 当Feature为WindowedMagnification时，mChildren是HideDisplayCutout。
  - 当Feature为HideDisplayCutout时，其mChildren是OneHanded。

其他树形结构的处理方式类似。

3）给每个 Layer 对象创建 Token 节点

在循环遍历每个层级（layer）的过程中，第一个操作是根据层级获取对应的窗口类型（type）。typeOfLayer()方法的定义如下：

```
    private static int typeOfLayer(WindowManagerPolicy policy, int layer) {
        if (layer == APPLICATION_LAYER) {
            return LEAF_TYPE_TASK_CONTAINERS;
        } else if (layer == policy.getWindowLayerFromTypeLw(TYPE_INPUT_METHOD)
                || layer == policy.getWindowLayerFromTypeLw
(TYPE_INPUT_METHOD_DIALOG)) {
            return LEAF_TYPE_IME_CONTAINERS;
        } else {
            return LEAF_TYPE_TOKENS;
        }
    }
```

此方法规定了各层级对应的Leaf类型：

（1）应用层级（APPLICATION_LAYER的值为2）的Leaf类型为LEAF_TYPE_TASK_CONTAINERS。

（2）输入法层级（TYPE_INPUT_METHOD和TYPE_INPUT_METHOD_DIALOG的值分别为13和14）的Leaf类型为LEAF_TYPE_IME_CONTAINERS。

（3）其余层级值对应的Leaf类型全为LEAF_TYPE_TOKENS。

在获取到对应层级的窗口类型（type）之后，会进行一个判断：当前PendingArea对象是否为空，确认当前的areaForLayer不是PendingArea对象的父节点，或验证新获取的type和leafType是否不相等。

当满足判断条件时，将会创建新的叶子节点，并将其添加为areaForLayer[layer]的子节点，最后对其leafType为LEAF_TYPE_TASK_CONTAINERS和LEAF_TYPE_IME_CONTAINERS的情况进行特殊处理；当不满足判断条件时，则更新叶子为最大层级。

当leafType为LEAF_TYPE_TASK_CONTAINERS时：

```
addTaskDisplayAreasToApplicationLayer(areaForLayer[layer]);
addDisplayAreaGroupsToApplicationLayer(areaForLayer[layer],
        displayAreaGroupHierarchyBuilders);
leafArea.mSkipTokens = true;
```

这里对应层级为第2层，对应addTaskDisplayAreasToApplicationLayer()方法的实现如下：

```
    private void addTaskDisplayAreasToApplicationLayer(PendingArea
parentPendingArea) {
            final int count = mTaskDisplayAreas.size();    //这里一般等于1
            for (int i = 0; i < count; i++) {
                PendingArea leafArea =
                        new PendingArea(null /* feature */, APPLICATION_LAYER,
parentPendingArea);    //创建新的APPLICATION_LAYER的PendingArea,
                    //并挂载到parentPendingArea下面
                    //和前面的IME一样，把容器设置进去
                leafArea.mExisting = mTaskDisplayAreas.get(i);
                leafArea.mMaxLayer = APPLICATION_LAYER;      //设置最大Layer
                parentPendingArea.mChildren.add(leafArea); //添加为父节点的子节点
            }
        }
```

可见，此方法是对本身已经设置过的TaskDisplayArea单独进行处理。另一个方法addDisplayAreaGroupsToApplicationLayer()的实现如下：

```
    /** Adds roots of the DisplayAreaGroups to the application layer */
    private void addDisplayAreaGroupsToApplicationLayer(
            DisplayAreaPolicyBuilder.PendingArea parentPendingArea,
            @Nullable List<HierarchyBuilder> displayAreaGroupHierarchyBuilders) {
        if (displayAreaGroupHierarchyBuilders == null) {
            return;
        }
        final int count = displayAreaGroupHierarchyBuilders.size();
        for (int i = 0; i < count; i++) {
            DisplayAreaPolicyBuilder.PendingArea
                    leafArea = new DisplayAreaPolicyBuilder.PendingArea(
                    null /* feature */, APPLICATION_LAYER, parentPendingArea);
            leafArea.mExisting = displayAreaGroupHierarchyBuilders.get(i).
mRoot;
            leafArea.mMaxLayer = APPLICATION_LAYER;
            parentPendingArea.mChildren.add(leafArea);
        }
    }
```

在这里，displayAreaGroupHierarchyBuilders实际为null，该方法默认跳出，因此不需要额外关注。

当type = LEAF_TYPE_IME_CONTAINERS时，对应层级为第13、14层，所进行的操作如下：

```
// We use the passed in ImeContainer for ime container type of layer
// Skip creating Tokens even if there is no ime container
leafArea.mExisting = mImeContainer;
leafArea.mSkipTokens = true;
```

即不再为当前节点生成DisplayArea.Tokens，而是使用之前保存在HierarchyBuilder.mImeContainer中的ImeContainer。

至此，不难发现Leaf节点的添加跟Feature的构建在逻辑上类似。在对应层级为0～1、3～14、17～36时，对应的leafType为LEAF_TYPE_TOKENS，层级2的leafType为APPLICATION_LAYER，层级13的leafType为TYPE_INPUT_METHOD，层级14的leafType为TYPE_INPUT_METHOD_DIALOG。

最后，使用root.computeMaxLayer()方法计算出每个节点最大的layer值，其方法实现如下：

```
    int computeMaxLayer() {
        for (int i = 0; i < mChildren.size(); i++) {
            mMaxLayer = Math.max(mMaxLayer,
mChildren.get(i).computeMaxLayer());
        }
        return mMaxLayer;
    }
```

4）开始进行 DisplayArea 层级构建

root.instantiateChildren(mRoot, displayAreaForLayer, 0, featureAreas)的实现如下：

```
void instantiateChildren(DisplayArea<DisplayArea> parent,
            DisplayArea.Tokens[] areaForLayer, int level,Map<Feature,
            List<DisplayArea<WindowContainer>>> areas) {
        mChildren.sort(Comparator.comparingInt(pendingArea ->
                pendingArea.mMinLayer));
        for (int i = 0; i < mChildren.size(); i++) {
            final PendingArea child = mChildren.get(i);
            final DisplayArea area = child.createArea(parent, areaForLayer);
              //这里创建操作可能返回null，比如前面讲的ImeContainer
              //和DefaultTaskDisplayArea
            if (area == null) {
                // TaskDisplayArea and ImeContainer can be set at different
                // hierarchy, so it can be null
                continue;
            }
            //把返回的area设置为Child
            parent.addChild(area, WindowContainer.POSITION_TOP);
            if (child.mFeature != null) {
                areas.get(child.mFeature).add(area);    //同时放入Feature集合
            }
            //迭代子节点
            child.instantiateChildren(area, areaForLayer, level + 1, areas);
        }
    }

    @Nullable
    private DisplayArea createArea(DisplayArea<DisplayArea> parent,
            DisplayArea.Tokens[] areaForLayer) {
        //Ime和DefaultTaskDisplayArea可以进入，针对已经存在mExisting的情况，
        //直接使用它返回
        //判断是否属于Tokens类型，其实就是ImeContainer
        if (mExisting != null) {
            if (mExisting.asTokens() != null) {
                // Store the WindowToken container for layers
                //对应覆盖的层级赋值为mExisting
                fillAreaForLayers(mExisting.asTokens(), areaForLayer);
            }
            return mExisting;               //返回之前设置的层级
        }
        if (mSkipTokens) {
            return null;
        }
        DisplayArea.Type type;
```

```
            if (mMinLayer > APPLICATION_LAYER) {
                type = DisplayArea.Type.ABOVE_TASKS;
            } else if (mMaxLayer < APPLICATION_LAYER) {
                type = DisplayArea.Type.BELOW_TASKS;
            } else {
                type = DisplayArea.Type.ANY;
            }
            if (mFeature == null) {
                final DisplayArea.Tokens leaf = new
                        DisplayArea.Tokens(parent.mWmService, type,
                        "Leaf:" + mMinLayer + ":" + mMaxLayer);//构造对应的Tokens
                //对应覆盖的层级都需要赋值为Leaf
                fillAreaForLayers(leaf, areaForLayer);
                return leaf;
            } else {
                return mFeature.mNewDisplayAreaSupplier.create(parent.mWmService,
                        type, mFeature.mName + ":" + mMinLayer + ":" + mMaxLayer,
                        mFeature.mId);        //返回对应的DisplayArea对象
            }
        }
```

这里，根据窗口层级37层，对每一层进行遍历，并挂载一个新的叶子节点TOKENS。规则与前面提到的Feature一样，即如果是同一个父节点，则不需要重新生成。同时，对TYPE_INPUT_METHOD和APPLICATION_LAYER进行特殊处理。

5）保存含有窗口信息的 mFeatures 数组等

最后一步保存Leaf数组和mFeatures对象等构建好的参数，并通知显示区域构建完成。它的方法内部实现如下：

源码位置：/frameworks/base/services/core/java/com/android/server/wm/RootDisplayArea.java。

```
    void onHierarchyBuilt(ArrayList<Feature> features, DisplayArea.Tokens[]
            areaForLayer, Map<Feature, List<DisplayArea<WindowContainer>>>
featureToDisplayAreas) {
        if (mHasBuiltHierarchy) {
            throw new IllegalStateException("Root should only build the hierarchy
once");
        }
        mHasBuiltHierarchy = true;
        mFeatures = Collections.unmodifiableList(features);
        mAreaForLayer = areaForLayer;
        mFeatureToDisplayAreas = featureToDisplayAreas;
    }
```

这里的操作就是把传递的参数全部赋值给RootDisplayArea的成员变量。至此，层级结构树的构建就完成了。

3. 为层级结构树添加窗口

在包含多个层级值范围的DisplayArea层级结构中，每个DisplayArea对象都可以通过WindowManagerPolicy.getWindowLayerFromTypeLw()来获取每种窗口类型对应的层级值，这些层级值范围表明该DisplayArea可以容纳哪些类型的窗口。

在DisplayArea层级结构中，可以设置mParent属性的窗口有三种类型：

- TaskDisplayArea：App类型窗口。Task的容器是TaskDisplayArea，该容器在层级结构树中对应DefaultTaskDisplayArea，ActivityRecord的容器是Task。
- DisplayArea.Tokens：非App类型窗口。WindowToken的容器是DisplayArea.Tokens，该容器在层级结构树中对应Leaf节点。其中，WallpaperWindowToken继承自WindowToken，用来存放与Wallpaper相关的窗口。
- ImeContainer：输入法窗口，输入法的容器是ImeContainer。

前面概述了层级树的构建。在构建好层级树后，需要为层级树添加对应的窗口。在Tree的数据结构中，每个节点都可以有0个或多个子节点。同样地，在窗口层级树结构中，每个节点可以有0个或多个子节点对象。

Task的父节点可以是DefaultTaskDisplayArea或Task本身。对应地，这两个类中有添加Task的方法，如addTask、addChild等。DefaultTaskDisplay是TaskDisplayArea的别名，因此我们可以观察TaskDisplayArea类中的方法。

源码位置：frameworks/base/services/core/java/com/android/server/wm/TaskDisplayArea.java。

```
    void addChild(WindowContainer child, int position) {
        if (child.asTaskDisplayArea() != null) {
            if (DEBUG_ROOT_TASK) {
                Slog.d(TAG_WM, "Set TaskDisplayArea=" + child + " on 
taskDisplayArea=" + this);
            }
            super.addChild(child, position);
        } else if (child.asTask() != null) {
            addChildTask(child.asTask(), position);
        } else {
            throw new IllegalArgumentException(
              "TaskDisplayArea can only add Task and TaskDisplayArea, but found "
              + child);
        }
    }

    private void addChildTask(Task task, int position) {
```

```
        if (DEBUG_ROOT_TASK) Slog.d(TAG_WM, "Set task=" + task + " on 
taskDisplayArea=" + this);

        addRootTaskReferenceIfNeeded(task);
        position = findPositionForRootTask(position, task, true /* adding */);
        super.addChild(task, position);                    //注释①
        if (mPreferredTopFocusableRootTask != null
                && task.isFocusable()
                && mPreferredTopFocusableRootTask.compareTo(task) < 0) {
            // Clear preferred top because the adding focusable task has a
            // higher z-order
            mPreferredTopFocusableRootTask = null;
        }
        mAtmService.updateSleepIfNeededLocked();
        onRootTaskOrderChanged(task);
    }
```

可见，在addChild方法中，只有满足child.asTask() != null的条件时，才会执行addChildTask()操作。此方法的关键代码在注释①处，调用了父类的addChild()方法，即对应的WindowContainer类中的void addChild(E child, int index)方法。

源码位置：frameworks/base/services/core/java/com/android/server/wm/WindowContainer.java。

```
    /**
     * Adds the input window container has a child of this container at the
     * input index
     */
    @CallSuper
    void addChild(E child, int index) {
        if (!child.mReparenting && child.getParent() != null) {
            throw new IllegalArgumentException("addChild: container="
                    + child.getName()+ " is already a child of container="
                    + child.getParent().getName()
                    + " can't add to container=" + getName()
                    + "\n callers=" + Debug.getCallers(15, "\n"));
        }

        if ((index < 0 && index != POSITION_BOTTOM)
                || (index > mChildren.size() && index != POSITION_TOP)) {
            throw new IllegalArgumentException("addChild: invalid position="
                        + index+ ", children number=" + mChildren.size());
        }

        if (index == POSITION_TOP) {
            index = mChildren.size();
        } else if (index == POSITION_BOTTOM) {
            index = 0;
```

```
        }

        mChildren.add(index, child);

        // Set the parent after we've actually added a child in case a
        // subclass depends on this
        child.setParent(this);
    }
```

可以看出，这里实际上调用的是构建层级结构树时的方法。

在某些情况下，一个Task的父节点也可能是另一个Task。

源码位置：frameworks/base/services/core/java/com/android/server/wm/Task.java。

```
    void addChild(WindowContainer child, final boolean toTop, boolean
showForAllUsers) {
        Task task = child.asTask();
        try {
            if (task != null) {
                task.setForceShowForAllUsers(showForAllUsers);
            }
            // We only want to move the parents to the parents if we are creating
            // this task at the top of its root task
            addChild(child, toTop ? MAX_VALUE : 0, toTop /*moveParents*/);
        } finally {
            if (task != null) {
                task.setForceShowForAllUsers(false);
            }
        }
    }

    private void addChild(WindowContainer child, int position, boolean
moveParents) {
        // Add child task
        addChild(child, null);

        // Move child to a proper position, as some restriction for position
        //  might apply
        positionChildAt(position, child, moveParents /* includingParents */);
    }
```

这里的addChild(child, null)实际上调用的是WindowContainer中的addChild()方法（Task继承自TaskFragment，TaskFragment继承自WindowContainer）。

源码位置：frameworks/base/services/core/java/com/android/server/wm/WindowContainer.java。

```
    @CallSuper
    protected void addChild(E child, Comparator<E> comparator) {
```

```
    ...
    //标记位，默认将子节点加入后面
    int positionToAdd = -1;
    if (comparator != null) {
        //获取当前节点中子节点的数量，降序排列进行遍历
        final int count = mChildren.size();
        for (int i = 0; i < count; i++) {
            //如果子节点层级较大，则返回1，否则返回-1
            if (comparator.compare(child, mChildren.get(i)) < 0) {
                //标记位记录位置
                positionToAdd = i;
                break;
            }
        }
    }
    if (positionToAdd == -1) {
        //该窗口放到列表最后
        mChildren.add(child);
    } else {
        mChildren.add(positionToAdd, child);
    }
    //此处将child的mParent设置为this
    child.setParent(this);
}
```

同样地，ActivityRecord的父节点是Task，也可以在Task类中找到添加ActivityRecord的方法。

源码位置：frameworks/base/services/core/java/com/android/server/wm/Task.java。

```
@Override
void addChild(WindowContainer child, int index) {
    index = getAdjustedChildPosition(child, index);
    super.addChild(child, index);

    ProtoLog.v(WM_DEBUG_ADD_REMOVE, "addChild: %s at top.", this);

    // A rootable task that is now being added to be the child of an organized
    // task. Making sure the root task references is keep updated
    if (mTaskOrganizer != null && mCreatedByOrganizer && child.asTask() != null) {
        getDisplayArea().addRootTaskReferenceIfNeeded((Task) child);
    }

    // Make sure the list of display UID allowlists is updated
    // now that this record is in a new task
    mRootWindowContainer.updateUIDsPresentOnDisplay();

    // Only pass minimum dimensions for pure TaskFragment. Task's minimum
    // dimensions must be passed from Task constructor
```

```
        final TaskFragment childTaskFrag = child.asTaskFragment();
        if (childTaskFrag != null && childTaskFrag.asTask() == null) {
            childTaskFrag.setMinDimensions(mMinWidth, mMinHeight);
        }
    }
```

这里的super.addChild(child, index)实际上调用的是Task父类TaskFragment的addChild()方法。

源码位置：frameworks/base/services/core/java/com/android/server/wm/TaskFragment.java。

```
    @Override
    void addChild(WindowContainer child, int index) {
        ActivityRecord r = topRunningActivity();
        mClearedTaskForReuse = false;
        mClearedTaskFragmentForPip = false;
        final ActivityRecord addingActivity = child.asActivityRecord();
        final boolean isAddingActivity = addingActivity != null;
        final Task task = isAddingActivity ? getTask() : null;
        // If this task had any activity before we added this one
        boolean taskHadActivity = task != null && task.getTopMostActivity() !=
null;
        // getActivityType() looks at the top child, so we need to read the type
        // before adding a new child in case the new child is on top and UNDEFINED
        final int activityType = task != null ? task.getActivityType() :
ACTIVITY_TYPE_UNDEFINED;
        super.addChild(child, index);
        if (isAddingActivity && task != null) {
            // TODO(b/207481538): temporary per-activity screenshoting
            if (r != null && BackNavigationController.isScreenshotEnabled()) {
                ProtoLog.v(WM_DEBUG_BACK_PREVIEW, "Screenshotting Activity %s",
                        r.mActivityComponent.flattenToString());
                Rect outBounds = r.getBounds();
                SurfaceControl.ScreenshotHardwareBuffer backBuffer =
                        SurfaceControl.captureLayers(r.mSurfaceControl,
                        new Rect(0, 0, outBounds.width(), outBounds.height()),
                        1f);
                mBackScreenshots.put(r.mActivityComponent.flattenToString(),
                        backBuffer);
            }
            child.asActivityRecord().inHistory = true;
            task.onDescendantActivityAdded(taskHadActivity, activityType,
addingActivity);
        }
    }
```

而这里的super.addChild(child, index)调用的是WindowContainer的void addChild()方法。

WMS中的WindowToken标识了窗口的类型，包括应用程序窗口、系统窗口、状态栏窗口、导航栏窗口等。继承自WindowToken的WallpaperWindowToken类的特性与WindowToken一致。在添加窗口的过程中，也是通过token来判断对应的窗口添加信息的。

对应地，DisplayArea中也有添加WindowToken的方法。

源码位置：frameworks/base/services/core/java/com/android/server/wm/DisplayArea.java。

```
void addChild(WindowToken token) {
    addChild(token, mWindowComparator);
}
```

这里的addChild(token, mWindowComparator)调用的是WindowContainer类中的addChild(E child, Comparator<E> comparator)方法，其主要作用是通过token信息来进行窗口的添加。

在WMS中，WindowToken是窗口的身份标识，每个窗口都需要一个token以识别其身份，同样地，每个窗口在WMS中都有一个对应的WindowState对象来表示。WindowState的mParent属性是ActivityRecord。而ActivityRecord是WindowToken的子类，对应的WindowState的mParent属性也包含WindowToken。

源码位置：frameworks/base/services/core/java/com/android/server/wm/WindowToken.java。

```
void addWindow(final WindowState win) {
    ProtoLog.d(WM_DEBUG_FOCUS,
            "addWindow: win=%s Callers=%s", win, Debug.getCallers(5));

    if (win.isChildWindow()) {
        // Child windows are added to their parent windows
        return;
    }
    // This token is created from WindowContext and the client requests to
    // addView now, create a surface for this token
    if (mSurfaceControl == null) {
        createSurfaceControl(true /* force */);

        // Layers could have been assigned before the surface was created,
        // update them again
        reassignLayer(getSyncTransaction());
    }
    if (!mChildren.contains(win)) {
        ProtoLog.v(WM_DEBUG_ADD_REMOVE, "Adding %s to %s", win, this);
        addChild(win, mWindowComparator);
        mWmService.mWindowsChanged = true;
```

```
            // TODO: Should we also be setting layout needed here and other places
        }
    }
```

这里addChild()就是通过调用WindowContainer的addChild()方法来添加WindowState的。

源码位置：frameworks/base/services/core/java/com/android/server/wm/ActivityRecord.java。

```
    @Override
    void addWindow(WindowState w) {
        super.addWindow(w);

        boolean gotReplacementWindow = false;
        for (int i = mChildren.size() - 1; i >= 0; i--) {
            final WindowState candidate = mChildren.get(i);
            gotReplacementWindow |= candidate.setReplacementWindowIfNeeded(w);
        }

        // if we got a replacement window, reset the timeout to give drawing
        // more time
        if (gotReplacementWindow) {
            mWmService.scheduleWindowReplacementTimeouts(this);
        }
        checkKeyguardFlagsChanged();
    }
```

ActivityRecord的super.addWindow(w);调用的就是WindowToken的addWindow方法，也是通过WindowContainer的addChild()方法来添加WindowState。

添加窗口最终都是通过WindowContainer的addChild(E child, int index)方法和addChild(E child, Comparator<E> comparator)方法来实现的。

在WindowContainer中，这两个方法的使用结果有些许不同。

- void addChild(E child, int index)：通过传入的index参数指定子容器的插入位置。不会根据任何比较器进行排序。
- protected void addChild(E child, Comparator<E> comparator)：通过传入的Comparator参数定义子容器的排序规则，然后根据指定的比较器对传入的子容器进行排序。

至此，WMS完成了整个窗口层级树的添加过程。

4. 进行窗口绘制

在对应窗口添加至窗口层级树后，WMS会开始进行窗口绘制。当Activity显示时，会请求WMS服务刷新窗口，WMS会调用relayoutWindow()方法来实现相应的流程。

源码位置：/frameworks/base/services/core/java/com/android/server/wm/WindowManagerService.java。

```
    public int relayoutWindow(Session session, IWindow client, LayoutParams attrs,
            int requestedWidth, int requestedHeight, int viewVisibility, int flags,
            int seq, int lastSyncSeqId, ClientWindowFrames outFrames,
            MergedConfiguration outMergedConfiguration, SurfaceControl
outSurfaceControl,
            InsetsState outInsetsState, InsetsSourceControl[] outActiveControls,
            Bundle outSyncIdBundle) {
        if (outActiveControls != null) {
            Arrays.fill(outActiveControls, null);
        }
        int result = 0;
        boolean configChanged = false;
        final int pid = Binder.getCallingPid();           //相关进程信息都是通过
binder参数传入的
        final int uid = Binder.getCallingUid();
        final long origId = Binder.clearCallingIdentity();
        synchronized (mGlobalLock) {
            final WindowState win = windowForClientLocked(session, client, false);
            ......

            final DisplayContent displayContent = win.getDisplayContent();
    //获取DisplayContent对象
            final DisplayPolicy displayPolicy = displayContent.getDisplayPolicy();
    //通过DisplayContent对象获取屏幕相关信息

            WindowStateAnimator winAnimator = win.mWinAnimator;
            if (viewVisibility != View.GONE) {
                win.setRequestedSize(requestedWidth, requestedHeight);
            }

            int attrChanges = 0;
            int flagChanges = 0;
            int privateFlagChanges = 0;
            if (attrs != null) {
                ......
                final boolean layoutChanged =
                     (attrChanges & WindowManager.LayoutParams.LAYOUT_CHANGED) != 0;
                if (layoutChanged || (attrChanges
                     & WindowManager.LayoutParams.SYSTEM_UI_VISIBILITY_CHANGED) !=
0) {

                    win.mLayoutNeeded = true;
                }
                if (layoutChanged && win.providesNonDecorInsets()) {
                    configChanged = displayPolicy.updateDecorInsetsInfo();
                }
```

```
            if (win.mActivityRecord != null && ((flagChanges &
FLAG_SHOW_WHEN_LOCKED) != 0
                    || (flagChanges & FLAG_DISMISS_KEYGUARD) != 0)) {
                win.mActivityRecord.checkKeyguardFlagsChanged();
            }
            if (((attrChanges & LayoutParams.ACCESSIBILITY_TITLE_CHANGED) !=
0)
                    && (mAccessibilityController.hasCallbacks())) {
                // No move or resize, but the controller checks for title changes
as well
                mAccessibilityController.
onSomeWindowResizedOrMovedWithCallingUid(
                        uid, win.getDisplayContent().getDisplayId());
            }

            if ((privateFlagChanges &
SYSTEM_FLAG_HIDE_NON_SYSTEM_OVERLAY_WINDOWS) != 0) {
                updateNonSystemOverlayWindowsVisibilityIfNeeded(
                        win, win.mWinAnimator.getShown());
            }
            if ((attrChanges & (WindowManager.LayoutParams.
PRIVATE_FLAGS_CHANGED)) != 0) {
                winAnimator.setColorSpaceAgnosticLocked
((win.mAttrs.privateFlags
                        & WindowManager.LayoutParams.
PRIVATE_FLAG_COLOR_SPACE_AGNOSTIC) != 0);
            }
            if (win.mActivityRecord != null
                    && !displayContent.mDwpcHelper.
keepActivityOnWindowFlagsChanged(
                            win.mActivityRecord.info, flagChanges,
privateFlagChanges)) {
                mH.sendMessage(mH.obtainMessage
(H.REPARENT_TASK_TO_DEFAULT_DISPLAY,
                        win.mActivityRecord.getTask()));
                Slog.w(TAG_WM, "Activity " + win.mActivityRecord + " window flag
changed,"
                        + " can't remain on display " +
displayContent.getDisplayId());
                return 0;
            }
        }

        //设置窗口缩放
        if (DEBUG_LAYOUT) Slog.v(TAG_WM, "Relayout " + win + ": viewVisibility="
+ viewVisibility
```

07

```
                    + " req=" + requestedWidth + "x" + requestedHeight + " " +
win.mAttrs);
            if ((attrChanges & WindowManager.LayoutParams.ALPHA_CHANGED) != 0) {
                winAnimator.mAlpha = attrs.alpha;
            }
            win.setWindowScale(win.mRequestedWidth, win.mRequestedHeight);

            if (win.mAttrs.surfaceInsets.left != 0
                    || win.mAttrs.surfaceInsets.top != 0
                    || win.mAttrs.surfaceInsets.right != 0
                    || win.mAttrs.surfaceInsets.bottom != 0) {
                winAnimator.setOpaqueLocked(false);
            }

            final int oldVisibility = win.mViewVisibility;

            // 如果窗口正在变的可见，或者处于被添加状态，可能会改变返回值
            // change the IME target.
            final boolean becameVisible =
                    (oldVisibility == View.INVISIBLE || oldVisibility == View.GONE)
                            && viewVisibility == View.VISIBLE;
            boolean imMayMove = (flagChanges & (FLAG_ALT_FOCUSABLE_IM |
FLAG_NOT_FOCUSABLE)) != 0
                    || becameVisible;
            boolean focusMayChange = win.mViewVisibility != viewVisibility
                    || ((flagChanges & FLAG_NOT_FOCUSABLE) != 0)
                    || (!win.mRelayoutCalled);

            boolean wallpaperMayMove = win.mViewVisibility != viewVisibility
                    && win.hasWallpaper();
            wallpaperMayMove |= (flagChanges & FLAG_SHOW_WALLPAPER) != 0;
            if ((flagChanges & FLAG_SECURE) != 0 &&
winAnimator.mSurfaceController != null) {
                winAnimator.mSurfaceController.setSecure(win.isSecureLocked());
            }

            win.mRelayoutCalled = true;
            win.mInRelayout = true;

            win.setViewVisibility(viewVisibility);
            ProtoLog.i(WM_DEBUG_SCREEN_ON,
                    "Relayout %s: oldVis=%d newVis=%d. %s", win, oldVisibility,
                            viewVisibility, new
RuntimeException().fillInStackTrace());

            win.setDisplayLayoutNeeded();
            win.mGivenInsetsPending = (flags &
WindowManagerGlobal.RELAYOUT_INSETS_PENDING) != 0;

            // 窗口动画的逻辑判断，是否要开始进行窗口动画等
```

```
            final boolean shouldRelayout = viewVisibility == View.VISIBLE &&
                    (win.mActivityRecord == null || win.mAttrs.type ==
TYPE_APPLICATION_STARTING
                            || win.mActivityRecord.isClientVisible());

            if (!shouldRelayout && winAnimator.hasSurface()
&& !win.mAnimatingExit) {
                if (DEBUG_VISIBILITY) {
                    Slog.i(TAG_WM,
                            "Relayout invis " + win + ": mAnimatingExit=" +
win.mAnimatingExit);
                }
                result |= RELAYOUT_RES_SURFACE_CHANGED;
                if (!win.mWillReplaceWindow) {
                    if (wallpaperMayMove) {

displayContent.mWallpaperController.adjustWallpaperWindows();
                    }
                    focusMayChange = tryStartExitingAnimation(win, winAnimator,
focusMayChange);
                }
            }
            // 判断是否开始创建surfaceControl，关键方法
            // (because WS.isGoneForLayout() is true when there is no surface.
            if (shouldRelayout && outSurfaceControl != null) {
                try {
                    result = createSurfaceControl(outSurfaceControl, result, win,
winAnimator);
                } catch (Exception e) {
                    displayContent.getInputMonitor().updateInputWindowsLw(true
/*force*/);

                    ProtoLog.w(WM_ERROR,
                            "Exception thrown when creating surface for client %s
(%s). %s",
                            client, win.mAttrs.getTitle(), e);
                    Binder.restoreCallingIdentity(origId);
                    return 0;
                }
            }
            ...

            if (shouldRelayout) {
                Trace.traceBegin(TRACE_TAG_WINDOW_MANAGER, "relayoutWindow:
viewVisibility_1");

                result = win.relayoutVisibleWindow(result);
```

```
            if ((result & WindowManagerGlobal.RELAYOUT_RES_FIRST_TIME) != 0) {
                focusMayChange = true;
            }
            if (win.mAttrs.type == TYPE_INPUT_METHOD
                    && displayContent.mInputMethodWindow == null) {
                displayContent.setInputMethodWindowLocked(win);
                imMayMove = true;
            }
            win.adjustStartingWindowFlags();
            Trace.traceEnd(TRACE_TAG_WINDOW_MANAGER);
        } else {
            Trace.traceBegin(TRACE_TAG_WINDOW_MANAGER, "relayoutWindow:
viewVisibility_2");

            winAnimator.mEnterAnimationPending = false;
            winAnimator.mEnteringAnimation = false;

            if (outSurfaceControl != null) {
                if (viewVisibility == View.VISIBLE && winAnimator.hasSurface()) {
                    // 窗口动画的surface
                    Trace.traceBegin(TRACE_TAG_WINDOW_MANAGER, "relayoutWindow:
getSurface");
                    winAnimator.mSurfaceController.getSurfaceControl
(outSurfaceControl);
                    Trace.traceEnd(TRACE_TAG_WINDOW_MANAGER);
                } else {
                    if (DEBUG_VISIBILITY) Slog.i(TAG_WM, "Releasing surface in:
" + win);

                    try {
                        Trace.traceBegin(TRACE_TAG_WINDOW_MANAGER,
                                "wmReleaseOutSurface_" + win.mAttrs.getTitle());
                        outSurfaceControl.release();//释放原来的surface占用的资源
                    } finally {
                        Trace.traceEnd(TRACE_TAG_WINDOW_MANAGER);
                    }
                }
            }

            ......
        return result;
    }
```

在此方法中，createSurfaceControl()是创建承载窗口的surface的主要实现。其内部实现如下：

```
    private int createSurfaceControl(SurfaceControl outSurfaceControl,
            int result, WindowState win, WindowStateAnimator winAnimator) {
```

```
        ...
        WindowSurfaceController surfaceController;
        try {
            surfaceController = winAnimator.createSurfaceLocked();
        } finally {
            ...
        }
        if (surfaceController != null) {
            surfaceController.getSurfaceControl(outSurfaceControl);
            ......
        } else {
            //如果没获取到surface，就清除所有状态并释放资源
            outSurfaceControl.release();
        }
        return result;
    }
```

当surfaceController不为空时，会调用WindowSurfaceController的getSurfaceControl()来获取surface对象。

源码位置：/frameworks/base/services/core/java/com/android/server/wm/WindowSurfaceController.java。

```
    void getSurfaceControl(SurfaceControl outSurfaceControl) {
        outSurfaceControl.copyFrom(mSurfaceControl,
"WindowSurfaceController.getSurfaceControl");
    }
```

这里的mSurfaceControl由其构造方法创建，此处的copyFrom()方法会经过JNI调用到Native层，读取SurfaceControl对象。此对象通过SurfaceControl.Builder()在WindowSurfaceController的构造方法中进行初始化，此时在SurfaceControl的构造函数中调用了JNI层的nativeCreate方法。

源码位置：/frameworks/base/core/jni/android_view_SurfaceControl.cpp。

```
  static jlong nativeCreate(JNIEnv* env, jclass clazz, jobject sessionObj,
        jstring nameStr, jint w, jint h, jint format, jint flags, jlong
parentObject,
        jobject metadataParcel) {
    ...
    status_t err = client->createSurfaceChecked(String8(name.c_str()), w, h,
format, &surface,flags, parentHandle, std::move(metadata));

    ...
  }
```

这里最终通过JNI调用SurfaceComposerClient的createSurfaceChecked()方法。

SurfaceComposerClinet.cpp位于gui库中。gui库主要被JNI层的代码调用来和Surfacelinger进程进行交互。其方法实现如下。

源码位置：/frameworks/native/libs/gui/SurfaceComposerClient.cpp。

```
    status_t SurfaceComposerClient::createSurfaceChecked(const String8& name,
uint32_t w, uint32_t h,
                                                        PixelFormat format,
                                                        sp<SurfaceControl>* outSurface,
uint32_t flags,
                                                        const sp<IBinder>& parentHandle,
                                                        LayerMetadata metadata,
                                                        uint32_t* outTransformHint) {
        ...

        if (mStatus == NO_ERROR) {
            ......
            err = mClient->createSurface(name, w, h, format, flags, parentHandle,
std::move(metadata),
                                         &handle, &gbp, &id, &transformHint);
            ...      if (err == NO_ERROR) {
                *outSurface =
                        new SurfaceControl(this, handle, gbp, id, w, h, format,
transformHint, flags);
            }
        }
        return err;
    }
```

这里的mClient是SurfaceFlinger的代理端，跨进程调用SurfaceFlinger的createSurface()方法来创建Surface。至此，WMS中的主要业务完成，后续页面绘制并显示在硬件屏幕上则继续由SurfaceFlinger模块完成。

7.4 WMS 服务的启动流程

本节介绍WMS服务的启动流程。

7.4.1 WMS 启动

跟AMS一样，创建完Zygote之后，首先创建SystemServer进程，为创建其他服务做准备。

```
    public static void main(String[] args) {
        new SystemServer().run();
```

```
    }
    private void run() {
        try {
            ...
            Looper.prepareMainLooper();
            Looper.getMainLooper().setSlowLogThresholdMs(
                    SLOW_DISPATCH_THRESHOLD_MS, SLOW_DELIVERY_THRESHOLD_MS);
            SystemServiceRegistry.sEnableServiceNotFoundWtf = true;
            createSystemContext();
        }
        ...
        try {
            t.traceBegin("StartServices");
            startBootstrapServices(t);
            /// M: For mtk systemserver
            sMtkSystemServerIns.startMtkBootstrapServices();
            startCoreServices(t);
            /// M: for mtk other service
            sMtkSystemServerIns.startMtkCoreServices();
            startOtherServices(t);
        } catch (Throwable ex) {
            Slog.e("System", "******************************************");
            Slog.e("System", "************ Failure starting system services", ex);
            throw ex;
        } finally {
            t.traceEnd();                    // StartServices
        }
        /// M: BOOTPROF
        sMtkSystemServerIns.addBootEvent("Android:SysServerInit_END");
        // Loop forever
        Looper.loop();
        throw new RuntimeException("Main thread loop unexpectedly exited");
    }
```

在这里会启动系统核心服务（startCoreServices）、系统引导服务（startBootstrapServices）以及一些其他服务（startOtherServices），WMS就在startOtherServices中。

```
    private void startOtherServices(@NonNull TimingsTraceAndSlog t) {
        t.traceBegin("startOtherServices");
        final Context context = mSystemContext;
        ...
        WindowManagerService wm = null;
```

```
    ...
    //在初始化WMS之前，需要先初始化sensor service（传感器服务）
    mSystemServiceManager.startBootPhase(t,
            SystemService.PHASE_WAIT_FOR_SENSOR_SERVICE);
     //调用WMS的main()方法
      wm = WindowManagerService.main(context, inputManager, !mFirstBoot,
              mOnlyCore, new PhoneWindowManager(),
              mActivityManagerService.mActivityTaskManager);
      //添加至服务管理中
      ServiceManager.addService(Context.WINDOW_SERVICE, wm,
              /* allowIsolated= */ false,
              DUMP_FLAG_PRIORITY_CRITICAL | DUMP_FLAG_PROTO);
      //AMS和IMS通过WMS中转触发的事件，所以在这里把IMS也加上去
      ServiceManager.addService(Context.INPUT_SERVICE, inputManager,
              /* allowIsolated= */ false, DUMP_FLAG_PRIORITY_CRITICAL);
      t.traceEnd();

      //指定AMS中的WMS(AMS与WMS有交互)
      t.traceBegin("SetWindowManagerService");
      mActivityManagerService.setWindowManager(wm);
      t.traceEnd();

      //初始化WMS完成
      t.traceBegin("WindowManagerServiceOnInitReady");
      wm.onInitReady();
      t.traceEnd();

      ...

      t.traceBegin("MakeWindowManagerServiceReady");
    try {
      //通知系统
      wm.systemReady();
    } catch (Throwable e) {
      reportWtf("making Window Manager Service ready", e);
    }
    t.traceEnd();
}
```

通过上述代码可以看到，初始化操作完成后，也是通过wm.systemReady()方法来通知WMS的。

7.4.2　WMS调用

WMS并不是通过单一方法一次性设置并添加到所有需要它的类中。相反，它的加载过程是通过一系列调用链实现的：首先由AMS调用，然后传递给ATMS，最终传递到其他相关类中。

在AMS中调用WMS来设置窗口管理者：

```
public void setWindowManager(WindowManagerService wm) {
        synchronized (this) {
            //设置WMS
            mWindowManager = wm;
            //获取WMS本地系统服务接口，只能供系统内部使用
            mWmInternal = LocalServices.getService(WindowManagerInternal.class);
            //同时调用ATMS设置唯一的WMS
            mActivityTaskManager.setWindowManager(wm);
        }
    }
```

同样，在ATMS中也有类似操作：

```
    public void setWindowManager(WindowManagerService wm) {
        synchronized (mGlobalLock) {
            //初始化ATMS类中的WMS
            mWindowManager = wm;
            //注册根容器
            mRootWindowContainer = wm.mRoot;
            //注册系统默认值
            mTempConfig.setToDefaults();
            //初始化区域设置列表
            mTempConfig.setLocales(LocaleList.getDefault());
            mConfigurationSeq = mTempConfig.seq = 1;
            //将系统默认的配置加入窗口根容器中，例如输入模式、屏幕尺寸和屏幕方向
            mRootWindowContainer.onConfigurationChanged(mTempConfig);
            //begin
            //这三行代码用于调用其他的控制管理器设置WMS
            mLockTaskController.setWindowManager(wm);
            mTaskSupervisor.setWindowManager(wm);
            mRootWindowContainer.setWindowManager(wm);
            //end
        }
    }
```

在比较各个类的初始化顺序时，我们不能简单地假定WMS总是最先初始化。例如，在LockTaskController类中，setWindowManager()方法明确用于设置该类所需的窗口管理器实例。这一步骤是必要的，因为LockTaskController实例化时，窗口管理器可能尚未存在，这意味着LockTaskController的初始化可能在WMS之前完成。

对于WMS本身，它的main()方法负责创建并返回WMS的一个实例。这通常是通过在方法外部定义的私有静态WMS对象，并在main()方法中调用WMS的构造方法来实现的。

在onInitReady()方法中：

```
public void onInitReady() {
        initPolicy();
```

```
        // Add ourself to the Watchdog monitors
        Watchdog.getInstance().addMonitor(this);
        createWatermark();
        showEmulatorDisplayOverlayIfNeeded();
        /// M: Add for App Resolution Tuner @{
        if (mWmsExt.isAppResolutionTunerSupport()) {
            mWmsExt.loadResolutionTunerAppList();
        }
        /// @}
    }
```

最主要的是调用initPolicy()方法，它会在当前线程池中取当前的线程设置管理类策略，然后添加到自己的watchdog中。

systemReady()方法是一个回调函数，用于通知系统WMS初始化已经完成。该方法的核心代码如下：

```
    public void systemReady() {
        mSystemReady = true;
        mPolicy.systemReady();
        mRoot.forAllDisplayPolicies(DisplayPolicy::systemReady);
        mTaskSnapshotController.systemReady();
        mHasWideColorGamutSupport = queryWideColorGamutSupport();
        mHasHdrSupport = queryHdrSupport();
        UiThread.getHandler().post(mSettingsObserver::loadSettings);
        IVrManager vrManager = IVrManager.Stub.asInterface(
                ServiceManager.getService(Context.VR_SERVICE));
        if (vrManager != null) {
            try {
                final boolean vrModeEnabled = vrManager.getVrModeState();
                synchronized (mGlobalLock) {
                    vrManager.registerListener(mVrStateCallbacks);
                    if (vrModeEnabled) {
                        mVrModeEnabled = vrModeEnabled;
                        mVrStateCallbacks.onVrStateChanged(vrModeEnabled);
                    }
                }
            } catch (RemoteException e) {
                // Ignore, we cannot do anything if we failed to register VR
                // mode listener
            }
        }
    }
```

在这里getInputManagerCallback()方法的实现如下：

```
        t.traceBegin("StartInputManager");
        inputManager.setWindowManagerCallbacks (wm.getInputManagerCallback());
        inputManager.start();
        t.traceEnd();
```

InputManagerService会将回调设置在WMS中，设置完成之后启动IMS。

我们看到，SystemServer在初始化WMS时主要执行了以下几个关键步骤：

01 初始化WMS服务。
02 将WMS服务添加到SystemServer中。
03 初始化窗口管理策略类windowmanagerpolicy，并调用它的onInitReady()方法。
04 通过调用displayReady()方法，通知WMS显示系统已准备就绪。
05 通过调用systemReady()方法，通知WMS系统准备完毕。此时，WMS可以开始读取与屏幕相关的详细信息。

7.5 窗口动画

窗口动画是指在切换窗口、改变窗口大小或位置等场景下，窗口的平滑过渡效果。这些动画能够为用户带来视觉上的流畅感，增加用户的交互乐趣。Android系统提供的窗口动画由WMS动画子系统来负责，动画的管理系统为WindowAnimator。

在Android系统中，窗口动画的本质就是对原始窗口进行变换（Transformation）操作。在线性代数中，可通过矩阵（Matrix）来实现对一个形状的变换，从而实现对物体进行偏移、旋转、缩放、投影等功能。给窗口设置动画就是给其设置一个变换矩阵（Transformation Matrix）。

添加窗口动画的过程可以分为以下3个部分：

（1）窗口本身设置的进入、退出动画（Self Transformation）。

（2）附加窗口传递过来的动画（Attached Transformation）。

（3）宿主组件传递过来的切换动画（App Transformation）。

这3个动画过程组合在一起的变换矩阵便是完整的窗口动画，Android系统会以60fps（这一数值可以设置，也就是说可以改变）的速度在原有的窗口形状之上完成动画过程。总的来说，窗口动画的实现依赖于WMS和动画效果的互相叠加。在Android系统中，添加窗口动画的流程可分为5个步骤，具体如下：

01 开始：应用程序通过WMS请求窗口动画效果。
02 加载：WMS根据应用程序的请求和属性动画系统的配置创建相应的动画对象。

03 创建：在WMS管理窗口的布局和显示过程中，将动画对象应用于窗口的相关属性，例如位置、大小、透明度等。

04 循环：属性动画系统将逐步改变这些属性的值，并通过插值器和持续时间等参数实现平滑的过渡效果。

05 结束：当完成窗口布局和动画后，WMS 将最终的窗口状态更新到屏幕上，从而呈现窗口动画效果。

接下来，让我们深入了解Android源代码，熟悉整个流程调用的细节。在WMS中，一个关键的函数是performSurfacePlacementNoTrace()。此函数会遍历屏幕上所有的窗口（WindowState）对象。对于每个拥有Surface的WindowState对象，会调用WindowState的winAnimator.commitFinishDrawingLocked()方法来完成绘图操作。

源码位置：/frameworks/base/services/core/java/com/android/server/wm/WindowStateAnimator.java。

```
    boolean commitFinishDrawingLocked() {
        if (mDrawState != COMMIT_DRAW_PENDING && mDrawState != READY_TO_SHOW) {
            return false;
        }
        mDrawState = READY_TO_SHOW;
        boolean result = false;
        final ActivityRecord activity = mWin.mActivityRecord;
        if (activity == null || activity.canShowWindows() || mWin.mAttrs.type ==
TYPE_APPLICATION_STARTING) {
            result = mWin.performShowLocked();
        }
        return result;
    }
```

此方法对当前的绘制状态进行判断后，进入WindowState的performShowLocked()方法中执行具体的逻辑。

源码位置：/frameworks/base/services/core/java/com/android/server/wm/WindowState.java。

```
    final WindowStateAnimator mWinAnimator;
    boolean performShowLocked() {
        ...
        final int drawState = mWinAnimator.mDrawState;
        if ((drawState == HAS_DRAWN || drawState == READY_TO_SHOW) &&
mActivityRecord != null) { //判断窗口之前的状态是否完成
            if (mAttrs.type != TYPE_APPLICATION_STARTING) {
                mActivityRecord.onFirstWindowDrawn(this, mWinAnimator);
            } else {
```

```
            mActivityRecord.onStartingWindowDrawn();
        }
    }

    if (mWinAnimator.mDrawState != READY_TO_SHOW || !isReadyForDisplay()) {
        return false;
    }
    ...
    mWmService.enableScreenIfNeededLocked();
    // 设置窗口动画
    mWinAnimator.applyEnterAnimationLocked();
    ...
    return true;
}
```

此方法中执行的逻辑相对简单，如果判断此窗口是新添加的，就通过WindowStateAnimator的applyEnterAnimationLocked()方法来开始窗口进入动画。

```
void applyEnterAnimationLocked() {
    ...
    //标记位，后面会根据此标记位判断设置窗口动画的类型

    final int transit;
    ...
    // 在addWindow流程或者relayoutWindow时，
    // 发现窗口从不可见变为可见时，mEnterAnimationPending为true
    // 如果此值为true，就说明它所描述的窗口正在等待显示
    // 也就是正处于不可见到可见状态的过程中，该窗口类型动画为ENTER类型
     //否则设置为SHOW动画类型
    if (mEnterAnimationPending) {
        mEnterAnimationPending = false;
        transit = WindowManagerPolicy.TRANSIT_ENTER;
    } else {
        transit = WindowManagerPolicy.TRANSIT_SHOW;
    }

    //不处理App中Activity的窗口动画和壁纸的窗口动画
    //Activity动画由ActivityRecord控制，壁纸动画则由WallpaperController控制
    if (mAttrType != TYPE_BASE_APPLICATION && !mIsWallpaper) {
        //根据transit来配置动画
        applyAnimationLocked(transit, true);
    }

    if (mService.mAccessibilityController != null) {
        mService.mAccessibilityController.onWindowTransition(mWin, transit);
    }
}
```

在此方法中，先确定了窗口的动画类型，然后调用applyAnimationLocked()方法为该窗口创建一个动画。如此便完成了窗口动画的开始过程，接下来是加载过程。根据不同场景添加对应的窗口动画类型，逻辑依旧在WindowStateAnimator的applyAnimationLocked()方法中。

```
    boolean applyAnimationLocked(int transit, boolean isEntrance) {
        if (mWin.isAnimating() && mAnimationIsEntrance == isEntrance) {
            // 如果正在运行的动画属于同类型，不进行下叙逻辑
            return true;
        }

        final boolean isImeWindow = mWin.mAttrs.type == TYPE_INPUT_METHOD;
        // 处理输入法类型窗口的加载
        if (isEntrance && isImeWindow) {
            mWin.getDisplayContent().adjustForImeIfNeeded();
            mWin.setDisplayLayoutNeeded();
            mService.mWindowPlacerLocked.requestTraversal();
        }
         ...
        // 判断窗口是否准备好进行动画
        if (mWin.mToken.okToAnimate()) {
            // 根据transit加载特定类型的动画
            int anim =
mWin.getDisplayContent().getDisplayPolicy().selectAnimation(mWin, transit);
            int attr = -1;
            Animation a = null;
            if (anim != DisplayPolicy.ANIMATION_STYLEABLE) {
                // anim不等于ANIMATION_STYLEABLE状态，表示给窗口指定了动画
                if (anim != DisplayPolicy.ANIMATION_NONE) {
                    ...
                    // 加载动画资源
                    a = AnimationUtils.loadAnimation(mContext, anim);
                    ...
                }
            } else {
                //没有给窗口指定动画
                //根据transit判断动画类型，选择默认的资源文件
                switch (transit) {
                    case WindowManagerPolicy.TRANSIT_ENTER:
                        attr = com.android.internal.R.styleable.
WindowAnimation_windowEnterAnimation;
                        break;
                    case WindowManagerPolicy.TRANSIT_EXIT:
                        attr = com.android.internal.R.styleable.
WindowAnimation_windowExitAnimation;
                        break;
                    case WindowManagerPolicy.TRANSIT_SHOW:
```

```
                attr = com.android.internal.R.styleable.
WindowAnimation_windowShowAnimation;
                break;
            case WindowManagerPolicy.TRANSIT_HIDE:
                attr = com.android.internal.R.styleable.
WindowAnimation_windowHideAnimation;
                break;
        }
        if (attr >= 0) {
            // 对指定的窗口设置上述动画类型
            a = mWin.getDisplayContent().mAppTransition.loadAnimationAttr
              (mWin.mAttrs, attr, TRANSIT_OLD_NONE);
        }
    }
    if (a != null) {
        ...
        // 获取到动画资源，开始执行动画Animation对象
        mWin.startAnimation(a);
        ...
    }
} else if (!isImeWindow) {
    //不是输入法窗口就取消动画
    mWin.cancelAnimation();
}
if (!isEntrance && isImeWindow) {
    mWin.getDisplayContent().adjustForImeIfNeeded();
}
return mWin.isAnimating(0 /* flags */, ANIMATION_TYPE_WINDOW_ANIMATION);
```


此方法中的动画流程主要是在添加窗口时执行相应的进入动画，判断条件是该窗口是否正在等待显示，也就是正处于不可见到可见状态的过程中。正如本节开始时介绍的，除进入动画外，还有窗口退出动画。当应用程序请求WindowManagerService服务刷新一个窗口时，会调用WindowManagerService类中的relayoutWindow()方法。在执行此方法的过程中，如果发现需要将一个窗口从可见状态设置为不可见状态，也就是发现需要关闭一个窗口时，就会对该窗口设置一个退出动画。

源码位置：/frameworks/base/services/core/java/com/android/server/wm/WindowManagerService.java。

```
public int relayoutWindow(Session session, IWindow client, LayoutParams attrs,
            int requestedWidth, int requestedHeight, int viewVisibility,
            int flags, long frameNumber, ClientWindowFrames outFrames,
            MergedConfiguration mergedConfiguration,
            SurfaceControl outSurfaceControl, InsetsState outInsetsState,
            InsetsSourceControl[] outActiveControls, Point outSurfaceSize) {
```

```
        synchronized (mGlobalLock) {
            ...
            //此参数表示仅有在窗口可见状态下
            //且是一个启动窗口类型
            //或者其界面不隐藏时才会进行重新布局
            final boolean shouldRelayout = viewVisibility == View.VISIBLE &&
(win.mActivityRecord == null || win.mAttrs.type == TYPE_APPLICATION_STARTING ||
win.mActivityRecord.isClientVisible());
            ...
            //当前不需要重新布局，窗口已经有对应Surface，且不是在执行退出动画时
            if (!shouldRelayout && winAnimator.hasSurface() && !win.mAnimatingExit) {

                result |= RELAYOUT_RES_SURFACE_CHANGED;
                if (!win.mWillReplaceWindow) {
                    //如果是壁纸类型，就交给mWallpaperController处理
                    if (wallpaperMayMove) {
                        displayContent.mWallpaperController.
adjustWallpaperWindows();
                    }
                    //开始进行退出动画逻辑
                    focusMayChange = tryStartExitingAnimation(win, winAnimator,
focusMayChange);
                }
            }
        }

        ...
        return result;
    }
```

这里继续调用tryStartExitingAnimation()方法来实现退出动画。

```
    private boolean tryStartExitingAnimation(WindowState win, WindowStateAnimator
winAnimator, boolean focusMayChange) {
        // 设置动画类型默认为退出动画
        int transit = WindowManagerPolicy.TRANSIT_EXIT;
        if (win.mAttrs.type == TYPE_APPLICATION_STARTING) {
            //属性类型是应用窗口
            transit = WindowManagerPolicy.TRANSIT_PREVIEW_DONE;
        }
        if (mAtmService.getTransitionController().inTransition(win)) {
            focusMayChange = true;    //窗口处于动画期间
            win.mAnimatingExit = true;
        } else if (win.isWinVisibleLw() && winAnimator.applyAnimationLocked(transit,
false)) {
            focusMayChange = true;
            win.mAnimatingExit = true;
```

```
        } else if (win.mDisplayContent.okToAnimate() && win.isAnimating(TRANSITION
| PARENTS, WindowState.EXIT_ANIMATING_TYPES)) {
            win.mAnimatingExit = true;
        } else if (win.mDisplayContent.okToAnimate() &&
win.mDisplayContent.mWallpaperController.isWallpaperTarget(win)) {
            // 此处给标记位赋值表示不处理壁纸类型
            win.mAnimatingExit = true;
        }
        ...
        //释放对应窗口所占用的资源
        if (!win.mAnimatingExit) {
            boolean stopped = win.mActivityRecord != null ?
win.mActivityRecord.mAppStopped;
            win.mDestroying = true;
            win.destroySurface(false, stopped);
        }
        if (mAccessibilityController != null) {
            mAccessibilityController.onWindowTransition(win, transit);
        }

        return focusMayChange;
    }
```

WindowState对象实例win在这里代表的就是要刷新的窗口。对于旧窗口，需要设置一个类型为WindowManagerPolicy.TRANSIT_EXIT的退出动画，这个动画是通过调用WindowStateAnimator类的applyAnimationLocked()方法来实现的。可见，窗口的进入和退出动画都是通过调用applyAnimationLocked()方法来设置的。窗口动画从applyAnimationLocked()中调用的WindowState的startAnimation()方法开始。

07

源码位置：/frameworks/base/services/core/java/com/android/server/wm/WindowState.java。

```
    void startAnimation(Animation anim) {
        if (mControllableInsetProvider != null) {
            return;
        }

        final DisplayInfo displayInfo = getDisplayInfo();
        //初始化动画信息，包括屏幕宽高等参数
        anim.initialize(mWindowFrames.mFrame.width(),
mWindowFrames.mFrame.height(), displayInfo.appWidth, displayInfo.appHeight);
        // 设置动画间隔时间
        anim.restrictDuration(MAX_ANIMATION_DURATION);
        // 设置动画缩放比例
        anim.scaleCurrentDuration(mWmService.getWindowAnimationScaleLocked());
```

```
        //在这里创建的窗口动画适配类中包含一个WindowAnimationSpec，而WindowAnimationSpec
则记录了动画以及当前窗口位置等
        final AnimationAdapter adapter = new LocalAnimationAdapter(new
WindowAnimationSpec(anim,
                mSurfacePosition, false /* canSkipFirstFrame */, 0 /*
windowCornerRadius */),
                mWmService.mSurfaceAnimationRunner);
        // 继续启动动画
        startAnimation(getPendingTransaction(), adapter);
        commitPendingTransaction();
    }
```

在此方法中，把WindowAnimationSpec（动画规格）和mWmService.mSurfaceAnimationRunner（用于运行动画）传入LocalAnimationAdapter对象中，然后调用startAnimation()方法以启动动画。需要注意的是，这里的startAnimation()是一个重载方法。

```
    private void startAnimation(Transaction t, AnimationAdapter adapter) {
        startAnimation(t, adapter, mWinAnimator.mLastHidden,
ANIMATION_TYPE_WINDOW_ANIMATION);
    }
```

我们继续跟踪下去，此方法定义在WindowState的父类WindowContainer中。

源码位置：/frameworks/base/services/core/java/com/android/server/wm/WindowContainer.java。

```
    protected final SurfaceAnimator mSurfaceAnimator;
    void startAnimation(Transaction t, AnimationAdapter anim, boolean hidden,
@AnimationType int type) {
        startAnimation(t, anim, hidden, type, null /* animationFinishedCallback */);
    }

    void startAnimation(Transaction t, AnimationAdapter anim, boolean hidden,
@AnimationType int type,
            @Nullable OnAnimationFinishedCallback animationFinishedCallback) {
        ...
        mSurfaceAnimator.startAnimation(t, anim, hidden, type,
animationFinishedCallback, mSurfaceFreezer);
    }
```

最终调用mSurfaceAnimator的startAnimation()方法来实现启动动画。

源码位置：/frameworks/base/services/core/java/com/android/server/wm/SurfaceAnimator.java。

```
    private AnimationAdapter mAnimation;

    void startAnimation(Transaction t, AnimationAdapter anim, boolean hidden,
@AnimationType int type,
```

```
            @Nullable OnAnimationFinishedCallback animationFinishedCallback) {
        startAnimation(t, anim, hidden, type, animationFinishedCallback, null /*
freezer */);
    }

    void startAnimation(Transaction t, AnimationAdapter anim, boolean hidden,
@AnimationType int type,
            @Nullable OnAnimationFinishedCallback animationFinishedCallback,
@Nullable SurfaceFreezer freezer) {
        cancelAnimation(t, true /* restarting */, true /* forwardCancel */);
        mAnimation = anim;
        mAnimationType = type;
        mAnimationFinishedCallback = animationFinishedCallback;
        final SurfaceControl surface = mAnimatable.getSurfaceControl();
        if (surface == null) {
            // surface没初始化好的情况下无法启动动画
            cancelAnimation();
            return;
        }
        mLeash = freezer != null ? freezer.takeLeashForAnimation() : null;
        //开始创建leash
        if (mLeash == null) {
            mLeash = createAnimationLeash(mAnimatable, surface, t, type,
                    mAnimatable.getSurfaceWidth(),
mAnimatable.getSurfaceHeight(), 0 /* x */,
                    0 /* y */, hidden, mService.mTransactionFactory);
            mAnimatable.onAnimationLeashCreated(t, mLeash);
        }
        mAnimatable.onLeashAnimationStarting(t, mLeash);
        if (mAnimationStartDelayed) {
            // 动画开始延迟
            return;
        }
        // 创建Leash完毕，这里的mAnimation是前面构造的LocalAnimationAdapter
        mAnimation.startAnimation(mLeash, t, type,
mInnerAnimationFinishedCallback);
    }
```

在此方法中引入了一个与WMS关联非常紧密的概念——Leash。当startAnimation方法中的mLeash为空时，会创建一个新的Leash。因此，我们需要关注createAnimationLeash()方法。

```
    static SurfaceControl createAnimationLeash(Animatable animatable,
SurfaceControl surface,
            Transaction t, @AnimationType int type, int width, int height, int
x, int y,boolean hidden, Supplier<Transaction> transactionFactory) {
        final SurfaceControl.Builder builder = animatable.makeAnimationLeash()
                // 把Leash的父节点设置为运行窗口动画的目标对象的SurfaceCrol的父节点
```

```
                   .setParent(animatable.getAnimationLeashParent())
                   .setName(surface + " - animation-leash of " +
animationTypeToString(type))
                   .setHidden(hidden)
                   .setEffectLayer()
                   .setCallsite("SurfaceAnimator.createAnimationLeash");
        final SurfaceControl leash = builder.build();
        t.setWindowCrop(leash, width, height);
        t.setPosition(leash, x, y);
        t.show(leash);
        t.setAlpha(leash, hidden ? 0 : 1);
        // 把需要执行动画的Surface又放在在Leash上
        t.reparent(surface, leash);
        return leash;
    }
```

Leash的创建过程可分为以下3个步骤：

01 创建Leash（本质上是SurfaceControl），并将Leash的父节点设置为运行窗口动画的目标对象SurfaceCrol的父节点。

02 把Leash的Surface类型设置为容器类型。

03 把运行窗口动画的目标对象SurfaceControl的父节点也设置为Leash。

总的来说，这里在执行动画的SurfaceControl和它的父节点之间添加了一个类型为Leash的SurfaceControl，后面执行动画直接操作这个Leash 即可。在创建完Leash后，通过AnimationAdapter接口类调用LocalAnimationAdapter中的startAnimation()方法即可进一步启动动画。

源码位置：/frameworks/base/services/core/java/com/android/server/wm/LocalAnimationAdapter.java。

```
    private final SurfaceAnimationRunner mAnimator;

    @Override
    public void startAnimation(SurfaceControl animationLeash, Transaction t,
@AnimationType int type, OnAnimationFinishedCallback finishCallback) {
        mAnimator.startAnimation(mSpec, animationLeash, t, () ->
finishCallback.onAnimationFinished(type, this));
    }
```

继续跟踪SurfaceAnimationRunner中的startAnimation()的具体实现。

源码位置：/frameworks/base/services/core/java/com/android/server/wm/SurfaceAnimationRunner.java。

```
    void startAnimation(AnimationSpec a, SurfaceControl animationLeash, Transaction
t, Runnable finishCallback) {
        synchronized (mLock) {
```

```
            final RunningAnimation runningAnim = new RunningAnimation(a,
animationLeash, finishCallback);
            mPendingAnimations.put(animationLeash, runningAnim);
            if (!mAnimationStartDeferred) {
                //下一帧VSync执行startAnimations
                mChoreographer.postFrameCallback(this::startAnimations);
            }

            // 调用WindowAnimationSpec.apply
            applyTransformation(runningAnim, t, 0 /* currentPlayTime */);
        }
    }

    private void startAnimations(long frameTimeNanos) {
        synchronized (mLock) {
            startPendingAnimationsLocked();
        }
        mPowerManagerInternal.setPowerBoost(Boost.INTERACTION, 0);
    }

    @GuardedBy("mLock")
    private void startPendingAnimationsLocked() {
        for (int i = mPendingAnimations.size() - 1; i >= 0; i--) {
            startAnimationLocked(mPendingAnimations.valueAt(i));
        }
        mPendingAnimations.clear();
    }
```

此方法的主要逻辑是进一步循环调用以启动窗口动画。

```
    @GuardedBy("mLock")
    private void startAnimationLocked(RunningAnimation a) {
        // 这里创建了一个ValueAnimator的对象，后续动画的运行就用它来处理
        final ValueAnimator anim = mAnimatorFactory.makeAnimator();

        // 设置缩放比例（这里的ValueAnimator和App中使用的动画一样）
        anim.overrideDurationScale(1.0f);
        / 设置动画时间
        anim.setDuration(a.mAnimSpec.getDuration());
        // 注册动画行为的监听
        anim.addUpdateListener(animation -> {
            synchronized (mCancelLock) {
                if (!a.mCancelled) {
                    final long duration = anim.getDuration();
                    long currentPlayTime = anim.getCurrentPlayTime();
                    if (currentPlayTime > duration) {
                        currentPlayTime = duration;
                    }
```

```
                //在这里会根据duration来真正操作surafce的属性，以实现窗口动画的效果
                applyTransformation(a, mFrameTransaction, currentPlayTime);
            }
        }
        //下一个VSync提交Transcation，然后提交给surafeflinger合成图像
        scheduleApplyTransaction();
    });

    // 添加动画监听
    anim.addListener(new AnimatorListenerAdapter() {
        // 动画开始回调
        @Override
        public void onAnimationStart(Animator animation) {
            synchronized (mCancelLock) {
                if (!a.mCancelled) {
                    mFrameTransaction.setAlpha(a.mLeash, 1);
                }
            }
        }

        // 动画结束回调
        @Override
        public void onAnimationEnd(Animator animation) {
            synchronized (mLock) {
                mRunningAnimations.remove(a.mLeash);
                synchronized (mCancelLock) {
                    if (!a.mCancelled) {
                        mAnimationThreadHandler.post(a.mFinishCallback);
                    }
                }
            }
        }
    });
    a.mAnim = anim;
    // 更新mRunningAnimations
    mRunningAnimations.put(a.mLeash, a);
    //在这里会真正开始启动动画
    anim.start();
    if (a.mAnimSpec.canSkipFirstFrame()) {
        // 跳过第一帧
        anim.setCurrentPlayTime(mChoreographer.getFrameIntervalNanos() /
NANOS_PER_MS);
    }
    // 立即启动动画
    anim.doAnimationFrame(mChoreographer.getFrameTime());
}
```

最终调用属性动画ValueAnimator中的start()方法来驱动窗口执行动画。如果你经常进行App开发，那么对属性动画应该不会感到陌生。

源码位置：/frameworks/base/core/java/android/animation/ValueAnimator.java。

```
@Override
public void start() {
    start(false);
}

/**
 * 开始播放动画。
 * 注意这里的参数，表示动画是否要反向播放
 * 此参数默认为false，但如果从reverse()方法调用，则会被设置为true，从而反向播放
 */
private void start(boolean playBackwards) {
    ...//播放动画的逻辑，与本节主题无关，这里不再赘述
}
```

以上便是窗口动画的启动流程。经过一连串的调用，最终还是通过属性动画来实现最终效果的呈现。

经过前面几章的了解，我们知道窗口有很多类型。但是在applyEnterAnimationLocked()等方法进行窗口动画判断时都会将Activity类型窗口排除，但是当Activity页面被切换时，又能设置对应的切换动画，说明还是有地方对Activity窗口进行动画设置的，只不过不在常规的窗口动画逻辑中。接下来我们了解一下Activity窗口的更新策略。先从其可见性的判断开始，也就是从ActivityRecord类的commitVisibility()方法开始。

源码位置：/frameworks/base/services/core/java/com/android/server/wm/ActivityRecord.java。

```
void commitVisibility(boolean visible, boolean performLayout) {
    ...
    final int windowsCount = mChildren.size();
    for (int i = 0; i < windowsCount; i++) {
        mChildren.get(i).onAppVisibilityChanged(visible, isAnimating(PARENTS,
ANIMATION_TYPE_APP_TRANSITION));
    }
    setVisible(visible);
    setVisibleRequested(visible);
    ...
}
```

此方法遍历所有子窗口，并根据入参更新其窗口可见性。关键方法onAppVisibilityChanged的内部逻辑是通过WindowState的onAppVisibilityChanged()方法来实现的，其实现如下。

源码位置：/frameworks/base/services/core/java/com/android/server/wm/WindowState.java。

```
final WindowStateAnimator mWinAnimator;

void onAppVisibilityChanged(boolean visible, boolean runningAppAnimation) {
    ...
    final boolean isVisibleNow = isVisibleNow();
    if (mAttrs.type == TYPE_APPLICATION_STARTING) {
        // 限定启动的Activity窗口类型
        if (!visible && isVisibleNow && mActivityRecord.isAnimating(PARENTS |
TRANSITION)) {
            mAnimatingExit = true;
            mRemoveOnExit = true;
            mWindowRemovalAllowed = true;
        }
    } else if (visible != isVisibleNow) {
        // 设置退出动画逻辑
        // 如果现在没有进行Activity动画
        // 且界面现在可见，再设置窗口动画
        if (!runningAppAnimation && isVisibleNow) {
            final AccessibilityController accessibilityController =
mWmService.mAccessibilityController;
            final int winTransit = TRANSIT_EXIT;
            mWinAnimator.applyAnimationLocked(winTransit, false /* isEntrance
*/);
            if (accessibilityController != null) {
                accessibilityController.onWindowTransition(this, winTransit);
            }
        }
        ...
    }
}
```

这里最后调用了WindowStateAnimator中的applyAnimationLocked()方法中来根据其动画类型设置对应的窗口动画。至此，所有的窗口动画流程都介绍完毕。可总结出，窗口动画的逻辑只围绕两点：①当窗口添加或从不可见到可见时，会配置触发窗口进入动画；②当窗口移除或从可见到不可见时，会配置触发窗口退出动画。

7.6　本章小结

本章带领读者熟悉了Android系统中最重要的系统服务之一——WMS。从WMS的角度来看，系统上所有的页面都是窗口，WMS的作用就是对这些窗口进行管理。与AMS等重要的系统级服务一样，WMS服务也是在开机时就完成启动和初始化操作。WMS在添加、删除、管理窗口的同时，也添加了对应的窗口动画来提供更好的用户体验。从系统的角度来看，WMS和AMS服务一起直接负责面对各种应用的资源请求、调度等操作。WMS和AMS的交互逻辑占了整个Android系统的半壁江山。通过本章的学习，读者应该掌握如下知识点：

（1）从WMS的角度思考问题，所有的页面都是窗口。

（2）掌握WMS的启动时机，在定制开机启动服务时会开启一个页面，这个服务开启页面的时机应在WMS初始化完毕时。

（3）理解窗口层级，了解不同等级的窗口页面在系统上的显示规则。

（4）理解窗口动画，在需求开发过程中，可以有意识地加入窗口动画来提高用户体验。

第8章 双屏实战

自双屏车载系统问世以来，它一直备受各界关注。其丰富的功能多样性和双屏互动功能为其增添了一层神秘色彩。然而，从技术实现的角度来看，这背后通常是一个Android系统控制两个或多个屏幕。这种技术可以被分为“双屏同显”和“双屏异显”两种模式。所谓的“双屏同显”指的是多个屏幕显示相同的画面，这在会议投影仪等场景中很常见。而“双屏异显”则是指在同一个系统中使用两个不同的显示屏，每个显示屏分别展示不同的内容。这种功能目前广泛应用于数字广告牌、嵌入式多媒体设备等多种场景。

目前，双屏特性已经得到了系统的广泛支持。本章内容将在原生“双屏异显”的基础上，进一步探讨两个屏幕之间的互动和适配问题。这涉及的知识主要是前两章中AMS和WMS所讨论的内容。读者可以将本章视为实践章节，将引导读者深入Framework层的功能开发，实现双屏拖动的功能。

8.1 基础概念

由于AAOS 13的模拟器目前暂时不支持扩展双屏功能，并且其设置中的模拟屏幕效果也不够理想，我们选择使用AOSP的手机版模拟器来实现整体功能和适配。在这种情况下，整个源码需要重新选择相应的lunch target并重新编译。注意，这里仅仅是lunch target不同，其余的内部实现原理都是一致的。

相信在掌握了第1章的内容之后，你对整个编译过程应该已经不陌生。在进行编译之前，我们需要先切换到相应的分支。由于笔者一直在使用清华源，因此这里将在清华源镜像上进行分支切换。首先，我们需要同步代码。

```
repo sync
```

在同步代码成功结束后，请切换至对应的分支。切换分支的完整命令为：

```
repo init -u https://mirrors.tuna.tsinghua.edu.cn/
git/AOSP/platform/manifest -b android-13.0.0_r6
```

切换分支结束后，因为使用的是另一套源码，所以需要重新编译系统。在源码根目录依次执行以下编译命令：

```
. build/envsetup.h
lunch sdk_car_x86_64-userdebug
make
```

在make命令执行结束并提示成功后，输入以下命令来唤起模拟器：

```
emulator
```

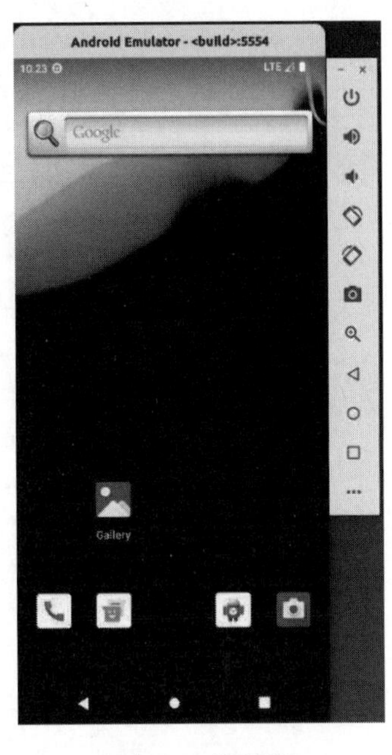

图 8-1　模拟器

可以看到对应的模拟器如图8-1所示。

此模拟器是针对手机开发的专用模拟器。此时，请点击模拟器上的“设置”按钮[…]，在弹出的模拟器设置界面中选择Displays选项，如图8-2所示。

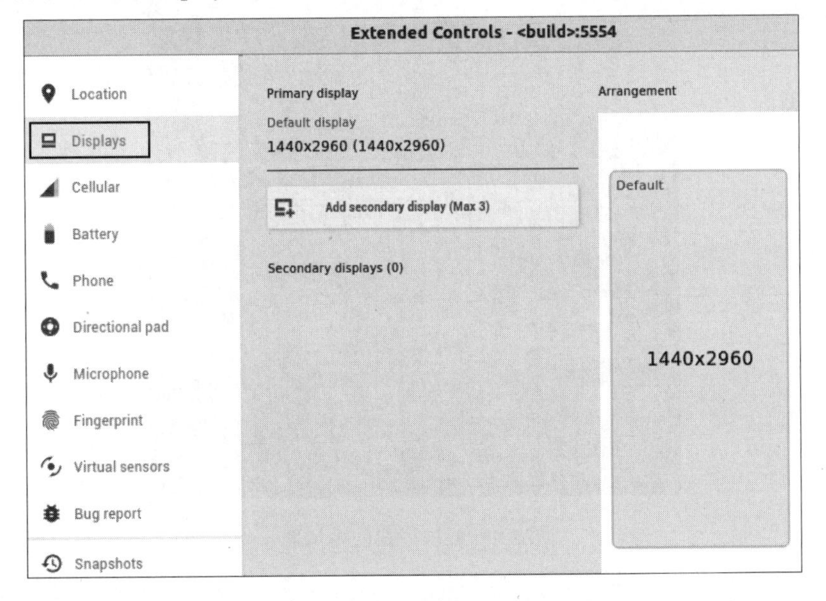

图 8-2　选择 Displays 选项

在打开的页面中，点击Add secondary display按钮来添加第二款屏幕，如图8-3所示。

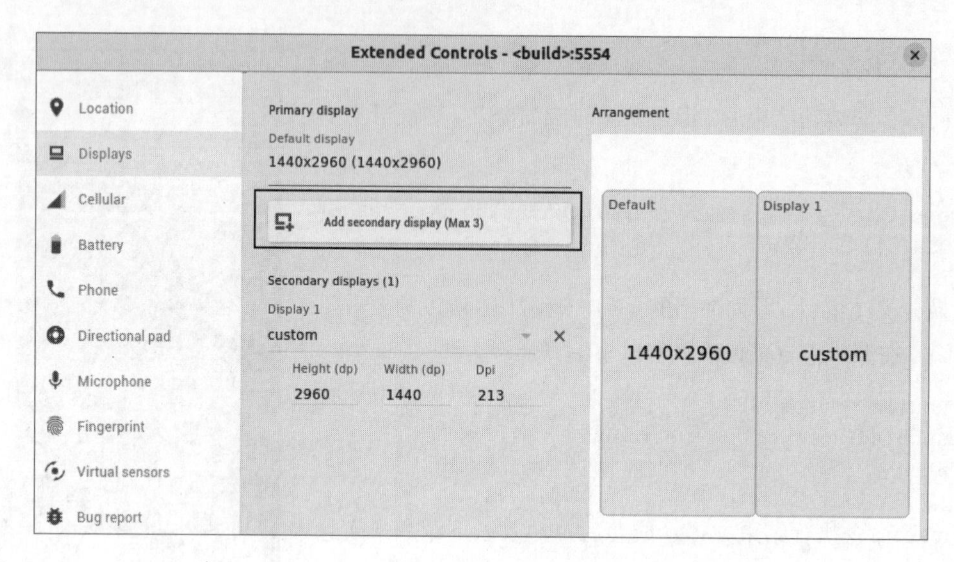

图 8-3　点击 Add secondary display 按钮添加第二款屏幕

接着，在对应的分辨率中选择custom选项，然后将宽高像素设置为与原有屏幕保持一致，点击Apply Changes按钮。此时，模拟器将变成两个屏幕的样式，如图8-4所示。

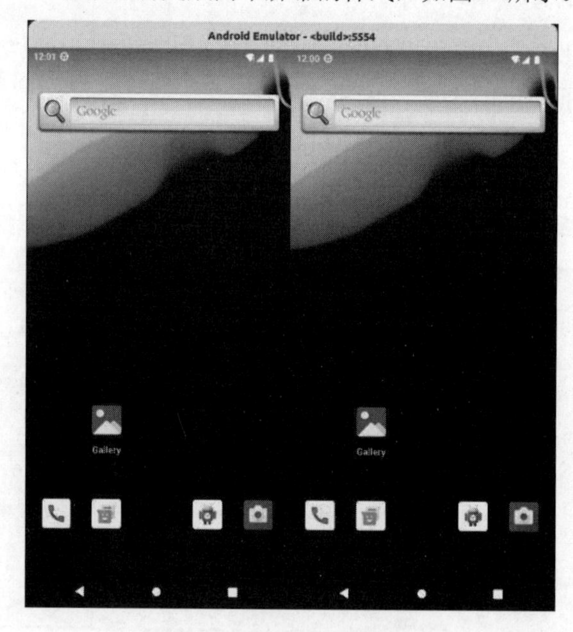

图 8-4　双屏模式的模拟器

这时，我们会发现右边屏幕是左边屏幕的镜像，左边屏幕上的任何交互都会同步至右边屏幕，并且右边屏幕无法响应点击、拖动等用户操作。此即为“双屏同显”特征。接下来，在此基础之上实现双屏移动额双屏异显等操作。

8.2 双屏异显

在处理双屏移动之前，先在开发者选项中开启“强制使用桌面模式”，如图8-5所示。

同时，在设置中修改导航方式，修改方式为依次点击“设置”→“手势”，然后选择“手势导航”，如图8-6所示。

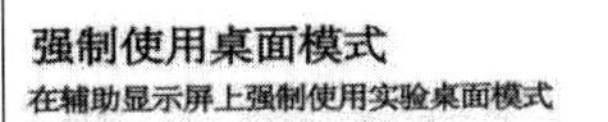

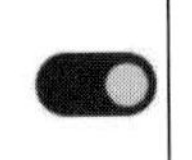

图 8-5　开启“强制使用桌面模式”

手势导航
从屏幕底部向上滑动，可转到主屏幕；从底部向上滑动并按住再松开，可切换应用；从左侧或右侧边缘向另一侧滑动，可返回上一个屏幕。

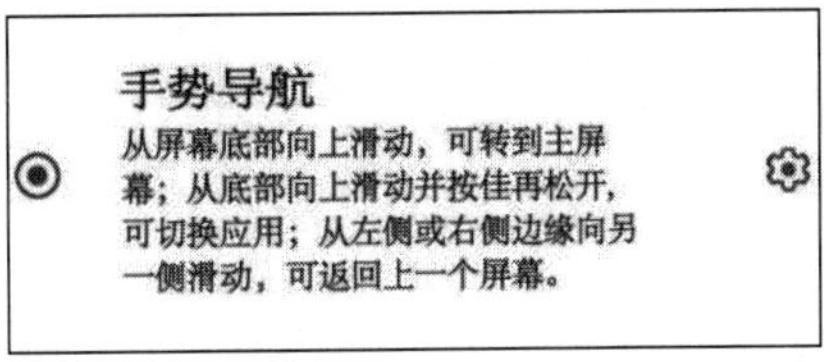

图 8-6　选择手势导航

这样右边的屏幕才不会成为双屏同显的样式。在有了多屏幕操作功能后，我们可以将Activity显示在特定的屏幕上，包括模拟屏幕或外接屏幕。在Android系统中，可以通过DisplayManager类获取所有屏幕的信息，包括分辨率、DPI等。操作非常简单：在Activity界面内首先获取DisplayManager实例，再通过getDisplays()方法获取所有屏幕信息即可，示例代码如下：

```
    DisplayManager displayManager = (DisplayManager)
getSystemService(Context.DISPLAY_SERVICE);
    Display[] displays = displayManager.getDisplays();
    Log.i("ScreenDisplay","get display :"+Arrays.toString(displays));
```

可以看到如下输出：

```
    get display :[Display id 0: DisplayInfo{"内置屏幕", displayId 0", displayGroupId
0, FLAG_SECURE, FLAG_SUPPORTS_PROTECTED_BUFFERS, FLAG_TRUSTED, ... , Display id 2:
DisplayInfo{"Emulator 2D Display", displayId 2", displayGroupId 0,
FLAG_SHOULD_SHOW_SYSTEM_DECORATIONS, FLAG_TRUSTED, ... scaledDensity=2.0, xdpi=320.0,
ydpi=320.0}, isValid=true]
```

在这里，两个屏幕分别对应两个displayId——0和2。要将页面设置到对应的屏幕上，可以通过调用setDisplay()方法并传入相应的displayId来实现。示例代码如下：

```
    ActivityOptions options = ActivityOptions.makeBasic();
    options.setLaunchDisplayId(displayId);
    startActivity(intent,options.toBundle());
```

执行此方法后，对应的页面将显示在第二个屏幕上。在将页面设置到对应屏幕的过程中，系统产生的事件序列可以参考图8-7。

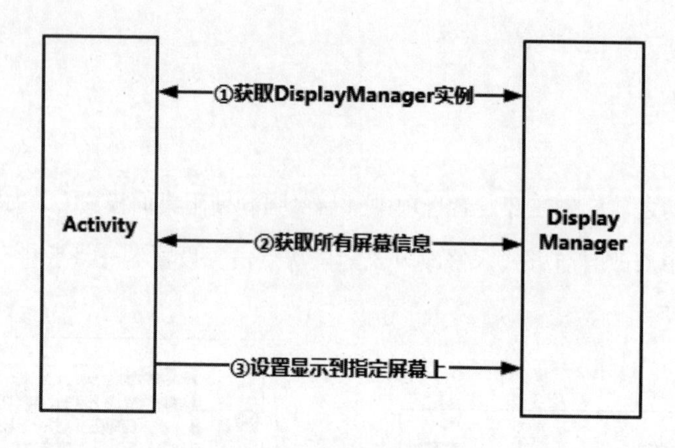

图 8-7　事件序列图

在此基础之上，我们可以实现Activity在多屏幕上切换的逻辑：

```
    DisplayManager displayManager = (DisplayManager)
getSystemService(Context.DISPLAY_SERVICE);
          Display[] displays = displayManager.getDisplays();
          Log.i("ScreenDisplay","get display :"+ Arrays.toString(displays));//获取屏幕信息
          WindowManager windowManager = (WindowManager)
getSystemService(Context.WINDOW_SERVICE);
          Display display = windowManager.getDefaultDisplay();
          int displayId = display.getDisplayId();//获取当前屏幕的displayId，每个屏幕都有专属的displayId对应

          mBtnMove.setOnClickListener(new View.OnClickListener() {
              @Override
              public void onClick(View view) {
                  ActivityOptions options = ActivityOptions.makeBasic();

options.setLaunchDisplayId(displayId==displays[0].getDisplayId()?displays[1].getDisplayId():displays[0].getDisplayId());
                  Intent intent = new Intent(MainActivity.this, MainActivity.class);
                  intent.setFlags(Intent.FLAG_ACTIVITY_NEW_TASK);
                  startActivity(intent,options.toBundle());
              }
          });
```

如图8-8所示，点击“切换屏幕”按钮，对应的Activity会显示到第二块屏幕上。同样，在第二块屏幕上点击“切换屏幕”按钮，此界面会显示到第一块屏幕上。但此方案因为要重新打开自身界面，因此只适用于App的静态页面。

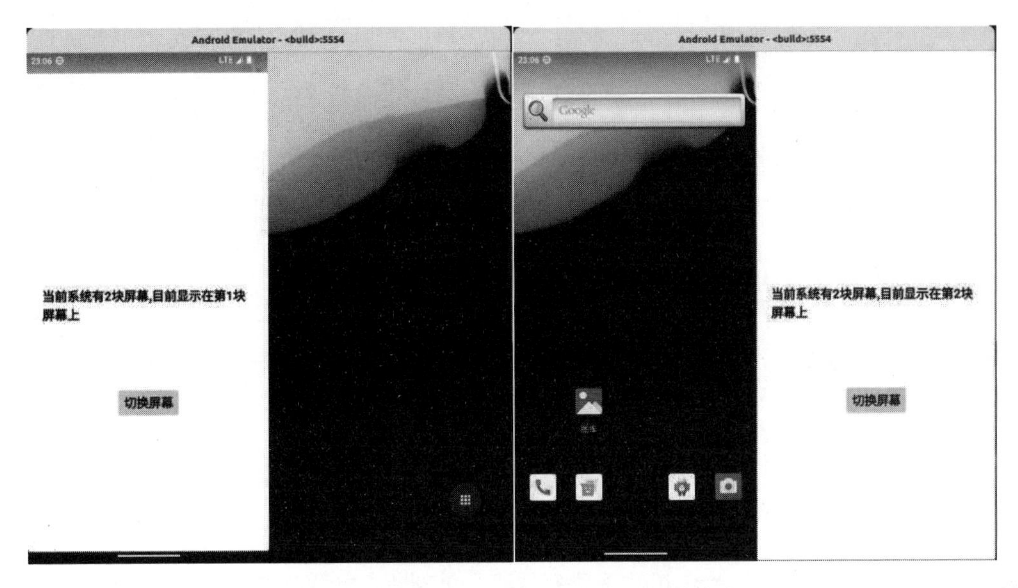

图 8-8　点击“切换屏幕”按钮后的屏幕变化

8.3　Presentation

在不断迭代的Android系统中，Google自4.X版本开始提供了虚拟屏显示等功能支持，主要是为了满足用户想在扩展屏幕上显示内容的需求。对应地，其实现类为Presentation。官方对其定义如下：

```
  A presentation is a special kind of dialog whose purpose is to present content
on a secondary display.
```

正如官方介绍的，Presentation是一种特殊的Dialog，主要用于在扩展屏幕上显示内容。此方案其实就是通过特殊的对话框将其内容显示在扩展屏幕中。在创建Presentation时，系统会主动关联虚拟屏幕，确定Presentation要显示的屏幕目标，并根据其信息来获取Presentation的context和resource等属性。因此，Presentation中的context与包含在其中的Activity的context是不同的。下面通过一个简单的示例来熟悉Presentation的用法。首先，创建Presentation的子类，并加入对应页面布局及其点击事件。代码如下：

```
public class MultiPresentation extends Presentation {
    public MultiPresentation(Context outerContext, Display display) {
        super(outerContext, display);
    }
    @Override
    protected void onCreate(Bundle savedInstanceState) {
        super.onCreate(savedInstanceState);
        setContentView(R.layout.activity_present_multi);
```

08

```
        findViewById(R.id.btn_move).setOnClickListener(new
View.OnClickListener() {
            @Override
            public void onClick(View view) {
                Toast.makeText(getContext(),"扩展屏点击",
Toast.LENGTH_LONG).show();
            }
        });
        if (Build.VERSION.SDK_INT >= Build.VERSION_CODES.O) {

getWindow().setType(WindowManager.LayoutParams.TYPE_APPLICATION_OVERLAY);
        } else {
            getWindow().setType(WindowManager.LayoutParams.TYPE_SYSTEM_ALERT);
        }
    }
}
```

对应地，在包含在其中的Activity中先进行屏幕数量判断，如果当前屏幕数量大于1，说明此系统是多屏幕的，此时显示Presentation扩展界面。代码如下：

```
public class PresentActivity extends Activity {
    @Override
    protected void onCreate(@Nullable Bundle savedInstanceState) {
        super.onCreate(savedInstanceState);
        setContentView(R.layout.activity_present);
        findViewById(R.id.btn_move).setOnClickListener(new
View.OnClickListener() {
            @Override
            public void onClick(View view) {
                Toast.makeText(PresentActivity.this, "主屏点击",
Toast.LENGTH_LONG).show();
            }
        });
        prepareDiffScreen();
    }

    private void prepareDiffScreen() {
        DisplayManager mDisplayManager = (DisplayManager)
getSystemService(Context.DISPLAY_SERVICE);
        Display[] mDisplays = mDisplayManager.getDisplays();
        if (mDisplays.length > 1) {
            //判断有1个以上屏幕
            Display mDisplay = mDisplays[1];
            Presentation mPresentation = new
MultiPresentation(PresentActivity.this, mDisplay);
```

```
            mPresentation.show();
        }
    }
}
```

在这里除使用DisplayManager判断主副屏信息外，也可以用MediaRouter进行判断，对应代码如下：

```
        MediaRouter mediaRouter = (MediaRouter)
getSystemService(Context.MEDIA_ROUTER_SERVICE);
        MediaRouter.RouteInfo route =
mediaRouter.getSelectedRoute(MediaRouter.ROUTE_TYPE_LIVE_AUDIO);
        if (route != null) {
            Display presentationDisplay = route.getPresentationDisplay();
            if (presentationDisplay != null) {
                MultiPresentation myPresentation = new MultiPresentation(this,
presentationDisplay);
                myPresentation.show();
            }
        }
```

在运行代码之前，我们要先对模拟器进行相关设置，操作如下：打开“设置”→“开发者选项”→“模拟辅助显示设备”，选择开启即可设置对应的模拟屏显示。此外，还可以显示不同尺寸，如图8-9所示。

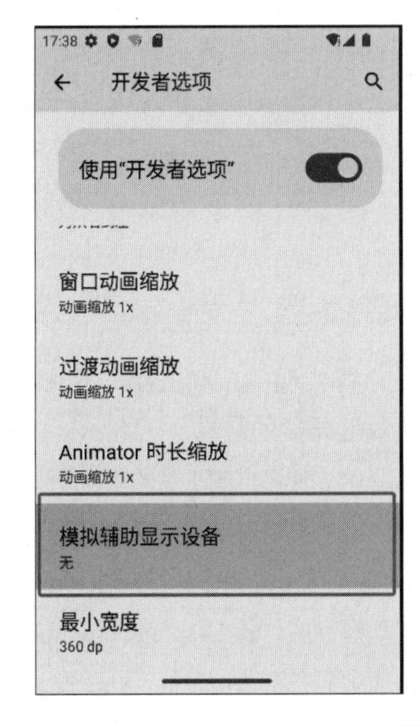

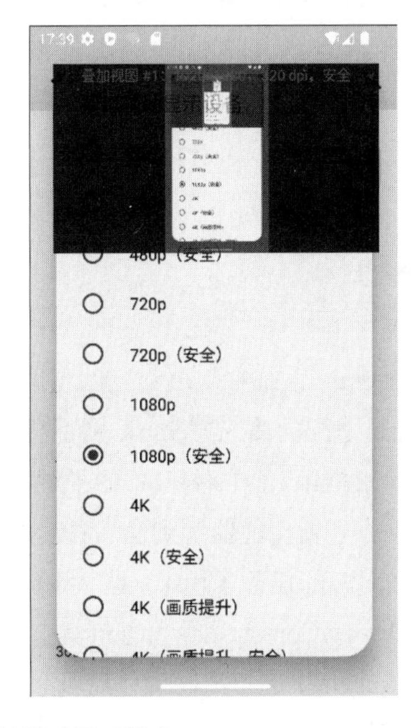

图 8-9　设置模拟辅助显示设备

上述代码运行后，对应显示效果如图8-10所示。

当我们点击主屏中的按钮时，会弹出对应吐司提示，如图 8-11 所示，但是点击扩展屏的提示按钮时，无吐司提示弹出。

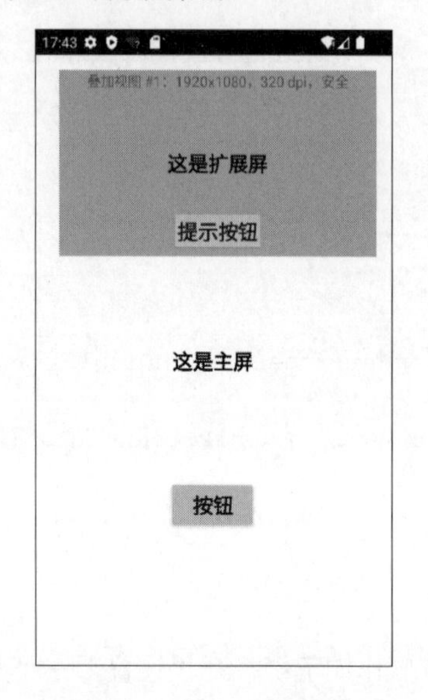

图 8-10 显示扩展屏幕

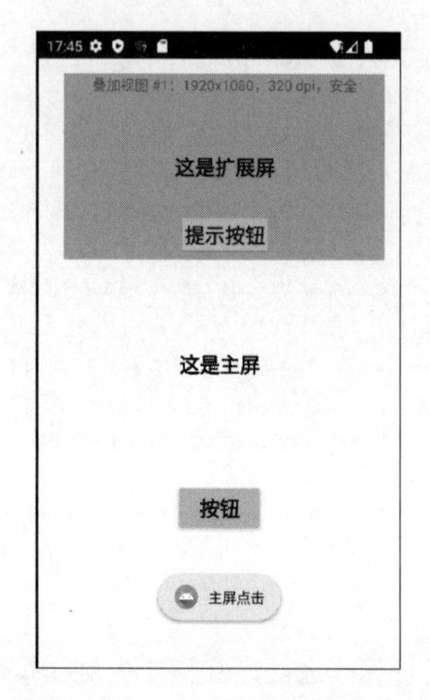

图 8-11 主屏点击提示

这是因为Presentation是一个不能被触摸的Dialog，所以所有事件都要监听外部设备来处理。由于Presentation的此特点，其常常被应用于汽车流媒体后视镜显示自定义信息等场景。由于Presentation是Dialog的子类，因此其dismiss()等方法也可以用在其上，这就进一步增加了虚拟屏幕与主屏幕的互动性。

8.4 屏幕移动

以上介绍了Android系统中双屏交互的不同方式，都实现在App层面。以上方法只适用于自研App，对于没有经过适配的第三方App，则不会有此双屏异显的特性。因此这时，更需要从系统层面对其进行适配。根据第7章中对WMS的了解，如果想实现将屏幕1中的页面移动到屏幕2中,则需要对窗口进行改动，在窗口能监听到全局移动的前提下，才能对屏幕执行移动操作。在WMS的窗口管理树中，页面对应的任务（Task）挂载于Display下。因此，我们可以把任务（Task）移动到另一个Display中。DisplayContent用于管理屏幕，一块屏幕对应一个DisplayContent对象，因此我们优先考虑在DisplayContent中进行滑动操作监听。观察其源码的构造方法，可以发现其已经对窗口触摸事件进行了部分监听，代码如下：

```
    class DisplayContent extends RootDisplayArea implements
WindowManagerPolicy.DisplayContentInfo {
        private final PointerEventDispatcher mPointerEventDispatcher;
        ...
        DisplayContent(Display display, RootWindowContainer root) {
            ...
            registerPointerEventListener(mTapDetector);
            registerPointerEventListener(mWmService.mMousePositionTracker);
            ...
        }
        ...
        void registerPointerEventListener(@NonNull PointerEventListener listener) {
                mPointerEventDispatcher.registerInputEventListener(listener);
            }
        ...
    }
```

在这里，PointerEventDispatcher是一个触摸事件分发类，可以通过registerInputEventListener (PointerEventListener listener) 方法向它注册事件监听，当对应事件产生时，其onInputEvent(InputEvent event)方法会被调用并分发给监听者。

源码位置：frameworks/base/services/core/java/com/android/server/wm/PointerEventDispatcher.java。

```
    public class PointerEventDispatcher extends InputEventReceiver {
        private final ArrayList<PointerEventListener> mListeners = new ArrayList<>();
        private PointerEventListener[] mListenersArray = new
PointerEventListener[0];

        public PointerEventDispatcher(InputChannel inputChannel) {
            super(inputChannel, UiThread.getHandler().getLooper());
        }

        @Override
        public void onInputEvent(InputEvent event) {
            try {
                if (event instanceof MotionEvent
                        && (event.getSource() & InputDevice.SOURCE_CLASS_POINTER) != 0) {
                    MotionEvent motionEvent = (MotionEvent) event;
                    PointerEventListener[] listeners;
                    synchronized (mListeners) {
                        if (mListenersArray == null) {
                            mListenersArray = new PointerEventListener
[mListeners.size()];
                            mListeners.toArray(mListenersArray);
                        }
                        listeners = mListenersArray;
                    }
```

```
                for (int i = 0; i < listeners.length; ++i) {
                    listeners[i].onPointerEvent(motionEvent);
                }
            }
        } finally {
            finishInputEvent(event, false);
        }
    }
    /**
     * Add the specified listener to the list
     * @param listener The listener to add
     */
    public void registerInputEventListener(PointerEventListener listener) {
        synchronized (mListeners) {
            if (mListeners.contains(listener)) {
                throw new IllegalStateException("registerInputEventListener:
                        trying to register" + listener + " twice.");
            }
            mListeners.add(listener);
            mListenersArray = null;
        }
    }

    /**
     * Remove the specified listener from the list
     * @param listener The listener to remove
     */
    public void unregisterInputEventListener(PointerEventListener listener) {
        synchronized (mListeners) {
            if (!mListeners.contains(listener)) {
                throw new IllegalStateException("registerInputEventListener: " +
                        listener + " not registered.");
            }
            mListeners.remove(listener);
            mListenersArray = null;
        }
    }
    /** Dispose the associated input channel and clean up the listeners */
    @Override
    public void dispose() {
        super.dispose();
        synchronized (mListeners) {
            mListeners.clear();
            mListenersArray = null;
        }
    }
}
```

经常做App开发的读者对这段代码应该不会陌生，这段代码的实现类似于事件分发机制，只不过在onTouch事件回调中循环遍历了一遍所有监听者。因此，我们可以在DisplayContent中像其他监听逻辑一样在其构造方法中注册此监听来实现用户对窗口的行为监听，代码如下：

```
registerPointerEventListenernew PointerEventListener() {
        @Override
        public void onPointerEvent(MotionEvent motionEvent) {
            ...
        }
    });
```

在现有的产品设计中，往往规定用户在多指触摸滑动屏幕便进行屏幕移动操作。因此，此场景下使用MotionEvent.getActionMasked()比MotionEvent.getAction()更为合适。对应的移动方向是从左边的屏幕①移动到右边的屏幕②，因此逻辑计算中应实现从左向右的移动，如图8-12所示。

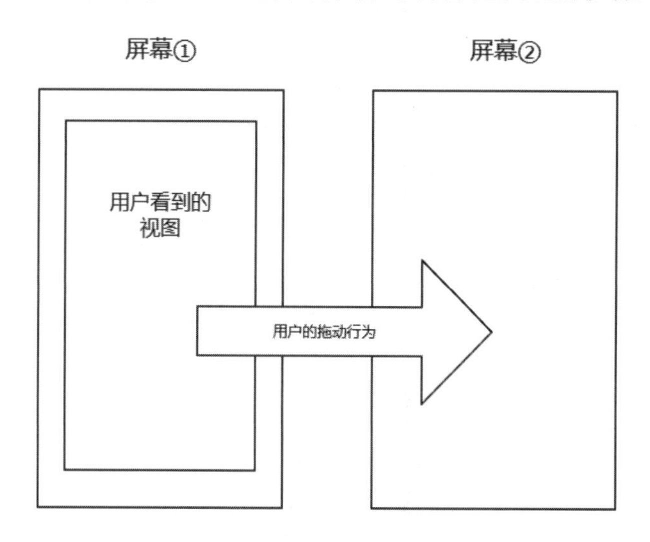

图 8-12　用户的拖动行为

由于Android系统对多指触摸的支持，在这里我们可以灵活地限定用户是三指拖动还是双指拖动。但由于模拟器暂时最多只支持双指交互，因此接下来的逻辑以双指操作为主。在能够监听到用户行为后，接下来探究移栈的实现，实际上对应的移栈效果可通过RootWindowContainer的moveRootTaskToDisplay()方法实现。

源码位置：frameworks/base/services/core/java/com/android/server/wm/RootWindowContainer.java。

```
class RootWindowContainer extends WindowContainer<DisplayContent>
        implements DisplayManager.DisplayListener {
    void moveRootTaskToDisplay(int rootTaskId, int displayId, boolean onTop) {
```

```
        ...
        moveRootTaskToTaskDisplayArea(rootTaskId,
displayContent.getDefaultTaskDisplayArea(),
                onTop);
    }
    /**
     * rootTaskId : 移动栈的id
     * taskDisplayArea : 栈移动的目标display id
     * onTop : 是否位于栈顶
     */
    void moveRootTaskToTaskDisplayArea(int rootTaskId, TaskDisplayArea
taskDisplayArea,
            boolean onTop) {
        final Task rootTask = getRootTask(rootTaskId);
        if (rootTask == null) {
            throw new IllegalArgumentException("moveRootTaskToTaskDisplayArea:
Unknown rootTaskId="
                    + rootTaskId);
        }
        final TaskDisplayArea currentTaskDisplayArea =
rootTask.getDisplayArea();
        ...
        rootTask.reparent(taskDisplayArea, onTop);
        rootTask.resumeNextFocusAfterReparent();
    }

}
```

在DisplayContent中，可以通过mRootWindowContainer获取主屏和副屏的displayId。通过调用此方法即可实现栈往目标屏幕的移动，接下来，完善对应逻辑，代码如下：

```
    int mFirstTouchStartX = 0;//第一个触摸点开始拖动的横坐标
    int mSecondTouchStartX = 0;//第二个触摸点开始拖动的横坐标
    int mFirstTouchEndX = 0;//第一个触摸点结束拖动的横坐标
    int mSecondTouchEndX = 0;//第二个触摸点结束拖动的横坐标
    int TOUCH_LIMIT_COUNT = 2;//限制两个触摸点

 registerPointerEventListener(new PointerEventListener() {
        @Override
        public void onPointerEvent(MotionEvent motionEvent) {
            if (motionEvent.getPointerCount() != TOUCH_LIMIT_COUNT) {
                //不是双指操作就return出去，这里可以灵活判断，限定三指操作都可以
                return;
            }
            switch (motionEvent.getActionMasked()) {
                case MotionEvent.ACTION_DOWN:
```

```
                    if (mFirstTouchStartX == 0 && mSecondTouchStartX == 0) {
                        mFirstTouchStartX = (int)motionEvent.getX(0);
                        mSecondTouchStartX = (int)motionEvent.getX(1);
                    }
                    break;
                case MotionEvent.ACTION_MOVE:
                    if (motionEvent.getX(0) > mFirstTouchStartX &&
                            motionEvent.getX(1) > mSecondTouchStartX) {  //向右
移动
                        DisplayContent mTargetDisplay = null;
                        if(mRootWindowContainer.getChildAt(0) ==
DisplayContent.this){
                            mTargetDisplay = mRootWindowContainer.getChildAt(1);
                        } else {
                            mRootWindowContainer.getChildAt(0);
                        }
                        if (mTargetDisplay!= DisplayContent.this) {
                            try {
                                Task rootTask = getTopRootTask();
                                mRootWindowContainer.moveRootTaskToDisplay
(rootTask.mTaskId,mTargetDisplay.mDisplayId,true);
                            }catch (Exception e) {
                                e.printStackTrace();
                            }
                        }
                    }
                    mFirstTouchEndX = (int)motionEvent.getX(0);
                    mSecondTouchEndX = (int)motionEvent.getX(1);
                    break;
                case MotionEvent.ACTION_UP:
                    mFirstTouchStartX = 0;
                    mSecondTouchStartX =0;
                    break;
            }
        }
    });
```

至此，我们完成了双屏移动的初步逻辑。编译源码完成后，重新唤起模拟器即可。在模拟器上，我们可以通过按Ctrl键来模拟双指操作，按Ctrl键后，屏幕上会出现两个额外的圆环，代表模拟的双指位置，如图8-13所示。

打开电话App，此时，通过鼠标右键移动，模拟双指拖动操作电话App页面时，电话App页面就显示到了副屏上，如图8-14所示。

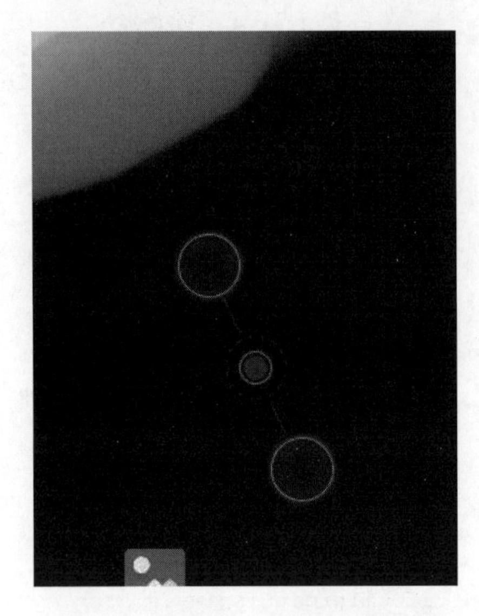

图 8-13　模拟器上的模拟双指操作

图 8-14　通过鼠标右键移动模拟双指拖动

至此,完成了从左屏到右屏的双屏拖动功能，对应地，我们需要补全从右屏到左屏的拖动逻辑。如图8-12所示，其移动方式是从屏幕2移动到屏幕1，因此逻辑计算中应实现从右向左的移动。

对应在手势移动监听器的事件处理中，添加相应的手势操作监听，代码如下：

```
    public class TouchMoveScreenEventsListener implements
WindowManagerPolicyConstants.PointerEventListener {
        ...
```

```
    switch (motionEvent.getActionMasked()) {
  case MotionEvent.ACTION_MOVE:
                  ...
  if (motionEvent.getX(0) < mFirstTouchStartX &&
      motionEvent.getX(1) < mSecondTouchStartX) {
       DisplayContent mTargetDisplay = null;
       if(mRootWindowContainer.getChildAt(1) == DisplayContent.this){
              mTargetDisplay = mRootWindowContainer.getChildAt(0);
        } else {
              mRootWindowContainer.getChildAt(1);
        }
        if (mTargetDisplay!= DisplayContent.this) {
              try {
                      Task rootTask = getTopRootTask();
                       mRootWindowContainer.moveRootTaskToDisplay
(rootTask.mTaskId,mTargetDisplay.mDisplayId,true);
                       }catch (Exception e) {
                         e.printStackTrace();
                       }
                }
  }}
```

运行以上代码，便可实现从屏幕②向屏幕①的拖拽动作。至此，就完成了双屏拖动功能。

8.5 本章小结

本章与前面的章节有所不同，实际上是第7章的实践应用。如果没有先学习第7章的内容，读者可能会对本章的内容感到困惑。

通过本章的学习，读者应该能够掌握以下关键知识点：

（1）所有的页面都是窗口，从WMS的角度来看，操作页面就是操作窗口。

（2）App中指定页面显示在不同屏幕上的方法。

（3）系统层实现双屏移动的原理。

第 9 章

性能优化与测试

早期的Android手机系统最受人诟病的地方是其卡顿，这给用户带来了不佳的体验。为了解决这个问题，在每个Android系统迭代的过程中，Google不仅在更好的硬件基础上进行优化，还不断地对系统的响应速度、卡顿问题和流畅性进行改进。除ROM内部业务的迭代和进化外，Google还尽可能地限制App对系统资源的使用，以避免引起系统卡顿。

因此，大众发现目前的原生Android系统也能带来流畅的体验。理想状态下，原生Android系统应该能够持续流畅地运行。然而，国内的ROM厂商往往会加入许多自己的定制化需求，这些需求的实现往往需要较高的权限。因此，ROM厂商通常会给予承载这些定制化业务需求的App或服务极高的权限，例如我们定制的系统服务，以及系统服务持续激活的App等。

这些定制化的App或服务，由于优先级过高，常常无法被系统正常回收，导致反复占用系统资源。在某些情况下，它们甚至可能引起OOM（Out of Memory，内存溢出）等错误，这些错误会直接影响用户体验，导致卡顿等问题。因此，在开发后期，绝大多数厂商会特别重视系统性能，包括各大车机厂商。

基于这一前提，本章将介绍性能优化与测试的常见方法。

9.1 性能优化介绍

对于各大Android定制ROM来说，性能优化的程度直接影响用户的体验。一个充满卡顿和不稳定的车载系统必然会受到用户的抱怨。在特定情况下，如卡顿或功能崩溃，可能会对驾驶中的用户造成不小的困扰。因此，从这个角度来看，性能优化显得尤为重要。从更广泛的角度来看，系统性能优化可以大致分为3个方面：硬件、系统和App。这三者之间的关系如图9-1所示。

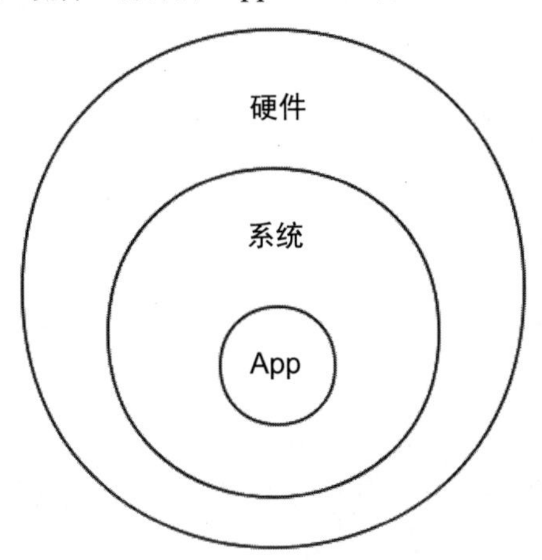

图 9-1　硬件、系统和 App 之间的关系

在相同的使用场景下，硬件的提升往往会带来显著的体验效果。这不仅适用于车机系统，也适用于手机和计算机系统。同样的程序在不同的硬件基础上运行，会为用户带来截然不同的体验。然而，在实际开发中，硬件条件往往已经固定，因此这方面的优化并不在我们的考虑范围内。

在软件层面，优化可以分为系统和App两个方向。系统的核心功能，即基于AOSP（Android Open Source Project）的源码，是Google一直在持续改进的。每年，我们都会听到Android系统更新到新版本的新闻，而每个新版本都会带来新功能和特性。Google在这方面的工作就像一个尽职尽责的开发工程师，不断迭代其系统，旨在为用户提供更好的体验。因此，原生系统的逻辑优化已经达到了极致。Android系统的原有模块在发布之前都会经过大量的性能测试，以确保达到用户和厂商都满意的状态。在实际开发中，除非有特别的需求，我们通常不会删除原生的逻辑和模块。因此，系统层的优化主要在于系统剪裁，例如在国内的ROM中，由于不需要Google套件及其相应服务，我们可以通过剪裁系统来去除这些模块，从而减轻系统负担（例如去掉FallBackHome界面）。

与系统层的优化相比，App层面的优化方法更为多样，包括减小应用包体积、降低运行时内存占用、优化启动速度等。采用这些优化方法可以显著提升用户体验。总的来说，一个用户体验极佳的智能座舱系统应该综合考虑系统层和App层等多方面的优化。

9.2 App 性能优化方法

不讨论系统层面，App产业经过多年的繁荣发展，已经积累了众多性能优化的方法论。本节将引导读者逐步了解这些相关技术。App优化方法根据不同的作用可以分类为：启动速度优化、内存优化、包体积优化、稳定性优化和卡顿优化等。接下来，我们将依次详细介绍这些优化方法。

9.2.1 包体积优化

在许多情况下，APK的大小直接影响用户的选择。如果APK体积较小，用户在应用市场上看到后可能会选择直接下载。相反，如果APK的大小超出了用户的心理预期，可能会让那些没有连接到WiFi的用户放弃下载，从而导致应用失去一个潜在的新用户。为了避免这种情况的发生，绝大多数App团队在应用上线前都会对APK的大小进行优化。

在进行APK体积优化之前，让我们先了解一下APK的内部构成。在Android Studio中，双击我们项目中生成的APK文件，可以看到如图9-2所示的界面。

APK size: 6.4 MB, Download Size: 6.2 MB　　Compare with previous APK...

File	Raw File Size	Download Size	% of Total Download Size
classes.dex	5.6 MB	5 MB	89%
classes4.dex	600.1 KB	532.8 KB	9.3%
res	43 KB	42 KB	0.7%
resources.arsc	105.7 KB	30.3 KB	0.5%
kotlin	9.9 KB	9.9 KB	0.2%
classes2.dex	9.4 KB	8.7 KB	0.2%
classes3.dex	5.2 KB	4.9 KB	0.1%
AndroidManifest.xml	1.8 KB	1.8 KB	0%
META-INF	889 B	963 B	0%
DebugProbesKt.bin	782 B	782 B	0%

图9-2　APK的内部构成

可以看到，APK文件由以下几类文件组成。

- classes.dex文件：Java代码编译后生成的字节码文件。
- res目录：存放图片等资源的源文件，这些资源不会被编译，而是直接打包进APK。
- resources.arsc文件：主要存放res目录下文件类型资源的索引，以及非文件类型资源的值，如名称、类型信息、配置信息等。
- AndroidManifest.xml：程序配置文件。
- META-INF目录：APK包信息描述文件，其中存放的也是manifest文件。
- kotlin：该目录下的文件包含标准（内置）Kotlin类的声明数据。这些类不会编译成字节码，而是映射到平台上的现有类型。例如，kotlin/kotlin.kotlin_builtins包含kotlin包中的非物理类的信息，如Int、String、Enum、Annotation、Collection等。

在APK文件中，配置文件虽然体积较小，但它们是必需的，因此通常不在优化的考虑范围内。我们主要关注的优化对象是资源文件和classes.dex文件。对这些文件的优化通常采用以下方法。

1. 开启代码混淆

代码混淆是一种减少包体积大小的技术。它通过重命名变量和方法，移除未使用的代码来减小classes.dex文件的大小。代码混淆的配置可以在build.gradle文件中设置。

```
buildTypes {
    release {
        minifyEnabled true
    }
}
```

2. 去除无用资源

通过在build.gradle文件中启用shrinkResources选项，可以移除那些未被任何代码引用的资源，以此减小APK的体积。这一过程通常被称为资源缩减。其设置方式如下：

```
buildTypes {
        release {
            shrinkResources true
        }
    }
```

3. 限制语言

如果App没有国际化的需求或不需要多语言支持，可以删除应用中除中文外的其他语言资源。设置方式如下：

```
defaultConfig {
        resConfigs "zh"
    }
```

4. 图片压缩

许多图片采用PNG格式，但当这类图片数量增多时，它们所占用的存储空间也会相应增加。为了减少体积，可以将这些PNG格式的图片转换为WebP格式。通常情况下，相同图片的WebP格式文件比PNG格式文件占用的体积要小。

5. 多余代码优化

在应用功能快速迭代的过程中，可能会产生一些不再使用的代码。清理这些废弃代码是优化的一部分。此外，有时在build.gradle文件中可能会配置了重复的第三方库。在这种情况下，删除多余的第三方库可以显著减少APK的体积。为了辅助这一过程，Android官方提供了如Lint这样的扫描工具，帮助开发者发现并优化代码中的潜在问题。

9.2.2　界面渲染优化

在进行界面渲染优化之前，我们需要先了解一个重要概念——过度绘制。在Android系统中，所有图像最终都会被处理成像素形式，并显示在屏幕上。不同分辨率的屏幕具有不同数量的像素。当屏幕上的某个像素在同一帧时间内被多次绘制时，这种情况被称为过度绘制。过度绘制通常与应用界面的UI层级数量有关：UI层级越多，触发的绘制操作也就越多，从而消耗更多的性能。此外，如果一些不可见的UI元素也在执行绘制操作，这将导致某些像素区域被重复绘制，同样会增加CPU和GPU的负担。

为了解决这个问题，Google官方提供了绘制层级分析工具。通过在开发者选项中启用“调试GPU过度绘制”功能，我们可以查看手机界面中的绘制信息。如图9-3所示，蓝色和绿色的色块区域代表了过度绘制的区域。

也可以直接使用命令打开此选项：

```
adb shell setprop debug.hwui.overdraw show
```

对应的关闭此选项的命令为：

```
adb shell setprop debug.hwui.overdraw false
```

在此界面中，“强制进行GPU渲染”等控件是TextView，它的文字显示为蓝色，表示该区域经历了一次过度绘制。由于该区域还有一个白色背景，因此它被绘制了两次：第一次绘制的是白色背景，第二次绘制的事包含“强制进行GPU渲染”等文案的TextView控件。如图9-4所示，Android系统通过不同色块来表示过度绘制的程度。

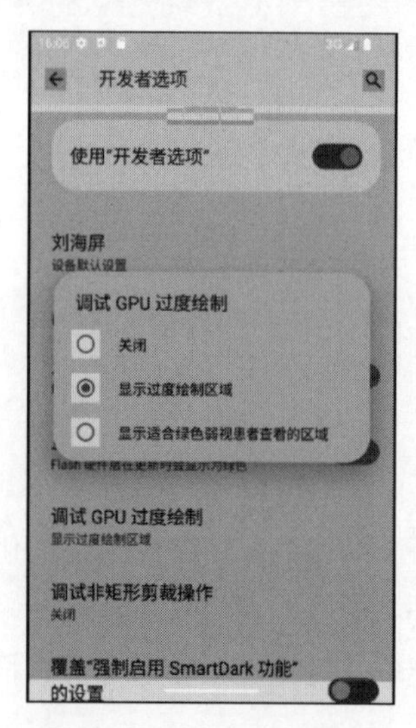

图 9-3　绘制层级分析工具

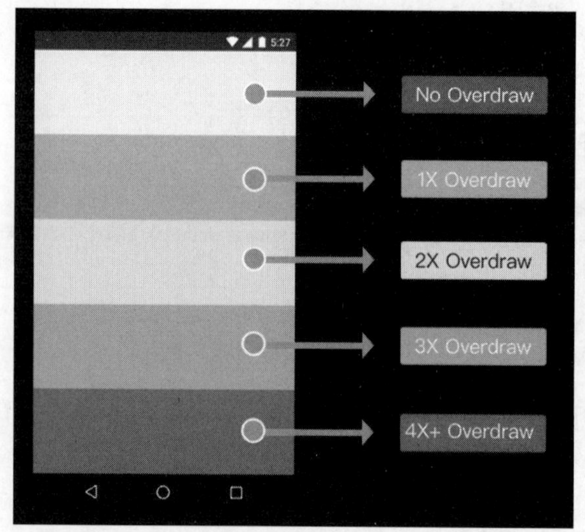

图 9-4　通过不同色块表示过度绘制的程度

查看图中颜色请扫描该二维码

每个颜色的说明如下。

- 原色：没有过度绘制。
- 蓝色：1次过度绘制。
- 绿色：2次过度绘制。

- 粉色：3次过度绘制。
- 红色：4次及以上过度绘制。

过度绘制现象会导致在界面显示时不必要地浪费资源来渲染那些不可见的区域。此外，对某些像素区域的多次绘制还可能导致界面加载或滑动时出现卡顿和掉帧，这将直接影响用户体验。为了提升用户体验和应用的流畅性，优化过度绘制是一项必要的工作。

当然，某些过度绘制是不可避免的，例如由TextView和背景颜色所导致的过度绘制。在实际开发中，开发者通常会遵循一些优化原则。许多应用在开发界面时，会尽可能将过度绘制控制在两次（绿色）及以下。无色和蓝色表示过度绘制程度最低，是最理想的状态；而红色表示较严重的过度绘制，应尽可能避免。在实际项目中，如果无法完全避免红色过度绘制，应尽量减少其使用场景。

针对存在过度绘制的场景，我们有相应的优化方法，接下来详细介绍。

1. 移除默认的窗口背景

App默认的主题通常会包含一个预设的窗口背景（windowBackground）。例如，在Android的默认Light主题中，可能会定义如下：

```
    <style name="Theme.Light">
        <item name="isLightTheme">true</item>
        <item name="windowBackground">@drawable/screen_background_selector_light
</item>
        ...
    </style>
```

然而，App中的各个界面往往有其特定的背景颜色要求，这使得默认的窗口背景往往变得多余。如果不移除这个默认背景，它将导致所有界面额外进行一次绘制。为了解决这个问题，可以在应用的styles.xml文件中添加以下属性来移除默认的窗口背景：

```
<item name="android:windowBackground">@android:color/transparent</item>
<!-- 或者 -->
<item name="android:windowBackground">@null</item>
```

此外，也可以在对应的Activity的onCreate()方法中添加如下代码来实现相同的效果：

```
getWindow().setBackgroundDrawable(null);
// 或者
getWindow().setBackgroundDrawableResource(android.R.color.transparent);
```

2. 移除不必要的背景

在日常使用中，我们经常遇到背景重复叠加的情况。例如，在由多个Fragment组成的ViewPager首页界面中，如果每个Fragment都已经设置了背景色，那么就没有必要再为Activity的根布局设置背景色。此外，如果ViewPager本身也被设置了背景，那么这个背景同样是多余的，也可以将其移除。

3. 合理布局

Android系统提供了多种便捷的布局管理器，大多数情况下，只需利用这些布局的基本特性即可满足UI设计的需求。在设计UI时，我们应遵循一个原则：在满足功能需求的前提下，尽量使用更为合理的布局结构。这是因为，每当在应用界面中增加一个View或布局管理器时，都会增加系统在运行时的消耗。这种额外的消耗可能会导致界面的绘制和渲染过程变慢。这种情况在日常开发中十分常见，例如，使用LinearLayout相比RelativeLayout通常会多出一个View层级。在很多情况下，可以通过使用扁平化的RelativeLayout来减少由LinearLayout嵌套所产生的布局树深度。

以下是一个示例，展示如何使用LinearLayout来创建一个简单的条目布局，其中包含头像、标题和描述。

```
<?xml version="1.0" encoding="utf-8"?>
<LinearLayout xmlns:android="http://schemas.android.com/apk/res/android"
    android:layout_width="match_parent"
    android:layout_height="match_parent"
    android:background="@color/purple_200">

    <ImageView
        android:layout_width="wrap_content"
        android:layout_height="wrap_content"
        android:layout_margin="10dp"
        android:src="@mipmap/ic_launcher" />

    <LinearLayout
        android:layout_width="match_parent"
        android:layout_height="match_parent"
        android:orientation="vertical">

        <TextView
            android:layout_width="wrap_content"
            android:layout_height="wrap_content"
            android:layout_marginLeft="10dp"
            android:layout_marginTop="16dp"
            android:text="这个控件在LinearLayout中"
            android:textSize="16sp"
            android:textColor="@color/white"/>

        <TextView
            android:layout_width="wrap_content"
            android:layout_height="wrap_content"
            android:layout_marginLeft="10dp"
            android:layout_marginTop="10dp"
            android:text="这个控件也在LinearLayout中"
            android:textSize="15sp"
            android:textColor="@color/white"/>
```

```
    </LinearLayout>
</LinearLayout>
```

对应展现的效果如图9-5所示。

图 9-5　LinearLayout 线性布局方案

这里如果换成RelativeLayout布局方案，对应的布局代码如下：

```
<?xml version="1.0" encoding="utf-8"?>
<RelativeLayout xmlns:android="http://schemas.android.com/apk/res/android"
    android:layout_width="match_parent"
    android:layout_height="match_parent"
    android:background="@color/purple_200">

    <ImageView
        android:id="@+id/iv_image"
        android:layout_width="wrap_content"
        android:layout_height="wrap_content"
        android:layout_margin="10dp"
        android:src="@mipmap/ic_launcher" />

    <TextView
        android:id="@+id/tv_title"
        android:layout_width="wrap_content"
        android:layout_height="wrap_content"
        android:layout_marginLeft="10dp"
        android:layout_marginTop="16dp"
        android:layout_toRightOf="@+id/iv_image"
        android:text="这个控件在RelativeLayout中"
        android:textSize="16sp"
        android:textColor="@color/white"/>

    <TextView
        android:id="@+id/tv_content"
        android:layout_width="wrap_content"
        android:layout_height="wrap_content"
        android:layout_below="@+id/tv_title"
        android:layout_marginLeft="10dp"
        android:layout_marginTop="10dp"
        android:layout_toRightOf="@+id/iv_image"
        android:text="这个控件也在RelativeLayout中"
        android:textSize="15sp"
        android:textColor="@color/white"/>

</RelativeLayout>
```

同样地，展示效果如图9-6所示。

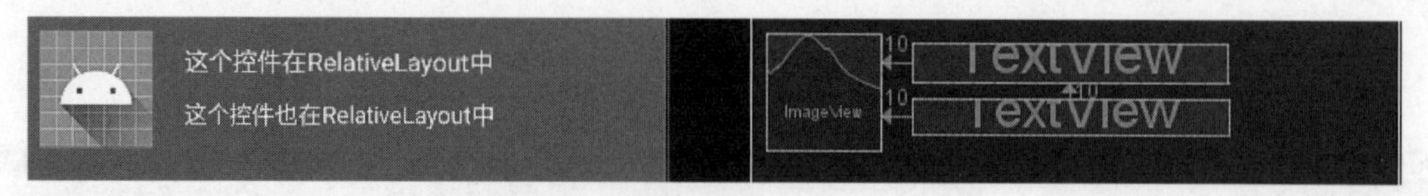

图 9-6　RelativeLayout 布局方案

不难发现，使用RelativeLayout和LinearLayout可以达到相同的显示效果，但RelativeLayout的层级通常比LinearLayout少一层。除RelativeLayout外，ConstraintLayout也可以起到相同的作用。然而，需要注意的是，这里讨论的是一个相对简单的界面，分析起来较为容易。在面对更复杂的界面时，可以使用Android Studio内置的Layout Inspector（Android Studio3.1及之前版本是Hierarchy Viewer）工具来观察和分析布局层级树。

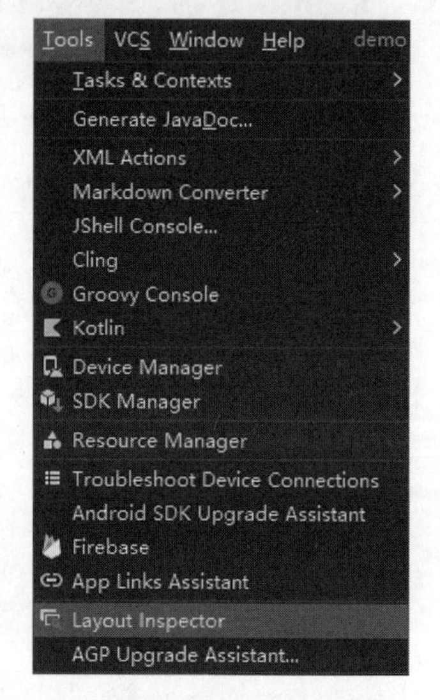

图 9-7　单击 Tools

要在Android Studio中使用Layout Inspector，可以通过以下步骤操作：单击菜单Tools→Layout Inspector，如图9-7所示。

在App运行至模拟器上，并打开对应进程后，Layout Inspector左边的Component Tree窗口界面上会默认显示当前布局的分级图，中间窗口是屏幕UI截图效果，右边Attributes窗口则是布局中的各控件属性信息，如图9-8所示。

图 9-8　View 分级图

使用此工具的Component Tree，我们可以清晰地观察到不同页面的布局层级。图9-9展示了两个页面在布局层级上的显著差异。

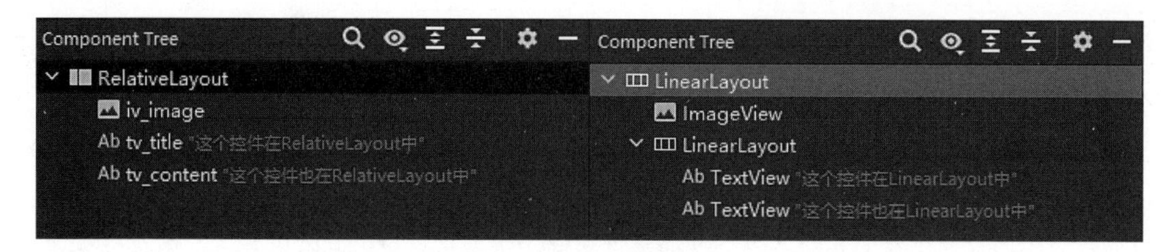

图 9-9　两个页面层级

可以发现，RelativeLayout方案明显比LinearLayout方案少了一个层级，当然对应的渲染时间也同步减少了。此外，Layout Inspector还支持3D模式查看对应布局，单击中间窗口右下角的3D模式按钮图标即可开启3D模式。通过拖动鼠标进行旋转可以帮助我们看清界面的UI层级。如图9-10所示，可以更清晰地看到两种UI实现方式的层级对比。

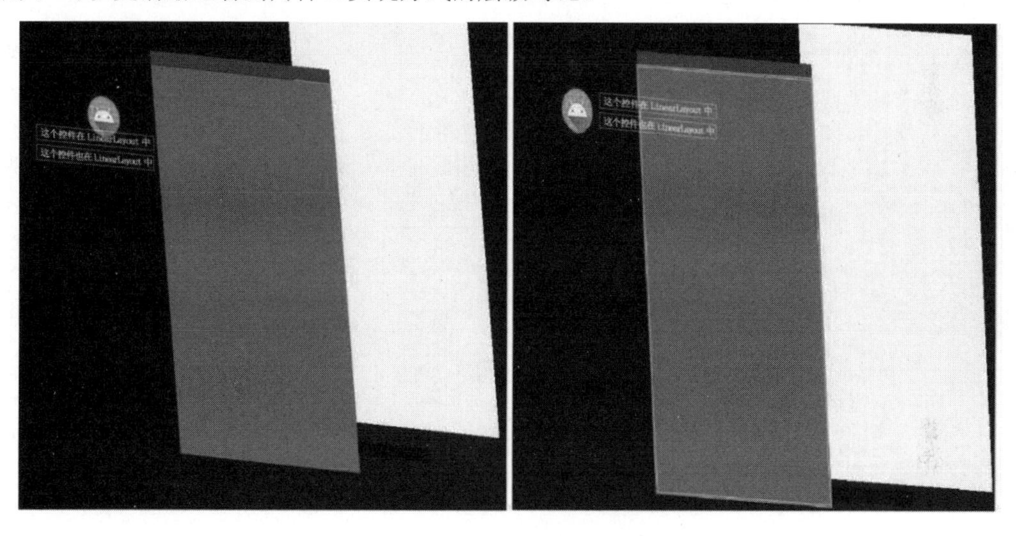

图 9-10　UI 层级对比

9.2.3　内存优化

众所周知，软件系统在硬件参数越强大的情况下，用户体验通常越好。但在实际开发过程中，我们往往面对的是已经限定好的硬件条件，包括有限的内存资源。当系统确定某个应用不再使用某些对象时，垃圾回收器会将这些未使用的内存释放回堆中。虽然Android系统在查找未使用内存的方式上不断改进，但对于所有Android版本来说，系统都必须在某个时间点短暂地暂停应用的运行，以便进行垃圾回收。大多数情况下，这些暂停是难以察觉的。但如果应用分配内存的速度超过了系统回收内存的速度，当回收器需要释放足够的内存以满足应用的分配需求时，应用可能会产生延迟。这种延迟可能会导致应用跳帧，使其运行明显变慢。即使应用表面上没有变慢，但如果存在内存泄露，应用在转到后台运行时仍可能保留相应内存。这种行为会导致系统被迫执行不必要的垃圾回收事件，从而拖慢系统其余部分的内存性能。最终，系统可能不得不终止应用进程以回收内存。这些行为的后果会直接影响用户体验。因此，内存优化也往往是各大厂商的必选项。

为了进行有效的内存优化，首先需要了解内存在哪些场景下被占用，并针对内存占用大的场景进行针对性优化。Android Studio提供了一个专门用于优化内存的工具——Profiler。通过Profiler，可以显示应用内存使用量的实时图表，并捕获堆转储、强制执行垃圾回收以及跟踪内存分配。

在连接设备或模拟器后，可以按照以下步骤打开Profiler进行内存分析：

01 依次单击View→Tool Windows→Profiler（也可以单击工具栏中的Profile图标）。

02 从Android Profiler工具栏中选择要分析的设备和应用进程。如果已通过USB连接Android设备，但系统未列出该设备，请确保此Android设备已启用USB调试。

03 单击MEMORY时间轴上的任意位置以打开内存分析器，如图9-11所示。

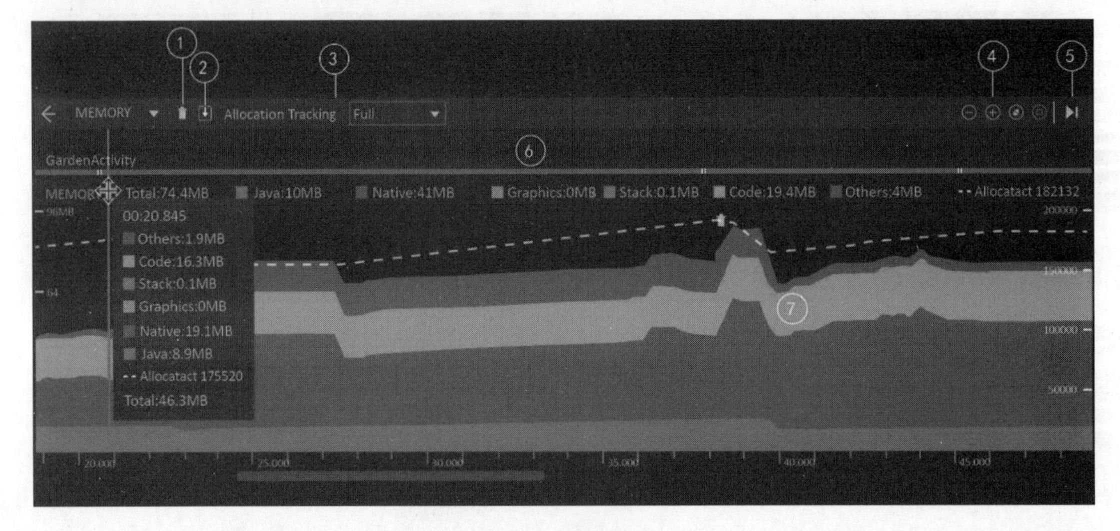

图9-11　内存分析器

可以看到，内存分析器的默认视图包括以下各项：

（1）用于强制执行垃圾回收事件的按钮。

（2）用于捕获堆转储的按钮。

注意　只有在连接到搭载Android 7.1（API级别25）或更低版本的设备时，系统才会在堆转储按钮右侧显示用于记录内存分配情况的按钮。

（3）用于指定性能分析器多久捕获一次内存分配的下拉菜单。选择合适的频率可以帮助在性能分析时提高应用性能。

（4）用于缩放时间轴的按钮。

（5）用于跳转到实时内存数据的按钮。

（6）事件时间轴，显示活动状态、用户输入事件和屏幕旋转事件。

（7）内存使用量时间轴，它会显示以下内容：

- 一个堆叠图表，显示每个内存类别当前使用多少内存，如左侧的*Y*轴和顶部的彩色键所示。
- 一条虚线，表示分配的对象数，如右侧的*Y*轴所示。
- 每个垃圾回收事件的图标。

内存分析器顶部基于当前应用展现所有专用内存页面，此计数不包含与系统或其他应用共享的页面，如图9-12所示。

Total: 126.21MB　Java: 6.3MB　Native: 71.48MB　Graphics: 37.95MB　Stack: 0.72MB　Code: 7.54MB　Others: 2.23MB　Allocated: 106028

图 9-12　内存分析器顶部基于当前应用展现所有专用内存页面

内存计数中的类别如下。

- Java：从Java或Kotlin代码分配的对象的内存。
- Native：从C或C++代码分配的对象的内存。
  即使你的应用中不使用C++，也可能会看到此处使用了一些原生内存，因为即使编写的代码采用Java或Kotlin语言，Android框架仍使用原生内存来处理各种任务，如处理图像资源和其他图形。
- Graphics：图形缓冲区队列为向屏幕显示像素（包括GL表面、GL纹理等）所使用的内存（注意，这是与CPU共享的内存，而不是GPU专用内存）。
- Stack：应用中的原生堆栈和Java堆栈使用的内存。这通常与应用运行多少线程有关。
- Code：用于处理代码和资源（如DEX字节码、经过优化或编译的DEX代码、.so库和字体）的内存。
- Others：应用使用的系统不确定如何分类的内存。
- Allocated：应用分配的Java/Kotlin对象数。此数字没有计入C或C++中分配的对象。

内存分配情况图表能显示内存中每个Java对象和JNI引用的分配方式，包括分配了哪些类型的对象、它们使用了多少空间以及每个分配的堆栈轨迹（包括在哪个线程中），如图9-13所示。

可以看到，内存分析器提供了以下3项主要的捕获选项。

- Capture heap dump：获取堆转储，这是目前主要的检测手段之一。
- Record native allocations：记录原生分配情况。
- Record Java/Kotlin allocations：记录Java和Kotlin分配情况。

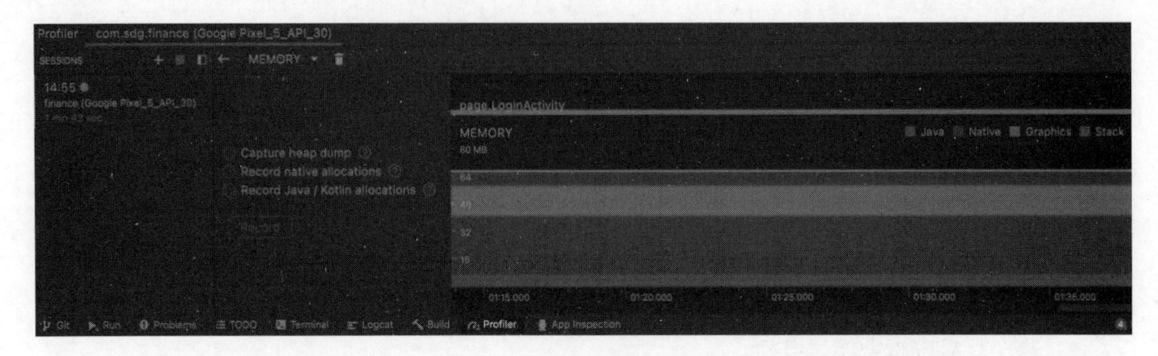

图 9-13　内存分配情况图表

以Java和Kotlin的内存分配情况为例，首先选择Record Java / Kotlin allocations，然后单击Record按钮。此时，内存分析器界面将转换为显示正在进行录制的独立屏幕。我们可以与屏幕上方的迷你时间轴进行交互，例如更改选择的范围。完成录制后，单击界面上的Stop图标●即可。

要检查分配记录，请按照以下步骤操作：

01 浏览列表以查找堆计数异常大且可能存在内存泄露的对象。

02 为了帮助快速定位已知类，可以单击Class Name列标题按字母顺序排序。

03 单击一个类名称，此时右侧将出现Instance View窗格，显示该类的每个实例，如图9-14所示。

此外，还可以通过以下方法快速找到对象。单击Filter图标，或按Ctrl+F键（在Mac上，按Command+F键），在搜索字段中输入类或软件包名称。如果需要按方法名称搜索，可以从下拉菜单中选择Arrange by callstack。如果需要使用正则表达式进行搜索，请勾选旁边的Regex复选框。如果搜索查询需要区分大小写，请勾选Match case复选框。

在Instance View窗格中，单击一个实例，下方将出现Call Stack标签页，显示该实例被分配的位置以及所在的线程。

在Call Stack标签页中，右击任意行并选择Jump to Source，以在编辑器中打开该代码。

在这里调节Live Allocation选项，即可使用已分配对象列表上方的两个菜单选择需检查的堆及其对应数据。从左侧的菜单中选择需要检查的堆，有如下选项。

- default heap：当系统未指定堆时。
- image heap：系统启动映像，包含启动期间预加载的类。此处的分配确保绝不会移动或消失。
- zygote heap：写时复制堆，其中的应用进程是从Android系统中派生的。
- app heap：你的应用在其中分配内存的主堆。
- JNI heap：显示Java原生接口（JNI）引用被分配和释放到什么位置的堆。

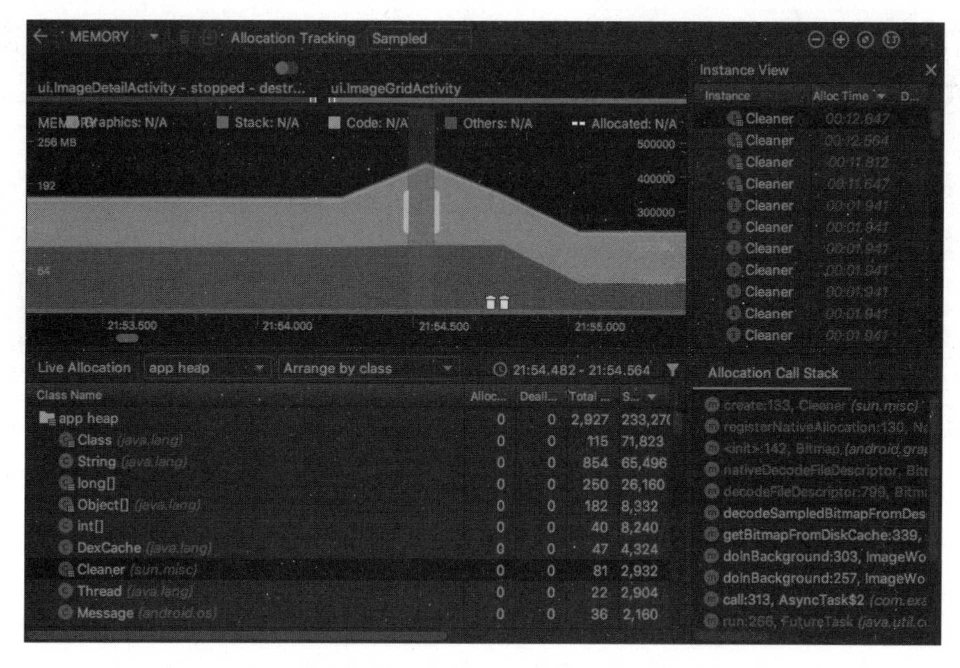

图 9-14 查找堆计数异常大且可能存在内存泄露的对象

从右侧的菜单中选择如何安排分配，有如下选项。

- Arrange by class：根据类名称对所有分配进行分组。这是默认值。
- Arrange by package：根据软件包名称对所有分配进行分组。
- Arrange by callstack：将所有分配分组到其对应的调用堆栈。

Profiler提供的捕获堆转储能力通常被用来识别内存泄露。堆转储显示了捕获堆转储时应用中对象正在使用的内存，尤其是在长时间的操作中，堆转储会显示认为不应该存在的内存对象。如果需要捕获堆转储，请选择Capture heap dump，然后单击Record按钮，如图9-15所示。一段时间后，就会生成heap dump，可直接通过Android Studio进行查看。标准的堆转储界面，如图9-16所示。

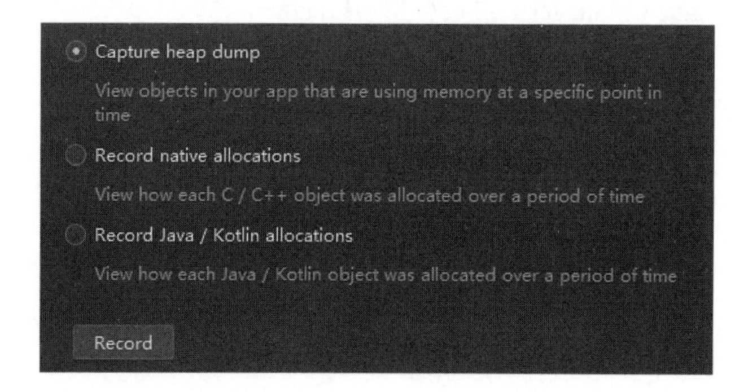

图 9-15 单击 Record 按钮

09

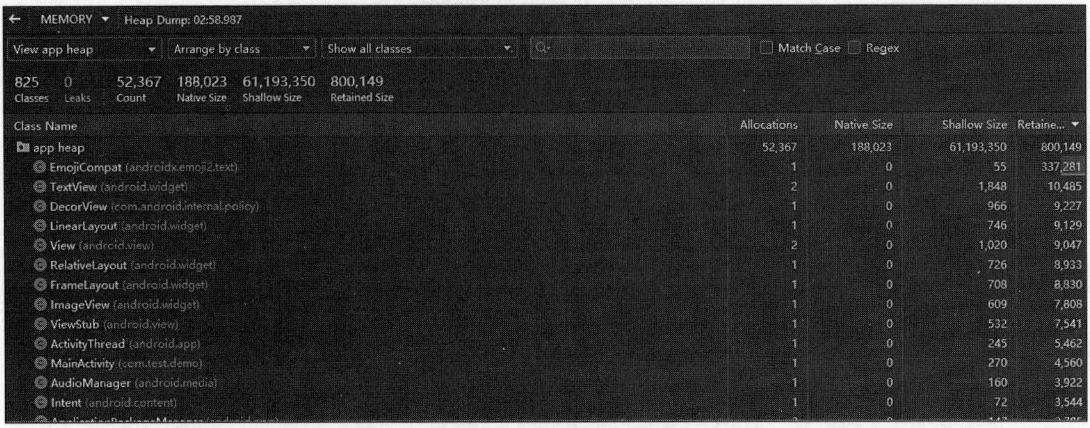

MEMORY　Heap Dump: 02:58.987

View app heap　Arrange by class　Show all classes　Match Case　Regex

825 Classes　0 Leaks　52,367 Count　188,023 Native Size　61,193,350 Shallow Size　800,149 Retained Size

Class Name	Allocations	Native Size	Shallow Size	Retaine...
app heap	52,367	188,023	61,193,350	800,149
EmojiCompat (androidx.emoji2.text)	1	0	55	337,281
TextView (android.widget)	2	0	1,848	10,485
DecorView (com.android.internal.policy)	1	0	966	9,227
LinearLayout (android.widget)	1	0	746	9,129
View (android.view)	2	0	1,020	9,047
RelativeLayout (android.widget)	1	0	726	8,933
FrameLayout (android.widget)	1	0	708	8,830
ImageView (android.widget)	1	0	609	7,808
ViewStub (android.view)	1	0	532	7,541
ActivityThread (android.app)	1	0	245	5,462
MainActivity (com.test.demo)	1	0	270	4,560
AudioManager (android.media)	1	0	160	3,922
Intent (android.content)	1	0	72	3,544

图 9-16　标准的堆转储界面

捕获堆转储后，只有在内存分析器处于运行状态时，才能查看该分析器中的数据。退出分析会话时，堆转储数据将会丢失。为了避免这一情况，可以将堆转储另存为HPROF文件。在Android Studio 3.1及更低版本中，可以使用位于时间轴下方工具栏左侧的Export capture to file按钮进行保存；在Android Studio 3.2及更高版本中，每个Heap Dump条目右侧的Export Heap Dump按钮可用于此操作。在随后出现的Export As对话框中，使用.hprof作为文件扩展名进行保存。

当然，Android Studio也支持导入HPROF文件。可以通过单击Sessions窗格中的Start a new profiling session图标+，选择Load from file，然后从文件浏览器中选择相应的HPROF文件来实现。或者，也可以直接将HPROF文件从文件浏览器拖动到编辑器窗口来导入。

在内存分析器中分析堆转储时，可以过滤掉Android Studio认为可能表明应用中的Activity和Fragment实例存在内存泄露的分析数据。

在这里，过滤器显示的数据类型包括：

- 已销毁但仍被引用的Activity实例。
- 没有有效的FragmentManager但仍被引用的Fragment实例。

在某些情况（如以下情况）下，过滤器可能会产生误报：

- 已创建Fragment，但尚未使用它。
- 正在缓存Fragment，但它不是FragmentTransaction的一部分。

如需使用此功能，请先捕获堆转储或将堆转储文件导入Android Studio。如需显示可能泄露内存的Fragment和Activity，请勾选内存分析器的堆转储窗格中的Activity/Fragment Leaks复选框，如图9-17所示。

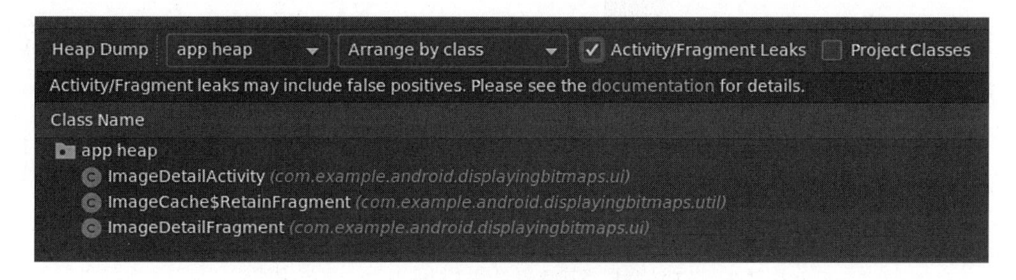

图 9-17　勾选 Activity/Fragment Leaks 复选框

当然，在使用Profiler的过程中，如果觉得内存泄露提示不详细，可以使用LeakCanary，当泄露场景发生时，LeakCanary会弹出通知，直接指出泄露路径。

9.3　App 性能测试方法

通过随机点击屏幕一段时间，我们可以观察应用是否会崩溃或能否维持正常运行，这个过程称为稳定性测试。为了实现自动化测试，Android平台提供了一种工具——Monkey。Monkey程序通过模拟用户的触摸屏幕、滑动、按键等操作，对设备上的应用程序进行压力测试，以检测应用程序在多长时间内可能会出现异常。

Monkey程序是Android系统自带的一部分，由Java语言编写。它在Android文件系统中的存放路径通常是/system/framework/monkey.jar。Monkey的启动是通过一个名为monkey的Shell脚本执行的，该脚本在Android文件系统中的存放路径是/system/bin/monkey。

连接Android设备后，可以通过输入**adb shell monkey -help**命令来查看Monkey命令支持的参数设置。以下是示例命令：

```
android@android-machine:~$ adb shell monkey
args: []
usage: monkey [-p ALLOWED_PACKAGE [-p ALLOWED_PACKAGE] ...]
              [-c MAIN_CATEGORY [-c MAIN_CATEGORY] ...]
              [--ignore-crashes] [--ignore-timeouts]
              [--ignore-security-exceptions]
              [--monitor-native-crashes] [--ignore-native-crashes]
              [--kill-process-after-error] [--hprof]
              [--match-description TEXT]
              [--pct-touch PERCENT] [--pct-motion PERCENT]
              [--pct-trackball PERCENT] [--pct-syskeys PERCENT]
              [--pct-nav PERCENT] [--pct-majornav PERCENT]
              [--pct-appswitch PERCENT] [--pct-flip PERCENT]
              [--pct-anyevent PERCENT] [--pct-pinchzoom PERCENT]
              [--pct-permission PERCENT]
```

```
              [--pkg-blacklist-file PACKAGE_BLACKLIST_FILE]
              [--pkg-whitelist-file PACKAGE_WHITELIST_FILE]
              [--wait-dbg] [--dbg-no-events]
              [--setup scriptfile] [-f scriptfile [-f scriptfile] ...]
              [--port port]
              [-s SEED] [-v [-v] ...]
              [--throttle MILLISEC] [--randomize-throttle]
              [--profile-wait MILLISEC]
              [--device-sleep-time MILLISEC]
              [--randomize-script]
              [--script-log]
              [--bugreport]
              [--periodic-bugreport]
              [--permission-target-system]
              COUNT
```

这些参数对应着不同的行为，接下来介绍常用参数的含义。

1. 参数：-p

使用此参数可以指定一个或多个应用的包名。当指定了应用包名后，Monkey测试将只针对这些指定的应用进行；如果不指定任何包名，Monkey将启动设备上的所有应用。例如：

- 指定一个应用：

```
adb shell monkey -p com.android.news 100
```

- 指定多个应用：

```
adb shell monkey -p com.android.news -p com.android.message 100
```

- 不指定应用：

```
adb shell monkey 100
```

2. 参数：-c

使用此参数可以指定一个或几个类别，Monkey将只允许系统启动被这些类别中的某个类别列出的Activity。如果不指定任何类别，Monkey将选择下列类别中列出的Activity：Intent.CATEGORY.LAUNCHER或Intent.CATEGORY.MONKEY。要指定多个类别，需要使用多个-c选项，每个-c选项只能用于一个类别。

3. 参数：-v

使用此参数可以指定反馈信息级别（信息级别就是日志的详细程度），总共分为以下3个级别。

- 默认级别Level 0：-v。例如：

```
adb shell monkey -p com.android.message -v 100
```

仅提供启动提示、测试完成和最终结果等少量信息。

- 日志级别Level 1：-v –v。例如：

```
adb shell monkey -p com.android.message -v -v 100
```

提供较为详细的日志，包括每个发送到Activity的事件信息。

- 日志级别Level 2：-v -v –v。例如：

```
adb shell monkey -p com.android.message -v -v -v 100
```

提供最详细的日志，包括测试中选中/未选中的Activity信息。

4. 参数：-s

使用此参数可以指定伪随机数生成器的seed值。如果用相同的seed值再次运行Monkey，将生成相同的事件序列。

- Monkey测试1：

```
adb shell monkey -p com.android.message -s 10 100
```

- Monkey测试2：

```
adb shell monkey -p com.android.message -s 10 100
```

两次测试的效果是相同的，原因在于模拟的用户操作序列（即一系列按照特定先后顺序执行的操作）是一致的。

5. 参数：--throttle<毫秒>

使用此参数可以指定用户操作（即事件）之间的延时，单位是毫秒。例如：

```
adb shell monkey -p com.android.message --throttle 5000 100
```


6. 参数：--ignore-crashes

使用此参数可以指定当应用程序崩溃时，Monkey是否停止运行。如果使用此参数，即使应用程序崩溃，Monkey依然会发送事件，直到事件计数完成。

```
adb shellmonkey -p com.android.message --ignore-crashes 1000
```

在测试过程中，即使程序崩溃，Monkey依然会继续发送事件，直到事件数目达到1000为止。

```
adb shellmonkey -p com.android.message 1000
```

在测试过程中，如果应用程序崩溃，Monkey将会停止运行。

7. 参数：--ignore-timeouts

使用此参数可以指定当应用程序发生ANR（Application No Responding，应用程序无响应）错误时，Monkey是否停止运行。如果使用此参数，即使应用程序发生ANR错误，Monkey依然会发送事件，直到事件计数完成。

```
adb shellmonkey -p com.android.message-ignore-timeouts 1000
```

8. 参数：--ignore-security-exceptions

使用此参数可以指定当应用程序发生许可错误（如网络证书许可等）时，Monkey是否停止运行。如果使用此参数，即使应用程序发生许可错误，Monkey依然会发送事件，直到事件计数完成。

```
adb shellmonkey -p com.android.message --ignore-security-exception 1000
```

9. 参数：--kill-process-after-error

使用此参数可以指定当应用程序发生错误时，是否停止运行。如果指定此参数，当应用程序发生错误时，应用程序停止运行并保持在当前状态（注意：应用程序仅静止在发生错误时的状态，系统并不会结束该应用程序的进程）。

```
adb shell monkey -p com.android.message --kill-process-after-error 1000
```

10. 参数：--monitor-native-crashes

使用此参数可以指定是否监视并报告应用程序发生崩溃的本地代码。

```
adb shell monkey -p com.android.message --monitor-native-crashes 1000
```

11. 参数：--pct-｛+事件类别｝｛+事件类别百分比｝

使用此参数可以指定每种类别事件的数目百分比（在Monkey事件序列中，这类事件数目占总事件数目的百分比）。

- –pct-touch｛+百分比｝：调整触摸事件的百分比（触摸事件是一个down-up事件，它发生在屏幕上的某单一位置）。

```
adb shell monkey -p com.android.message --pct-touch 10 1000
```

- –pct-motion｛+百分比｝：调整动作事件的百分比（动作事件由屏幕上某处的一个down事件、一系列的伪随机事件和一个up事件组成）。

```
adb shell monkey -p com.android.message --pct-motion 20 1000
```

- –pct-trackball {+百分比}：调整轨迹事件的百分比（轨迹事件由一个或几个随机的移动组成，有时还伴随有点击）。

```
adb shell monkey -p com.android.message --pct-trackball 30 1000
```

- –pct-nav {+百分比}：调整“基本”导航事件的百分比（导航事件由来自方向输入设备的up/down/left/right组成）。

```
adb shell monkey -p com.android.message --pct-nav 40 1000
```

- –pct-majornav {+百分比}：调整“主要”导航事件的百分比（这些导航事件通常引发图形界面中的动作，如5-way键盘的中间按键、回退按键、菜单按键）。

```
adb shell monkey -p com.android.message --pct-majornav 50 1000
```

12. 日志输出

在实际开发中，通常通过命令设置对应的日志保存路径。

（1）保存在PC端，运行脚本如下：

```
adb shell monkey [option] [count] >c:\monkey.txt
```

执行以上命令后，在Monkey运行完成后会将日志保存在计算机C盘下的一个monkey.txt文件中。

（2）保存在车机端，运行脚本如下：

```
adb shell monkey [option] [count] > /mnt/sdcard/monkey.txt
```

执行以上命令后，在Monkey运行完成后会将日志保存在车机中的SD卡上的一个monkey.txt文件中。

（3）分流保存，运行脚本如下：

```
Monkey [option] [count] 1>/sdcard/monkey.txt  2>/sdcard/error.txt
```

执行以上命令后，Monkey的运行日志和异常日志将被分别保存。Monkey的运行日志将保存在monkey.txt文件中，而异常日志将保存在error.txt文件中。如果在Monkey执行期间发生Crash（崩溃）或ANR（Application Not Responding，即应用程序无响应），相应的错误日志将显示在error.txt中。通过分析日志内容并搜索相应的关键词，可以确认问题类型：

- 如果日志中包含ANR，则表示程序无响应，属于ANR问题。
- 如果日志中包含CRASH，则表示程序存在崩溃问题。
- 如果日志中包含Exception，则表示程序存在异常等其他问题。

例如，以下是一个Monkey测试命令的示例：

```
    adb shell monkey -p com.android.bindtest -s 100 --ignore-crashes
--ignore-timeouts --ignore-security-exceptions --monitor-native-crashes --throttle
100 -v -v 100>/sdcard/error.txt
```

该命令的含义是对包名为com.android.bindtest的应用执行以下操作：忽略程序崩溃、忽略超时、忽略安全异常、监视本地程序崩溃、设置事件之间的延迟时间为100毫秒、设置日志详细信息级别为2、生成100个事件，日志将被重定向并写入E盘的error.txt文件中。

执行命令后，你将看到应用界面自动进行点击、切换等操作。随后生成的error.txt文件将包含测试期间的日志信息。

```
    Monkey: seed=100 count=100
    :AllowPackage: com.android.bindtest
    :IncludeCategory: android.intent.category.LAUNCHER
    :IncludeCategory: android.intent.category.MONKEY
    // Selecting main activities from category android.intent.category.LAUNCHER
    //   - NOT USING main activity com.android.bbkmusic.WidgetToTrackActivity (from
package com.android.bbkmusic)
    //   - NOT USING main activity com.android.bbksoundrecorder.SoundRecorder (from
package com.android.bbksoundrecorder)
    //   - NOT USING main activity com.android.camera.CameraActivity (from package
com.android.camera)
    ...
    // Seeded: 100
    // Event percentages:
    //   0: 15.0%   /* 0：触摸事件百分比，即参数--pct-touc */
    //   1: 10.0%   /* 1：滑动事件百分比，即参数--pct-motion */
    //   2: 2.0%     /* 2：缩放事件百分比，即参数--pct-pinchzoom */
    //   3: 15.0%   /* 3：轨迹球事件百分比，即参数--pct-trackball */
    //   4: -0.0%   /* 4：屏幕旋转事件百分比，即参数--pct-rotation */
    //   5: -0.0%   /* 5：基本导航事件百分比，即参数--pct-nav */
    //   6: 25.0%  /* 6：主要导航事件百分比，即参数--pct-majornav */
    //   7: 15.0%  /* 7：系统事件百分比，即参数--pct-syskeys */
    //   8: 2.0%   /* 8：Activity启动事件百分比，即参数--pct-appswitch */
    //   9: 2.0%   /* 9：键盘翻转事件百分比，即参数--pct-flip */
    //   10: 14.0% /* 10：其他事件百分比，即参数--pct-anyevent */
    :Switch: #Intent;action=android.intent.action.MAIN; category=android.intent.
category.LAUNCHER;launchFlags=0x10200000;component=com.ganji.android.haoche_c/.ui
.main.MainActivity;end
    // Allowing start of Intent { act=android.intent.action.MAIN
cat=[android.intent.category.LAUNCHER]
cmp=com.ganji.android.haoche_c/.ui.main.MainActivity } in package
com.ganji.android.haoche_c
    Sleeping for 0 milliseconds
    :Sending Touch (ACTION_DOWN): 0:(236.0,1448.0)
    :Sending Touch (ACTION_UP): 0:(239.6952,1450.5131)
    ...
```

```
Events injected: 100
:Sending rotation degree=0, persist=false
:Dropped: keys=0 pointers=0 trackballs=0 flips=1 rotations=0
## Network stats: elapsed time=483ms (0ms mobile, 0ms wifi, 483ms not connected)
// Monkey finished
```

如果想要在Monkey测试运行过程中提前停止它，可以通过获取其进程号并强制终止该进程来实现这一操作。

01 输入命令adb shell，登录Android设备。
02 输入命令ps |grep "monkey"，即可看到对应进程号xxx。
03 kill xxx（进程号）。

通过以上步骤，便可以在Monkey测试运行的中途暂停或停止它。

9.4　App 性能分析工具

Perfetto是一种从Android Q开始引入的性能检测和跟踪分析工具集，它为Android、Linux和Chrome平台提供了通用的支持。其核心优势在于采用了一种全新的用户空间到用户空间的跟踪协议。该协议基于Protobuf序列化机制，能够将捕获的数据填充到共享内存缓冲区中。

Perfetto不仅能够捕获平台内部的内置数据源，例如ftrace、atrace和logcat，还提供了SDK和库文件供上层C++应用程序实现定制化开发。它允许用户通过一个可扩展的配置文件，灵活且动态地配置数据源的捕获方式，并且能够将长时间的追踪数据流记录到文件系统中。

此外，Perfetto还提供了一个基于Web的可视化界面——Perfetto UI，它允许用户直观地查看和分析追踪数据，如图9-18所示。

Perfetto的使用方式也较为简单，总体来说分为两步：抓取trace和打开trace。

抓取trace的方式有两种：命令行与Perfetto UI在线抓取。

（1）命令行的抓取命令如下：

```
adb shell perfetto -o /data/misc/perfetto-traces/trace_file.perfetto-trace -t 20s \
sched freq idle am wm gfx view binder_driver hal dalvik camera input res memory
```

（2）要使用在线抓取方式，需要先在开发者选项中启用“系统跟踪”功能。可以在“设置”应用中的“开发者选项”部分找到并进入“系统跟踪”。启用“录制跟踪记录”选项后，状态栏将显示“正在录制跟踪记录”，如图9-19所示。

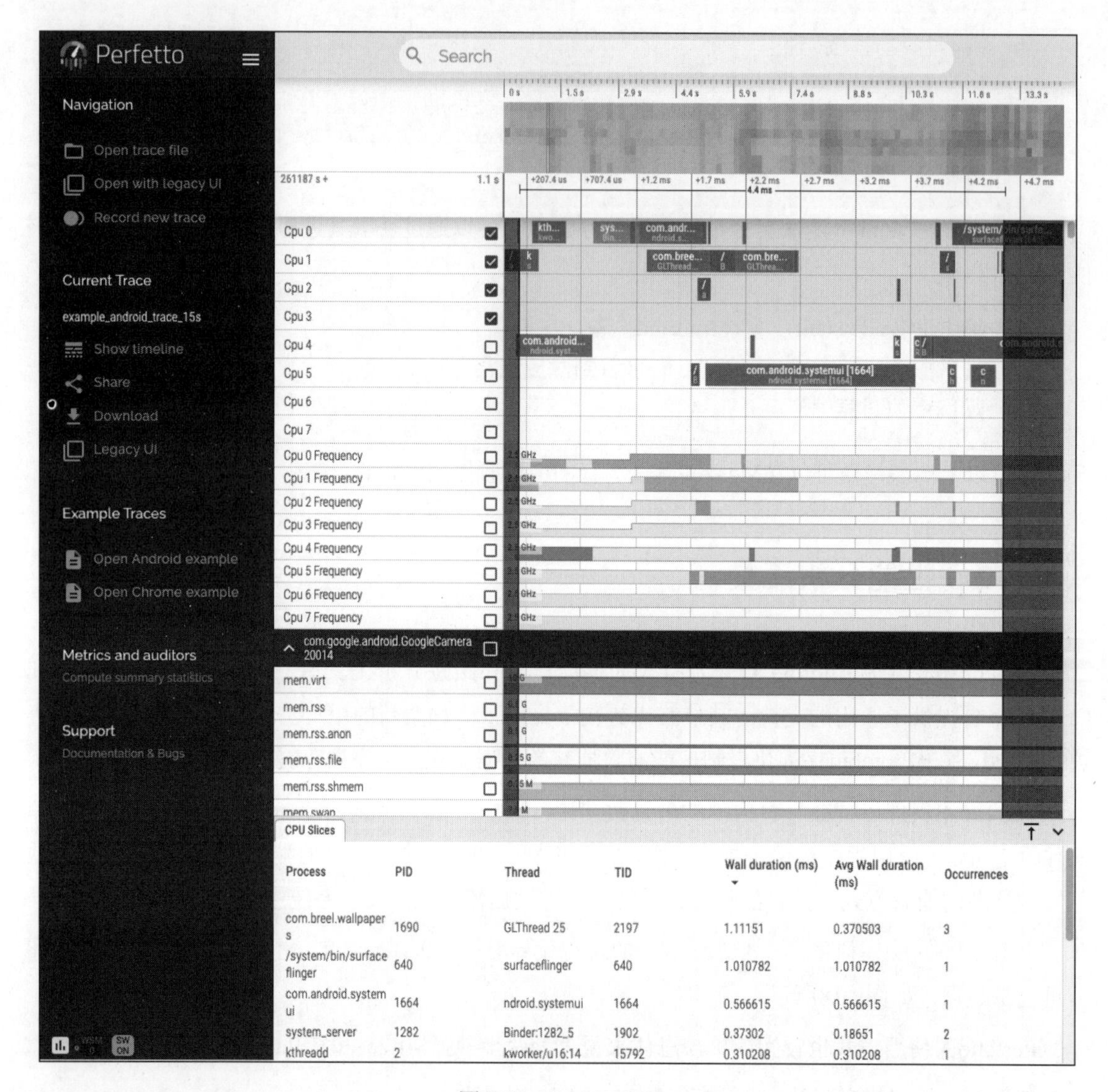

图 9-18 Perfetto UI

完成所需操作后，可以通过点击状态栏中的“正在录制跟踪记录”选项来停止录制，或者再次点击“系统跟踪”选项，系统将自动保存trace文件。默认情况下，trace文件将保存在/data/local/traces目录中。要提取trace文件，可以使用adb pull命令。

打开官方网站https://ui.perfetto.dev/#!/。

单击Open trace file按钮，选择本地录制的Perfetto trace文件或ftrace、systrace等其他跟踪文件，即可以Timeline视图展示各进程和线程的详细跟踪信息。注意，上传分析文件时存在大小限制：当trace文件超过1GB时，可能会出现内存溢出，导致Open trace file功能无法访问。

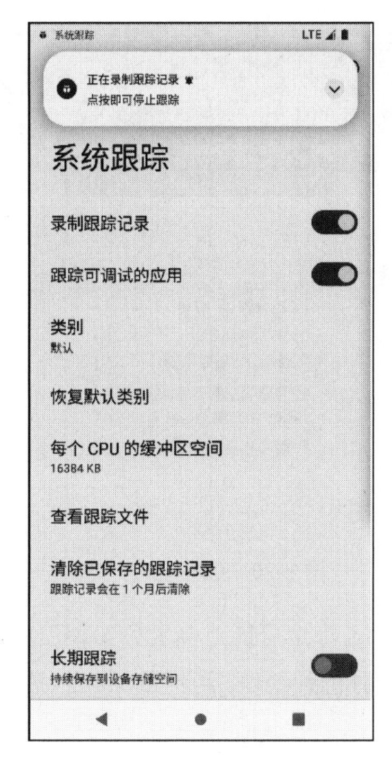

图 9-19 打开系统跟踪

Perfetto使用不同颜色来标识不同的线程状态，每个方法上方都会显示相应的线程状态，以表明线程当前所处的状态。通过观察线程状态，我们可以诊断性能瓶颈的原因，例如CPU执行缓慢、Binder调用延迟或I/O操作等待CPU时间片等。以下是线程状态各颜色的含义。

- 绿色：表示线程处于运行中状态。
- 蓝色：表示线程处于可运行状态，等待CPU资源。
- 白色：表示线程处于休眠状态。
- 橘色：表示线程处于不可中断的睡眠状态。
- 棕色：表示线程处于另一种不可中断的睡眠状态。

如图9-20所示，这是Twitter App的一个线程处于运行中状态的示例。其对应的Current Selection显示了此线程的详细信息，包括：①开始时间；②结束时间；③运行的CPU编号，单击会跳转到相关CPU信息上；④进程号；⑤线程号；⑥数据库操作的唯一标识符，用于标识和跟踪SQL语句的执行情况等信息。

在实际开发过程中，对于处于绿色运行中状态的线程，开发者需要仔细检查业务逻辑，以确认当前执行的任务是否符合预期。如果任务符合预期，那么可以保持现状。然而，更应关注的是那些处于蓝色状态的线程。蓝色状态表示线程具备运行条件，但尚未被调度执行，正在等待CPU的调度。

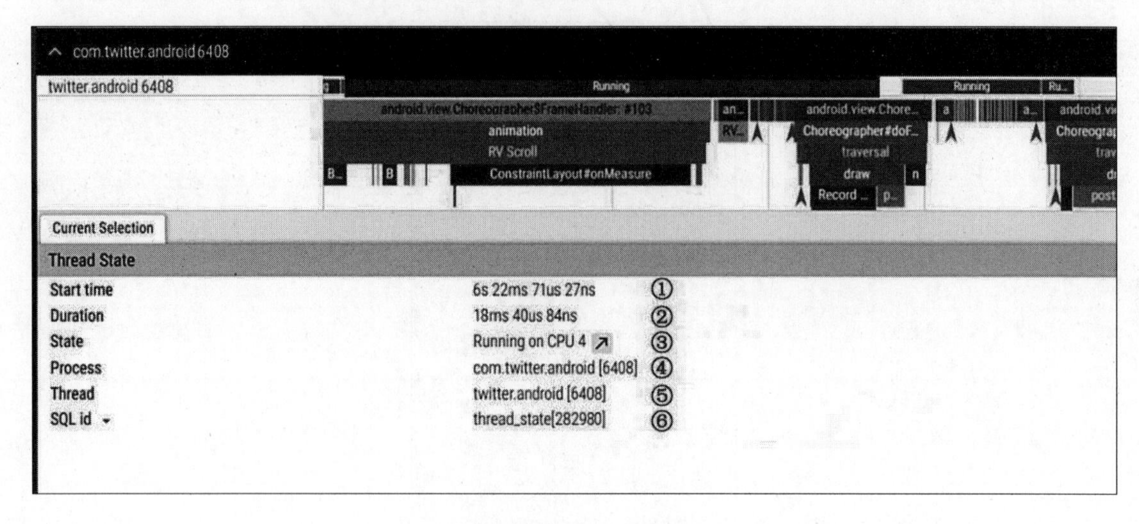

图 9-20　线程运行状态

如果线程长时间处于可运行状态，这可能意味着CPU调度相当繁忙。这时，开发者应该对照业务逻辑深入思考为何线程没有及时得到处理。可能的原因包括后台任务过多，导致CPU资源分配不足。

9.5　本章小结

本章简要介绍了一些常见的性能优化技术和方法。读者可以在平时进行App开发时对其进行性能分析和优化。通过本章内容的学习，读者应当能够掌握以下关键知识点：

（1）App的包体积、界面和内存优化技巧。

（2）Monkey测试工具的使用方法及其日志输出机制。

（3）如何使用Perfetto捕获trace文件并分析线程相关的性能信息。